中文社会科学引文索引（CSSCI）来源集刊

珞珈管理评论
LUOJIA MANAGEMENT REVIEW

2022年卷 第3辑（总第42辑）

武汉大学经济与管理学院

武汉大学出版社

图书在版编目(CIP)数据

珞珈管理评论.2022年卷.第3辑:总第42辑/武汉大学经济与管理学院.—武汉:武汉大学出版社,2022.8

ISBN 978-7-307-23140-5

Ⅰ.珞…　Ⅱ.武…　Ⅲ.企业管理—文集　Ⅳ.F272-53

中国版本图书馆 CIP 数据核字(2022)第 106061 号

责任编辑:陈　红　　　责任校对:汪欣怡　　　版式设计:韩闻锦

出版发行:**武汉大学出版社**　　(430072　武昌　珞珈山)

(电子邮箱:cbs22@whu.edu.cn 网址:www.wdp.com.cn)

印刷:武汉市天星美润设计印务有限公司

开本:880×1230　1/16　　印张:11.25　　字数:276 千字

版次:2022 年 8 月第 1 版　　2022 年 8 月第 1 次印刷

ISBN 978-7-307-23140-5　　　　定价:48.00 元

版权所有,不得翻印;凡购买我社的图书,如有质量问题,请与当地图书销售部门联系调换。

目　　录

CONTENTS

供应商集中度与商业信用

——来自中国制造业上市公司的经验证据 *

● 底璐璐[1] 刘诚达[2] 江 伟[3]

（1 西南财经大学会计学院 成都 611130；2 浙江工业大学管理学院 杭州 310023；
3 中国人民大学商学院 北京 100872）

【摘 要】利用中国上市公司对于主要供应商信息披露的独特数据，本文考察了供应商集中度对于企业商业信用使用的影响。本文的研究结果表明，供应商集中度越高，企业获得的商业信用越少；进一步的研究发现，在国有企业、行业竞争地位比较低的企业以及与主要供应商地理位置相似度较高的企业，上述两者之间的负相关关系有所增强。本文不仅弥补了国内外关于供应商集中度经济后果研究的不足，而且针对供应商集中度与企业商业信用使用之间关系的两种不同观点的适用性提供了直接的经验证据。这不仅为了解供应商集中度的提高对于企业营运资金管理决策的影响提供了一定的经验依据与参考，而且对于推动我国企业供应链整合，深化供应链金融改革，进而提升我国全球竞争力具有重要的现实启示意义。

【关键词】供应商集中度 商业信用 产品质量担保 合作关系

中图分类号：F275；F230 文献标识码：M41

1. 引言

随着 20 世纪 80 年代全球经济一体化的不断推进，以及生产与运营管理理论的不断演进，供应链管理逐渐兴起并得到推广。然而随着供应链的日益复杂化，如何管理和降低与供应链相关的风险成为企业高管面临的一个重要课题（McKinsey，2010）。为了更好地对供应链进行整合和优化，企业普遍选择少数几个供应商作为其主要供应商。如 20 世纪 90 年代，美国公司逐渐改变它们之前依赖

* 基金项目：国家自然科学基金面上项目"基于盈余管理视角的供应商与主要客户合谋行为研究"（项目批准号：71572068）；国家自然科学基金青年项目"基于供应链视角的非财务信息溢出效应"（项目批准号：72102195）。

通讯作者：刘诚达，E-mail：liuchengda@ zjut. edu. cn。

大量供应商的做法，转而寻求与少数的主要供应商建立和保持长期的合作关系。然而美国证监会只要求上市公司对其主要客户信息进行披露，并不要求披露其主要供应商的信息，因此，学者们主要考察客户集中度对于企业经营与发展等所产生的正面作用与负面影响（Hui et al.，2012；Dhaliwal et al.，2016；张敏和马黎珺，2012；王雄元和高开娟，2017），而鲜有研究探讨供应商集中度的经济后果。鉴于供应商与客户角色的差异，客户集中度与供应商集中度对企业经营与财务活动的影响可能存在不同，Patatoukas（2012）曾呼吁学者们挖掘供应商集中度的数据以开展相关的经验研究。

在当前新冠肺炎疫情尚未结束，叠加全球政治、经济不确定性增加的大环境下，我国市场也进一步认识到供应链自主可控的重要性。2020 年中央经济工作会议部署的重点任务中，就有"增强产业链供应链自主可控能力"的任务。供应商作为企业重要的外部利益相关者，显著影响企业的经营与发展。回顾近年来我国企业的实践，由于新冠肺炎疫情引发了相关供应商在原材料、商业信用等方面供给的中断，我国许多企业陷入了停工破产的困境；而在中美政治关系波动的影响下，华为、中兴、海康威视等多家高科技企业遭受了核心原材料和技术断供的困境，同样严重影响了企业的生产运营。因此，探讨如何维持稳定的供应商群体对于促进企业持续经营与发展以及减少企业的供应链风险具有重要的现实意义。

商业信用作为一种被广泛使用的交易方式，反映了上下游企业在交易时对收益与风险的权衡（Petersen & Rajan，1997）[1]，对企业的营运资金管理以及经营发展至关重要。理论上，供应商集中度对企业商业信用的使用可能存在正负两种影响：一方面，当供应商集中度比较高时，企业的相对议价能力较弱，迫于大供应商的压力，企业获取的商业信用较少；另一方面，当供应商集中度比较高时，企业与供应商之间建立紧密的合作关系，也有可能获取较多商业信用（Fisman & Raturi，2004；Dass et al.，2015；Fabbri & Klapper，2016）。但是由于在美国主要供应商信息的不可获得性，相关结论缺乏大样本的实证检验（Chod et al.，2019）[2]。与美国不同，在我国 2012 年发布的《公开发行证券的公司信息披露内容与格式准则第 2 号〈年度报告的内容与格式〉（2012 年修订）》中，证监会鼓励上市公司披露前五名供应商信息，这为考察供应商集中度经济后果的研究提供了数据上的可行性。

基于以上研究背景，本文利用中国上市公司披露主要供应商信息这一独特数据，考察供应商集中度对于客户企业商业信用使用的影响。与此同时，考虑到国有企业与民营企业、行业竞争地位高或者低的企业、供应商地理位置相似度高或者低的企业，供应商通过为企业提供商业信用来建立与维护合作关系的意愿和能力、企业市场谈判力等机理方面的影响有所不同，本文又进一步考察企业所有权性质、企业在行业内的竞争地位、供应商地理位置相似度对于供应商集中度与客户企业商业信用使用之间关系的调节作用。本文的研究结果表明，供应商集中度越高，客户企业获得的商业信用越少；进一步的研究发现，对于国有企业、行业竞争地位比较低的企业以及与主要供应商地理位置相似度较高的企业，上述两者之间的负相关关系有所增强。

---

① 关于商业信用产生的融资比较优势理论、价格歧视理论、交易成本理论等解释，可以参考 Petersen 和 Rajan（1997）的详细讨论。限于篇幅，本文不再赘述。

② Chod 等（2019）研究发现供应商集中度与商业信用正相关。但是该文章采用的是主要客户为零售商且至少存在两名供应商的特殊样本，结论的可推广性还有待进一步验证。

本文可能的研究贡献在于：

（1）以往研究主要围绕客户关系来探讨客户的经济重要性，即前五大客户销售收入占总收入比例对企业经营与发展产生的影响（Hui et al.，2012；Dhaliwal et al.，2016；方红星和张勇，2016；王雄元和高开娟，2017；江伟和姚文韬，2016；江伟等，2019），但是供应商作为企业重要的利益相关者，供应商关系对企业产生的积极影响或负面作用同样不可忽视。本文利用我国独特的供应商信息数据，选取集中度这一经济重要性程度，探讨了供应商对企业商业信用的影响，不仅响应了Patatoukas（2012）对于供应商集中度经济后果研究的呼吁，而且丰富了国内供应商集中度经济后果的经验研究（王迪等，2016；刘梦宁等，2018）。

（2）已有的国内外供应链关系与商业信用的研究大多是从客户与企业之间的力量对比以及客户关系稳定性角度出发，来探讨企业提供商业信用的动因（Hill et al.，2012），然而较少文献关注供应商集中度是否以及如何影响企业的商业信用供给。本文通过研究发现供应商集中度与企业商业信用之间存在显著的负相关关系，拓展了商业信用的影响因素研究（Chod et al.，2019）。

（3）随着供应链管理不断深入发展，营运资金的管理也开始逐渐转变为以整合和优化供应链上的资源为中心。而资金流作为供应链上的重要资源，供应商关系管理如何影响企业的营运资金管理决策已成为供应链管理的重要问题。本文发现企业面对重要的大供应商时，商业信用获取会更少。这证实了企业在进行经营决策时越来越关注供应商的利益，双方之间的关系日益紧密。同时，也在一定程度上为进一步深化供应链管理，以供应商等利益相关者为导向来管理营运资金提供了实践指导。

全文的余下部分结构如下：第二部分为文献回顾与研究假设；第三部分为本文的研究设计；第四部分为实证结果及分析；第五部分为研究结论。

2. 文献回顾与研究假设

2.1　文献回顾

作为一种被广泛使用的交易方式，商业信用的高低反映了上下游企业在交易时对收益与风险的权衡（Petersen & Rajan，1997）。在关于供应商对外提供商业信用动机的财务学和会计学文献中，一类文献主要从交易成本节约（收益）的角度解释供应商提供商业信用的动机。Klapper等（2012）利用美国和欧洲56个大客户的约3万笔与供应商交易的合同信息数据，研究发现规模大且信誉好的企业更容易从规模小的供应商那里获得信用期限较长的商业信用。这一研究结论似乎更符合商业信用供给的产品质量担保理论，这是因为，大客户利用其议价能力向上游小供应商要求价格折扣和商业信用融资的动机较弱。江伟等（2021）利用中国上市公司前五名应收账款欠款人信息以及前五名大客户信息的独特数据，其研究发现，客户集中度越高，供应商提供给大客户的商业信用政策越宽松，即应收账款金额越多，信用期限越长。这一发现为供应商利用商业信用的产品质量担保功能与其大客户建立合作关系提供了较为直接的经验证据。

另一类文献主要从竞争（风险）的角度解释供应商提供商业信用的动机，而这类文献又将竞争分为上下游竞争和行业竞争两个层面。Fisman 和 Raturi（2004）利用非洲五国的公司数据，研究发现供应商在其行业中的垄断能力越强，为客户提供的商业信用越少；Dass 等（2015）研究发现下游客户的市场竞争力越强，供应商为其客户提供的商业信用越多；Fabbri 和 Klapper（2016）研究发现相对议价能力较弱的供应商可能为客户提供信用金额更大、信用期限更长的商业信用政策，而且对客户应付账款违约的容忍度更高；余明桂和潘红波（2010）利用中国工业企业数据，研究发现相比国有企业，民营企业面临更高的市场竞争，因此民营企业供应商会为其客户提供更多商业信用；方明月（2014）研究发现，当供应商所处行业的市场竞争越激烈时，供应商提供给客户的商业信用越多；陈正林（2017）同时从上下游竞争和行业竞争两个层面考察了竞争对商业信用的影响，其研究发现，客户集中度越高，供应商为客户提供的商业信用越多，与此同时，行业竞争越激烈，客户集中度与商业信用的正相关关系越强。这些研究结论说明，供应商为强势客户提供更多的商业信用，同时行业竞争也会促使供应商为客户提供更多的商业信用以便锁定客户。

由于主要供应商公开信息的难以获得性，已有的文献主要考察客户集中度是否以及如何影响企业提供商业信用（即应收账款）。然而，供应商作为企业的重要利益相关者，同样会通过影响企业获取商业信用（即应付账款）进而影响企业的经营与发展。因此，本文利用中国上市公司对于主要供应商信息披露的这一独特数据，考察供应商集中度对企业商业信用使用（即应付账款）的影响。

2.2 研究假设

理论上，供应商集中度对于企业经营及其业绩可能存在正负两方面的影响：

一方面，从供应商与企业建立合作关系这一角度出发，当供应商集中度比较高时，通过增强供应链上下游企业之间的信息共享和生产合作，企业更容易形成稳定和可靠的供应商关系，这不仅有助于降低客户企业的关系维护成本、运输成本和存货成本（Treleven & Schweikhart，1988；Burke et al.，2007），而且最终有助于降低企业的采购成本和提高客户企业的产品质量（Bozarth et al.，2009），从而提高企业的业绩（Kim & Henderson，2015）。另一方面，从供应商与企业的相对议价能力这一角度出发，供应商集中度越高，企业对供应商的依赖度越大，供应商的相对议价能力越强，由此可能导致企业需要负担较高的采购成本，从而损害企业经营业绩（Treleven & Schweikhart，1988；Burke et al.，2007）。与此同时，高供应商集中度也会提高企业经营风险，例如因自然灾害导致的供应关系中断。以上原因都会增加企业经营风险，并损害企业业绩（Bode & Wagner，2015）。

具体到商业信用而言，供应商集中度也可能对企业获取商业信用产生积极影响或负面作用。传统观点认为，当供应商集中度比较低时，供应商之间的竞争比较激烈，由此会使企业获得较多商业信用（Fisman & Raturi，2004；Dass et al.，2015；Fabbri & Klapper，2016）。反之，当供应商集中度比较高时，企业获得的商业信用较少。原因在于：一方面，从供应链上下游的合作关系角度来看，当供应商集中度比较低时，供应商可能更有动力向企业提供更多的商业信用，借此表达建立与维护长期合作关系的意愿。这是因为，首先，在供应商与企业之间存在信息不对称情况下，供应商提供给企业商业信用使企业在付款之前有时间来验证产品的质量，由此决定是否接受该笔交易并付款（Smith，1987；Long et al.，1993）；而供应商也可以通过企业是否延迟付款甚至违约来判断其是否值得信任。商业信用的产品质量担保功能，不仅可以增进彼此之间的信任，而且可以增加关系专有性投资并形成合作型关系。其次，当供应商之间的竞争比较激烈时，企业因为对应付账款的违约而寻求新供应商的转换成本相对较低，但如果供应商通过提供更多的商业信用，与企业之间建立合作型关系，双方投入的关系专有性投资能带来锁定效应（lock-in），由此提高转换成本，从而降低违约动机（Fisman & Raturi，2004）。另一方面，从议价能力角度来看，当供应商集中度比较低时，供应商之间的竞争比较激烈，相对而言，企业在双方交易中的市场谈判力较强，从而更可能向供应商要求更多的商业信用，也更容易获得更多的商业信用（张新民等，2012；Fabbri & Klapper，2016）。

然而 Chod 等（2019）提出了与上述传统观点截然相反的观点，他们认为当供应商集中度比较高时，客户企业获得的商业信用较多。当供应商集中度比较低时，无论同一行业内不同供应商之间的竞争，还是不同行业间供应商之间的竞争，都会导致供应商之间的搭便车问题，原因在于：当某一供应商为其客户提供较多的商业信用时，该客户在营运资金方面的流动性会有所增强，由此促使该客户不仅可以向该供应商购买更多的商品，而且可以向其他供应商购买更多的商品，这导致每一位供应商承担了提供商业信用的全部成本，却只能获得客户购买更多商品的部分好处。因此，当供应商集中度比较高时，供应商可以更好地内部化向客户提供商业信用的好处，从而克服供应商之间的搭便车问题，由此促使其向客户提供更多的商业信用①。

基于此，本文提出以下两个竞争性假设：

H1：供应商集中度越高，企业获得的商业信用越少；

H2：供应商集中度越高，企业获得的商业信用越多。

3. 研究设计

3.1　样本选取

本文的研究样本为 2009—2019 年在沪深证券交易所上市的制造业公司。样本期间之所以从 2009 年开始，是因为从 2009 年才开始有较多的公司自愿披露前五名供应商的名称和采购额，为此，本文手工收集了截至 2019 年上市公司前五名供应商名称、采购额及其所占比重等信息。样本公司的所有财务数据来自 CSMAR 数据库，公司所有权性质数据来自 CCER 数据库。样本之所以选择制造业上市公司，是因为供应链的整合和优化对于制造业而言更为重要（Anderson & Dekker，2009；Banker et al.，2014）。

---

①　当然，供应商集中度越高，供应商与客户之间的紧密交流越容易促成彼此之间形成稳定和可靠的合作关系，由此也可能会促使供应商提供更多的商业信用。

在样本选取过程中，本文对数据进行了以下处理：（1）剔除了财务数据缺失的样本观测值；（2）剔除了资产负债率大于 1 的样本观测值。通过以上数据处理，本文得到共计 9766 个样本观测值。为消除异常值的影响，本文对连续变量上下 1% 分位数分别进行了缩尾（winsorize）处理。

3.2 变量定义

本文主要考察供应商集中度对企业商业信用使用的影响，被解释变量为企业获得的商业信用即应付账款（AP1 和 AP2），解释变量为供应商集中度（SC）。AP1 以企业应付账款与当年总资产之间的比率来度量；AP2 以企业应付账款与当年主营业务收入之间的比率来度量。

本文的控制变量主要包括公司所有权性质（OWN）、应收账款（AR）、存货（INV）、客户集中度（CC）、成长性（GROW）、盈利能力（ROA）、负债（LEV）、公司规模（SIZE）、上市年限（FA）、行业（Industry）与年份（Year）等。之所以选择这些控制变量，是因为 Petersen 和 Rajan（1997）、Love 等（2007）、余明桂和潘红波（2010）、陆正飞和杨德明（2011）、江伟和曾业勤（2013）以及王彦超（2014）等发现上述变量会对企业商业信用的使用产生影响。各变量的定义如表 1 所示。

表 1　　　　　　　　　　　　　　研究变量的定义

变量		变 量 定 义
应付账款	（AP1）	应付账款/总资产
	（AP2）	应付账款/当年主营业务收入
供应商集中度（SC）		根据公司当年前五名供应商采购额计算的赫芬达尔指数
所有权性质（OWN）		哑变量，如果公司的最终控制人为国有性质，取 1，否则取 0
行业竞争地位（PCM）		采用勒纳指数来衡量企业在行业内的竞争地位，PCM 越大，表明行业竞争地位越高。PCM 的计算方法为：（当年主营业务收入−当年主营业务成本−当年销售费用和管理费）/当年主营业务收入
供应商地理位置相似度（SGP）		根据供应商与客户是否处于同一城市计算
应收账款（AR）		应收账款/总资产
存货（INV）		存货/总资产
客户集中度（CC）		根据公司当年前五名客户销售份额计算的赫芬达尔指数
成长性（GROW）		(当年主营业务收入−前一年主营业务收入)/前一年主营业务收入
盈利能力（ROA）		净利润/总资产
负债（LEV）		总负债/总资产
公司规模（SIZE）		总资产的自然对数
上市年限（FA）		公司的上市年限

3.3　描述性统计

表 2 展示了 2009—2019 年我国制造业上市公司供应商集中度的变化情况①。从中可以看到，与美国企业普遍对供应商进行整合的实践相一致，我国制造业上市公司供应商集中度整体呈现出上升趋势并保持较稳定的发展态势，其均值从 2009 年的 0.0470 上升到 2014 年的 0.0915，在 2015 年之后基本维持在 0.05 到 0.06 之间的水平上。

表 2　　　　　　　　　　我国制造业上市公司供应商集中度年度变化情况

年度	供应商集中度	样本数量	占比（%）	合计（%）
2009	0.0470	70	0.65	0.65
2010	0.0625	143	1.33	1.98
2011	0.0595	355	3.30	5.27
2012	0.0655	858	7.97	13.24
2013	0.0673	901	8.37	21.61
2014	0.0915	947	8.79	30.40
2015	0.0607	1282	11.90	42.31
2016	0.0579	1407	13.07	55.37
2017	0.0528	1566	14.54	69.91
2018	0.0522	1567	14.55	84.46
2019	0.0532	1673	15.54	100.00
总计	—	10769	100.00	—

表 3 列出了样本观测值的描述性统计。从中可以看到，上市公司应付账款占总资产比重（AP1）的均值为 9.12%，应付账款占主营业务收入比重（AP2）的均值为 17.57%；前五名供应商集中度的均值为 0.0516，前五名客户集中度的均值为 0.0472；应收账款占总资产比重的均值为 13.87%，存货占总资产比重的均值为 13.36%，上市公司成长性的均值为 17.25%，盈利能力的均值为 3.49%，负债占总资产比重的均值为 38.96%。

表 3　　　　　　　　　　　　　　　描述性统计

变量	样本量	均值	中值	最小值	最大值	标准差
AP1	9766	0.0912	0.0783	0.0040	0.3434	0.0512
AP2	9766	0.1757	0.1451	0.0086	0.9087	0.1343

---

①　这里的样本为数据处理之前的总样本，因此为 10769 个。

续表

变量	样本量	均值	中值	最小值	最大值	标准差
SC	9766	0.0516	0.0226	0.0000	0.9730	0.0856
OWN	9766	0.2238	0.0000	0.0000	1.0000	0.4168
AR	9766	0.1387	0.1237	0.0005	0.4994	0.0970
INV	9766	0.1336	0.1176	0.0004	0.6850	0.0839
CC	9766	0.0472	0.0174	0.0000	0.5755	0.0813
GROW	9766	0.1725	0.1067	−0.5681	2.8867	0.4110
ROA	9766	0.0349	0.0360	−0.3401	0.1950	0.0685
LEV	9766	0.3896	0.3803	0.0552	0.8855	0.1909
SIZE	9766	21.8815	21.7587	19.8149	25.5995	1.0649
FA	9766	4.4100	4.4773	2.5177	5.7236	0.7929

4. 实证结果及分析

4.1 对假设 H1 和假设 H2 的实证检验

本文借鉴 Fisman 和 Raturi（2004）、Dass 等（2015）、Fabbri 和 Klapper（2016）、余明桂和潘红波（2010）、陆正飞和杨德明（2011）、江伟和曾业勤（2013）以及王彦超（2014）等的研究方法，构造了以下模型来检验供应商集中度对于客户企业商业信用使用的影响。考虑到上市公司前五名供应商集中度（SC）的形成可能具有一定的内生性问题，本文采用了企业层面的固定效应模型进行检验。

$$AP1(\,or\,AP2) = \beta_0 + \beta_1 SC + \beta_2 OWN + \beta_3 AR + \beta_4 INV + \beta_5 CC + \beta_6 GROW + \beta_7 ROA$$
$$+ \beta_8 LEV + \beta_9 SIZE + \beta_{10} FA + Firm + Year + \varepsilon$$

模型中 β_0 代表常数项，$\beta_1 \sim \beta_{10}$ 代表系数。如果假设 H1（假设 H2）成立，则模型中 β_1 的符号应该为负（正）且显著。

表 4 列出了对假设 H1 和假设 H2 的检验结果。从第（1）列和第（2）列可以看到，无论采用应付账款的比重 AP1 或者 AP2，β_1 的参数估计值分别为−0.0130 和−0.0448，且都在 5% 的水平上显著。这一结果支持了假设 H1，而否定了假设 H2，说明至少对于中国制造业上市公司，Chod 等（2019）的研究结论并不具有普遍适用性。表 4 表明，当供应商集中度比较低时，供应商彼此之间的激烈竞争可能会促使其为建立与维护长期的合作关系而向企业提供更多的商业信用；与此同时，供应商之间的竞争越激烈，客户市场谈判力的相对增强也使其越容易获得更多的商业信用。

表4	对假设 **H1** 和假设 **H2** 的实证检验结果	
	AP1	AP2
	（1）	（2）
SC	−0.0130**	−0.0448**
	（−2.11）	（−2.44）
OWN	−0.0026	−0.0023
	（−0.85）	（−0.26）
AR	0.1986***	0.0023
	（29.22）	（0.11）
INV	0.1297***	0.1301***
	（18.68）	（6.32）
CC	0.0141**	−0.0210
	（2.11）	（−1.06）
GROW	0.0050***	−0.0262***
	（6.58）	（−11.57）
ROA	−0.0168***	−0.2333***
	（−3.00）	（−14.04）
LEV	0.0777***	0.1391***
	（22.29）	（13.46）
SIZE	0.0008	0.0397***
	（0.87）	（14.63）
FA	−0.0034**	−0.0192***
	（−2.37）	（−4.49）
Constant	0.0075	−0.6856***
	（0.38）	（−11.91）
Frim FE	YES	YES
Year FE	YES	YES
N	9766	9766
Adj. R^2	0.2373	0.1478

注：表中括号内的数字为 t 值；*、**、***分别表示显著性水平为 10%、5%和 1%。

4.2　供应商集中度的内生性问题

考虑到上市公司前五名供应商集中度（SC）的形成可能具有一定的内生性问题，本文主要采用了企业层面的固定效应模型进行检验。此外，本文也借鉴 Patatoukas（2012）的方法，采用二阶段回归来缓解供应商集中度的内生性问题。由于供应商集中度可能会受到需求不确定性（UNC）①、成长性（GROW）、是否属于管制行业（REGIND）②、公司规模（SIZE）以及上市年限（FA）等影响（Kekre et al.，1995；Elmaghraby，2000），在第一阶段，本文采用供应商集中度（SC）对上述影响因素进行回归估计得出 SC 的残差项 SC_Resid；在第二阶段，本文采用第一阶段估计的 SC_Resid 来代替 SC 进行第二阶段的回归。表 5 第（1）列和第（2）列的检验结果表明，无论采用应付账款的比重 AP1 或者 AP2，采用二阶段回归后仍然得到一致结论。

2012 年证监会鼓励上市公司披露前五名供应商名称等信息，而之前年份上市公司对前五名供应商的信息披露是自愿的。为了缓解这一样本自选择问题，本文剔除了 2012 年之前的研究样本进行了稳定性检验。表 5 第（3）列和第（4）列结果显示，剔除 2012 年之前的研究样本不会对本文的主要结果产生影响。与此同时，2007 年证监会强制要求上市公司对前五名供应商采购额合计占公司采购总额的比例等信息进行披露，因此，本文又选择 2007—2019 年为样本期间，以前五名供应商采购额合计占公司采购总额的比例（Top5per）来代替供应商集中度（SC）进行检验。表 5 第（5）列和第（6）列结果显示，采用 Top5per 后，结果仍然保持一致。

表 5   缓解内生性问题的回归结果

	二阶段回归		2012—2019 年样本		Top5per 代替 SC	
	AP1	AP2	AP1	AP2	AP1	AP2
	（1）	（2）	（3）	（4）	（5）	（6）
SC	−0.0131**	−0.0444**	−0.0138**	−0.0485***	−0.0099***	−0.0320***
	（−2.04）	（−2.32）	（−2.26）	（−2.82）	（−3.85）	（−4.60）
OWN	−0.0029	−0.0000	−0.0034	−0.0019	0.0038	0.0025
	（−0.95）	（−0.00）	（−1.09）	（−0.22）	（1.61）	（0.39）
AR	0.2014***	0.0083	0.1920***	0.0175	0.1927***	0.0132
	（28.00）	（0.39）	（27.03）	（0.87）	（31.95）	（0.81）
INV	0.1316***	0.1416***	0.1493***	0.1491***	0.1242***	0.0956***
	（18.04）	（6.53）	（19.71）	（7.01）	（20.27）	（5.75）
CC	0.0115	−0.0259	0.0072	−0.0168	0.0106***	0.0356***
	（1.64）	（−1.24）	（1.04）	（−0.86）	（3.80）	（4.73）
GROW	0.0047***	−0.0319***	0.0052***	−0.0274***	0.0047***	−0.0236***
	（5.68）	（−12.93）	（6.39）	（−11.86）	（6.73）	（−12.54）

---

① 这里我们采用公司最近 3 年主营业务收入增长率的标准差来度量需求不确定性。由于计算需求不确定性（UNC）需要企业连续 3 年的观测值，表 5 第（1）列和第（2）列的样本数下降到 9005 个。

② 参照 Ke 等（2020）的方法，本文把以下制造行业定义为管制行业：C25、C31、C32、C36、C37。

续表

	二阶段回归		2012—2019 年样本		Top5per 代替 SC	
	AP1	AP2	AP1	AP2	AP1	AP2
	（1）	（2）	（3）	（4）	（5）	（6）
ROA	−0.0172***	−0.2131***	−0.0162***	−0.2181***	−0.0093*	−0.2350***
	（−2.97）	（−12.38）	（−2.84）	（−13.62）	（−1.76）	（−16.36）
LEV	0.0782***	0.1445***	0.0757***	0.1333***	0.0790***	0.1258***
	（21.39）	（13.30）	（21.70）	（13.60）	（26.40）	（15.51）
SIZE	0.0004	0.0381***	0.0007	0.0410***	−0.0007	0.0315***
	（0.39）	（13.28）	（0.78）	（15.68）	（−0.87）	（15.08）
FA	−0.0026	−0.0296***	−0.0035**	−0.0196***	−0.0029**	−0.0169***
	（−1.21）	（−4.69）	（−2.30）	（−4.57）	（−2.52）	（−5.40）
UNC	0.0026	0.0441***				
	（1.37）	（7.72）				
REGIND	0.0007	−0.0345**				
	（0.13）	（−2.07）				
Constant	0.0160	−0.6166***	0.0122	−0.7080***	0.0413**	−0.5131***
	（0.76）	（−9.87）	（0.61）	（−12.65）	（2.52）	（−11.51）
Frim FE	YES	YES	YES	YES	YES	YES
Year FE	YES	YES	YES	YES	YES	YES
N	9005	9005	9396	9396	13217	13217
Adj. R^2	0.2367	0.1516	0.2312	0.1513	0.2225	0.1422

注：表中括号内的数字为 t 值；*、**、***分别表示显著性水平为 10%、5% 和 1%。

此外，本文采用 Heckman 两阶段回归来缓解样本自选择问题。在第一阶段，本文将"是否披露供应商采购额信息"哑变量 D_Disclosure（是取 1，否则取 0）作为被解释变量，以公司所有权性质（OWN）、成长性（GROW）、盈利能力（ROA）、负债（LEV）、公司规模（SIZE）、是否属于管制行业（REGIND）作为解释变量进行 Probit 回归。在第二阶段，本文将第一阶段估计的逆米尔斯比率（IMR）放入检验模型中进行回归。表 6 第（2）列和第（4）列的结果表明，当引入 IMR 后，结论依然稳健。

表 6　　　　　　　　　　　　　　Heckman 两阶段回归结果

	Frist stage	Second stage	Frist stage	Second stage
	D_Disclosure	AP1	D_Disclosure	AP2
	（1）	（2）	（3）	（4）
SC		**−0.0137****		**−0.0488*****
		（−2.26）		**（−2.95）**

续表

	Frist stage	Second stage	Frist stage	Second stage
	D_Disclosure	AP1	D_Disclosure	AP2
	（1）	（2）	（3）	（4）
AR		0. 1930 ***		0. 0007
		（28. 04）		（0. 04）
INV		0. 1381 ***		0. 1341 ***
		（19. 23）		（6. 85）
CC		0. 0113		−0. 0151
		（1. 63）		（−0. 80）
FA		−0. 0032 **		−0. 0157 ***
		（−2. 19）		（−3. 93）
OWN	−0. 2147 ***	−0. 0025	−0. 2147 ***	−0. 0014
	（−5. 42）	（−0. 84）	（−5. 42）	（−0. 18）
GROW	−0. 0234	0. 0051 ***	−0. 0234	−0. 0242 ***
	（−0. 52）	（6. 48）	（−0. 52）	（−11. 21）
ROA	0. 5474 *	−0. 0129 **	0. 5474 *	−0. 2238 ***
	（1. 67）	（−2. 19）	（1. 67）	（−13. 89）
LEV	0. 0093	0. 0773 ***	0. 0093	0. 1316 ***
	（0. 09）	（22. 68）	（0. 09）	（14. 17）
SIZE	−0. 0828 ***	0. 0002	−0. 0828 ***	0. 0367 ***
	（−4. 40）	（0. 27）	（−4. 40）	（14. 93）
REGIND	−0. 2508 **		−0. 2508 **	
	（−1. 96）		（−1. 96）	
IMR		−0. 0302 ***		−0. 0278
		（−2. 88）		（−1. 13）
Constant	0. 4733	0. 0219	0. 4733	−0. 5929 ***
	（1. 23）	（1. 05）	（1. 23）	（−10. 45）
Industry FE	YES		YES	
Frim FE		YES		YES
Year FE	YES	YES	YES	YES
N	12852	9766	12852	9766
Pseudo/Adj. R^2	0. 4858	0. 2354	0. 4858	0. 1551

注：表中括号内的数字为 t 值；* 、** 、***分别表示显著性水平为 10%、5% 和 1%。

4.3　进一步的分组检验

考虑到供应商与企业之间通过提供商业信用来建立与维护合作关系的意愿和能力、企业市场谈判力等机理方面的影响有所不同，本文进一步考察企业所有权性质、在行业内的竞争地位、供应商地理位置相似度对于供应商集中度与企业商业信用使用之间关系的调节作用。本文利用分组检验以分辨出前文所发现的供应商集中度与企业获取商业信用之间存在的负相关关系是由商业信用的产品质量担保功能和关系专有性投资的锁定效应所导致，还是由企业的相对议价能力所导致。

（1）所有权性质。在我国新兴加转轨的市场经济条件下，对于不同所有权性质的企业而言，供应商集中度对于企业商业信用使用的影响可能存在着差别：首先，与民营企业相比，国有企业与政府天然的联系使其能获得大量的稀缺资源，例如垄断行业的特许经营权、优惠贷款等（Shleifer & Vishny，1994；Allen et al.，2005）；与此同时，国有企业面临的经营风险和财务风险较低（Erandt & Li，2003），其商业信用违约可能性也较小，这使得主要供应商可能更愿意与国有企业形成以关系为导向的供应链关系（Bai et al.，2016）。当供应商集中度比较低时，供应商彼此之间的激烈竞争可能会促使其更愿意向国有企业提供更多的商业信用，继而寻求建立与维护长期的合作关系。其次，当供应商集中度比较低时，与民营企业相比，国有企业更具有市场谈判力来向这些供应商获取更多的商业信用。因此，本文预期，与民营企业相比，国有企业的供应商集中度与商业信用使用之间的负相关关系有所增强。

表7列出了按照企业所有权性质分组的检验结果。结果表明，无论采用应付账款的比重 AP1 或者 AP2，在国有企业组中，β_1 的参数估计值均显著为负；而在民营企业组中，β_1 的参数估计值都不显著。这一结果基本支持了本文的上述预期，表明为了与国有企业之间形成以关系为导向的供应链关系，供应商更愿意向国有企业提供更多的商业信用；国有企业也更具有市场谈判力来向这些供应商要求获取更多的商业信用。以上两方面原因共同导致了国有企业的供应商集中度与商业信用使用之间的负相关关系有所增强。

表7　　　　　　　　　　　　　　按照所有权性质分组的实证检验结果

	AP1		AP2	
	民营企业	国有企业	民营企业	国有企业
	（1）	（2）	（3）	（4）
SC	−0.0033	−0.0363**	−0.0336	−0.1015**
	（−0.50）	（−2.26）	（−1.64）	（−2.37）
AR	0.1792***	0.2570***	−0.0069	0.0435
	（23.63）	（15.95）	（−0.30）	（1.01）
INV	0.1328***	0.1321***	0.1592***	−0.0037
	（17.09）	（8.15）	（6.67）	（−0.09）

续表

	AP1		AP2	
	民营企业	国有企业	民营企业	国有企业
	（1）	（2）	（3）	（4）
CC	0.0050	0.0318 **	−0.0251	−0.0657 *
	（0.63）	（2.39）	（−1.04）	（−1.85）
GROW	0.0053 ***	0.0045 **	−0.0227 ***	−0.0350 ***
	（6.21）	（2.56）	（−8.71）	（−7.43）
ROA	−0.0223 ***	0.0079	−0.2574 ***	−0.1807 ***
	（−3.72）	（0.52）	（−13.96）	（−4.45）
LEV	0.0720 ***	0.0966 ***	0.1199 ***	0.1918 ***
	（19.00）	（10.76）	（10.31）	（8.01）
SIZE	0.0006	0.0011	0.0437 ***	0.0292 ***
	（0.59）	（0.53）	（13.79）	（5.19）
FA	−0.0039 **	0.0076 *	−0.0192 ***	0.0095
	（−2.35）	（1.67）	（−3.80）	（0.79）
Constant	0.0131	−0.0513	−0.7521 ***	−0.6047 ***
	（0.60）	（−1.07）	（−11.25）	（−4.75）
Frim FE	YES	YES	YES	YES
Year FE	YES	YES	YES	YES
N	7580	2186	7580	2186
Adj. R^2	0.2327	0.2630	0.1474	0.1599
组间系数差异 p 值	<0.01 ***		0.132	

注：表中括号内的数字为 t 值；*、**、***分别表示显著性水平为 10%、5% 和 1%。

（2）企业在行业内的竞争地位。企业在所属行业内的竞争地位不同，供应商集中度对于企业商业信用使用的影响可能存在着差别。当企业在行业内的竞争地位比较低时，市场竞争力和垄断力也比较弱，与供应商交易的议价能力也比较小。此时如果供应商集中度比较低，那么这些供应商通常在行业内的竞争地位也比较低，可能更愿意向行业竞争地位较低的企业提供更多的商业信用来建立长期合作关系。这是因为，首先，行业竞争地位相当的供应商和企业彼此不必担心对方的要挟；其次，供应商为企业提供商业信用后，通过产品质量担保功能，可以增加双方之间的信任与合作，从而建立合作型关系，进而双方投入的关系专有性投资也会有所增加，而由关系专有性投资带来的锁定效应更能对这些行业竞争地位较低的客户起到约束作用（Fisman & Raturi，2004），提高客户的转换成本，降低客户应付账款违约的动机；最后，从规模经济的角度考虑，行业竞争地位低的供应商不太可能将商业信用管理的成本分摊到大客户群，与之相反，行业竞争地位低的供应商与同样的行业竞争地位较低的客户进行交易甚至合作，其商业信用管理的难度和成本会相对较低(Summers & Wilson，2002)。因此，本文预期，当企业在所处行业的竞争地位较低时，供应商集中度与客户企业商业信用使用之间的负相关关系有所增强。

表8列出了按照企业在行业内竞争地位分组的检验结果。本文借鉴Ahern(2012)方法度量企业行业竞争地位(PMC)，首先用企业主营业务收入扣除主营业务成本以及销售费用和管理费用，以此得到边际利润，再用边际利润除以主营业务收入，得出企业的勒纳指数。本文按照计算得到的勒纳指数的中值把样本分为低行业竞争地位与高行业竞争地位两组。从表8可以看出，无论采用应付账款的比重AP1或者AP2，在高行业竞争地位组中，β_1的参数估计值都不显著；而在低行业竞争地位组中，β_1的参数估计值显著为负。这一结果在一定程度上说明，本文发现的供应商集中度越高，客户企业获得的商业信用越少的研究结论，可能主要是由商业信用具有的产品质量担保功能以及关系专有性投资带来的锁定效应(而不是客户企业的市场谈判力)所导致的。这是因为，行业竞争地位低的客户不太可能利用其市场谈判力来向供应商要求获取更多的商业信用。

表8　　　　　　　　　　　　按照行业竞争地位分组的实证检验结果

	AP1		AP2	
	低行业竞争地位	高行业竞争地位	低行业竞争地位	高行业竞争地位
	(1)	(2)	(3)	(4)
SC	−0.0248***	0.0046	−0.0632**	0.0100
	(−2.66)	(0.50)	(−2.27)	(0.39)
OWN	−0.0011	−0.0013	0.0016	−0.0049
	(−0.23)	(−0.33)	(0.11)	(−0.46)
AR	0.2311***	0.1498***	0.0157	0.0100
	(21.54)	(15.36)	(0.49)	(0.37)
INV	0.1166***	0.1527***	0.0848**	0.2304***
	(10.58)	(15.93)	(2.57)	(8.62)
CC	0.0203*	0.0153	0.0298	−0.0549**
	(1.93)	(1.55)	(0.95)	(−2.00)
GROW	0.0043***	0.0057***	−0.0375***	−0.0108***
	(3.18)	(5.89)	(−9.35)	(−4.04)
ROA	−0.0111	0.0294***	−0.1598***	−0.1984***
	(−1.37)	(2.86)	(−6.55)	(−6.94)
LEV	0.0712***	0.0753***	0.1511***	0.1176***
	(13.16)	(14.98)	(9.34)	(8.38)
SIZE	0.0009	0.0032**	0.0442***	0.0426***
	(0.59)	(2.31)	(10.17)	(11.12)

续表

	AP1		AP2	
	低行业竞争地位	高行业竞争地位	低行业竞争地位	高行业竞争地位
	（1）	（2）	（3）	（4）
FA	0.0035	-0.0047***	-0.0181**	-0.0143***
	(1.27)	(-2.69)	(-2.20)	(-2.90)
Constant	-0.0144	-0.0338	-0.8016***	-0.7370***
	(-0.46)	(-1.18)	(-8.52)	(-9.22)
Frim FE	YES	YES	YES	YES
Year FE	YES	YES	YES	YES
N	4940	4826	4940	4826
Adj. R^2	0.2263	0.2422	0.1327	0.1495
组间系数差异 p 值	0.012**		<0.01***	

注：表中括号内的数字为 t 值；*、**、***分别表示显著性水平为 10%、5% 和 1%。

（3）供应商地理位置相似度。主要供应商与企业之间地理位置相似度不同，供应商集中度对于企业商业信用使用的影响可能存在差别。供应商地理位置相似度是指主要供应商与企业在地理位置上的近似程度，例如属于同一个地区。当地理位置相似度比较高时，主要供应商与企业之间更容易通过私下交流或者实地考察等方式来降低信息不对称（Giroud，2013），由此会提高主要供应商通过向企业提供商业信用来建立与维护长期合作关系的意愿（Summers & Wilson，2002；江伟等，2021）。商业信用所具有的产品质量担保功能为增进双方信任与合作以及促进双方之间的关系专有性投资提供一种承诺机制（Smith，1987；Long et al.，1993），而关系专有性投资所带来的锁定效应又为降低企业应付账款违约动机进而增加供应商的商业信用供给，以及维持长期合作关系提供隐性的担保（Fisman & Raturi，2004）。与之相反，当地理位置相似度比较低时，供应商与企业之间的信息不对称程度增加，这不仅可能会导致合作关系建立前的逆向选择问题，而且会产生关系专有性投资之后的道德风险问题，从而会降低主要供应商通过向企业提供商业信用来维护长期合作关系的意愿。因此，本文预期，当主要供应商与企业之间的地理位置相似度比较高时，供应商集中度与企业商业信用使用之间的负相关关系有所增强。

表 9 列出了按照供应商地理位置相似度分组的检验结果。借鉴 Giroud（2013）方法，本文对供应商地理位置相似度的计算如下：首先，判断供应商是否当地供应商，如果供应商与上市公司注册地属于同一个城市取 1，否则取 0；其次，按照前五名供应商中某供应商是否当地供应商的变量赋值乘以从该供应商的采购额占前五名供应商总采购额的比重计算的加权平均数得到主要供应商与企业之间的地理位置相似度。本文按照计算得到的供应商地理位置相似度（SGP）的中值把样本分为高地理位置相似度与低地理位置相似度两组。从表 9 可以看到①，无论采用应付账款的比重 AP1 或者 AP2，在低地理位置相似度组中，β_1 的参数估计值都不显著；而在高地理位置相似度组中，β_1 的参数估计

---

① 有些公司并未在年报中披露其具体的供应商名称信息，无法判断其地理位置，因此，样本数减少为 2542 个。

值显著为负。这一结果同样支持了本文的上述预期，表明当主要供应商与企业之间的地理位置相似度比较高时，信息不对称的降低可能促使主要供应商更愿意向企业提供商业信用，以通过商业信用的质量担保功能和关系专有性投资的锁定效应来减轻双方合作关系建立之前可能产生的逆向选择问题，以及合作关系维护过程中所可能产生的道德风险问题。

表9 按照供应商地理位置相似度分组的实证检验结果

	AP1		AP2	
	高地理相似度	低地理相似度	高地理相似度	低地理相似度
	（1）	（2）	（3）	（4）
SC	−0.0621***	0.0110	−0.1129*	−0.0217
	（−2.82）	（0.69）	（−1.71）	（−0.42）
OWN	0.0078	0.0002	−0.0021	−0.0467
	（1.11）	（0.02）	（−0.10）	（−1.46）
AR	0.1402***	0.2400***	−0.2524***	0.1585**
	（5.50）	（10.62）	（−3.30）	（2.14）
INV	0.1234***	0.0820***	0.1047	0.2221***
	（5.50）	（4.47）	（1.56）	（3.69）
CC	0.0138	0.0024	0.0757	0.0170
	（0.61）	（0.13）	（1.11）	（0.28）
GROW	0.0064**	0.0018	−0.0377***	−0.0316***
	（2.28）	（0.83）	（−4.49）	（−4.54）
ROA	−0.0247	−0.0118	−0.3014***	−0.1214**
	（−1.37）	（−0.65）	（−5.58）	（−2.04）
LEV	0.0704***	0.0699***	0.1146***	0.1859***
	（6.82）	（6.25）	（3.70）	（5.07）
SIZE	−0.0193***	0.0118***	0.0220**	0.0455***
	（−5.31）	（3.51）	（2.01）	（4.11）
FA	−0.0010	−0.0076	−0.0155	−0.0008
	（−0.23）	（−1.44）	（−1.14）	（−0.05）
Constant	0.4328***	−0.2125***	−0.2945	−0.8972***
	（5.69）	（−2.94）	（−1.29）	（−3.79）
Frim FE	YES	YES	YES	YES
Year FE	YES	YES	YES	YES
N	1269	1273	1269	1273
Adj. R^2	0.1902	0.2480	0.1872	0.1593
组间系数差异 p 值	0.066*		0.082*	

注：表中括号内的数字为 t 值；*、**、***分别表示显著性水平为10%、5%和1%。

4.4 其他稳定性检验

此外，本文又采用以下方法进行了稳定性检验，仍然得到一致的检验结果：（1）剔除供应商集中度为 1 的样本公司；（2）采用主营业务成本来代替总资产对应付账款进行标准化；（3）采用应付账款、应付票据、预收账款之和来度量应付账款总额；（4）采用应付账款与其他应付款之和来度量企业所获商业信用；（5）为了防止企业聚类效应以及行业聚类效应的影响，分别采用企业聚类方法以及行业聚类方法进行检验。

5. 研究结论及启示

管理与供应链相关的风险是当前企业高管面临的一个重要课题。为了更好地对供应链进行整合和优化，企业普遍选择少数几个客户或者供应商作为其主要客户或者主要供应商。美国证监会只要求上市公司对其主要客户的信息进行披露，并不要求对其主要供应商的信息进行披露，因此，先前的财务学和会计学文献主要考察客户集中度提高给公司所带来的正面作用或者负面影响，而鲜有研究考察供应商集中度的经济后果。理论上，供应商集中度对客户企业商业信用的使用存在着正负两种相反的观点，然而这两种观点在研究设计方面各自存在一定的缺陷。基于以上研究背景，本文利用中国上市公司对于主要供应商信息披露的独特数据，在克服上述两种不同观点研究设计缺陷的基础上，考察了供应商集中度对于客户企业商业信用使用的影响。本文的研究结果表明，供应商集中度越高，客户企业获得的商业信用越少；进一步的研究发现，对于国有企业、行业竞争地位比较低的企业以及与主要供应商地理位置相似度较高的企业，上述两者之间的负相关关系有所增强。

本文的研究意义体现在理论贡献与实践启示两个方面。在理论贡献方面，本文不仅弥补了国内外关于供应商集中度经济后果研究的不足，而且针对供应商集中度与客户企业商业信用使用之间关系的两种不同观点的适用性提供了直接的经验证据。在实践启示方面，我国企业对供应链稳定性和可控性的要求正在不断增强，尤其是在全球新冠肺炎疫情持续影响以及当前国际贸易环境的背景下，企业在供应链关系整合与维护、商业信用需求与供给以及供应链风险管理等方面面临着新的挑战。本文的结论不仅为了解供应商集中度的提高对于企业商业信用等经营决策的影响提供了一定的经验依据与参考，而且通过供应商集中度与客户企业商业信用使用的作用机制检验，在一定程度上表明，商业信用不仅具有融资功能，更是企业建立合作型客户关系、维护供应链关系持续与稳定的重要手段。这对于落实 2017 年 10 月国务院发布的《关于积极推进供应链创新与应用的指导意见》，推动我国企业供应链整合，增强供应链自主可控能力，促进供应链金融业务，进而提升我国经济全球竞争力具有重要的现实启示意义。

本文的研究不足主要体现在以下两个方面：第一，在变量度量方面。由于对不同行业间供应商在产品替代性方面度量的困难，本文只是采用供应商集中度这一较为间接的度量方法，未来可以考虑设计更为直接和精确的度量方法。第二，在研究维度方面。本文只是简单考察了供应商集中度对客户企业商业信用使用的影响，未来可以考虑挖掘相关数据的可行性，从供应商经营和财务状况、供应商复杂度等方面全面考察供应商关系对于客户企业财务与会计政策的影响。

◎ 参考文献

[1] 陈正林. 客户集中、行业竞争与商业信用[J]. 会计研究，2017 (11).

[2] 方红星，张勇. 供应商/客户关系型交易、盈余管理与审计师决策[J]. 会计研究，2016(1).

[3] 方明月. 市场竞争、财务约束和商业信用——基于中国制造业企业的实证分析[J]. 金融研究，2014 (2).

[4] 江伟，底璐璐，胡玉明. 改进型创新抑或突破型创新——基于客户集中度的视角[J]. 金融研究，2019 (7).

[5] 江伟，底璐璐，刘诚达. 商业信用与合作型客户关系的构建——基于提供给大客户应收账款的经验证据[J]. 金融研究，2021 (3).

[6] 江伟，姚文韬. 《物权法》的实施与供应链金融——来自应收账款质押融资的经验证据[J]. 经济研究，2016 (1).

[7] 江伟，曾业勤. 金融发展、产权性质与商业信用的信号传递作用[J]. 金融研究，2013 (6).

[8] 刘梦宁，刘运国，江伟. 供应商集中度与盈余管理[J]. 中国会计评论，2018，53(3).

[9] 陆正飞，杨德明. 商业信用：替代性融资，还是买方市场？[J]. 管理世界，2011 (4).

[10] 王迪，刘祖基，赵泽朋. 供应链关系与银行借款——基于供应商/客户集中度的分析[J]. 会计研究，2016 (10).

[11] 王雄元，高开娟. 客户集中度与公司债二级市场信用利差[J]. 金融研究，2017 (1).

[12] 王彦超. 金融抑制与商业信用二次配置功能[J]. 经济研究，2014 (6).

[13] 余明桂，潘红波. 金融发展、商业信用与产品市场竞争[J]. 管理世界，2010 (8).

[14] 张敏，马黎珺. 供应商—客户关系与审计师选择[J]. 会计研究，2012 (12).

[15] 张新民，王珏，祝继高. 市场地位、商业信用与企业经营性融资[J]. 会计研究，2012 (8).

[16] Ahern, K. R. Bargaining power and industry dependence in mergers[J]. Journal of Financial Economics, 2012, 103 (3).

[17] Allen, F., Qian, J., Qian, M. Law, finance, and economic growth in China[J]. Journal of Financial Economics, 2005, 77 (1).

[18] Anderson, S. W., Dekker, H. C. Strategic cost management in supply chains: Structural cost management[J]. Accounting Horizons, 2009, 23(2).

[19] Bai, X., Sheng, S., Li, J. J. Contract governance and buyer-supplier conflict: The moderating role of institutions[J]. Journal of Operations Management, 2016, 41.

[20] Bode, C., Wagner, S. M. Structural drivers of upstream supply chain complexity and the frequency of supply chain disruptions[J]. Journal of Operations Management, 2015, 36.

[21] Banker, R. D., Byzalov, D., Plehn-Dujowich, J. M. Demand uncertainty and cost behavior[J]. The

Accounting Review, 2014, 89(3).

[22] Bozarth, C. C., Warsing, D. P. Flynn, B. B., et, al. The impact of supply chain complexity on manufacturing plant performance[J]. Journal of Operations Management, 2009, 27(1).

[23] Brandt, L., Li, H. Bank discrimination in transition economies: Ideology, information, or incentives? [J]. Journal of Comparative Economics, 2003, 31(3).

[24] Burke, G. J., Carrillo, J. E. Vakharia, A. J. Single versus multiple supplier sourcing strategies[J]. European Journal of Operational Research, 2007, 182 (1).

[25] Chod, J., Lyandres, E., Yang, S. A. Trade credit and supplier competition[J]. Journal of Financial Economics, 2019, 131(2).

[26] Dass, N., Kale, J. R., Nanda, V. Trade credit, relationship-specific investment, and product market power[J]. Review of Finance, 2015, 19(5).

[27] Dhaliwal, D., Judd, J. S., Serfling, M., et, al. Customer concentration risk and the cost of equity capital[J]. Journal of Accounting and Economics, 2016, 61(1).

[28] Elmaghraby, W. J. Supply contract competition and sourcing policies[J]. Manufacturing & Service Operations Management, 2000, 2(4).

[29] Fabbri, D., Klapper, L. F. Bargaining power and trade credit[J]. Journal of Corporate Finance, 2016, 41.

[30] Fisman, R., Raturi, M. Does competition encourage credit provision? Evidence from African trade credit relationships[J]. Review of Economics and Statistics, 2004, 86(1).

[31] Giroud, X. Proximity and investment: Evidence from plant-level data[J]. The Quarterly Journal of Economics, 2013, 128(2).

[32] Hui, K. W., Klasa, S., Yeung, P. E. Corporate suppliers and customers and accounting conservatism [J]. Journal of Accounting and Economics, 2012, 53(1-2).

[33] Ke, B., Na, L., Song, T. Anti-corruption regulation and shareholder value: Evidence from China [R]. Working Paper, 2020, DOI: 10.2139/ssrn. 2963478.

[34] Kekre, S., Murthi, B., Srinivasan, K. Operating decisions, supplier availability and quality: An empirical study[J]. Journal of Operations Management, 1995, 12(3-4).

[35] Kim, Y. H., Henderson, D. Financial benefits and risks of dependency in triadic supply chain relationships[J]. Journal of Operations Management, 2015, 36.

[36] Klapper, L., Laeven, L., Rajan, R. Trade credit contracts[J]. The Review of Financial Studies, 2012, 25(3).

[37] Long, M. S., Malitz, I. B., Ravid, S. A. Trade credit, quality guarantees, and product marketability [J]. Financial Management, 1993.

[38] Love, I., Preve, L. A., Sarria-Allende, V. Trade credit and bank credit: Evidence from recent financial crises[J]. Journal of Financial Economics, 2007, 83(2).

[39] McKinsey. Managing Global Supply Chains[R]. The McKinsey Quarterly, 2010.

[40] Patatoukas, P. N. Customer-base concentration: Implications for firm performance and capital markets [J]. The Accounting Review, 2012, 87(2).

[41] Petersen, M. A., Rajan, R. G. Trade credit: Theories and evidence[J]. The Review of Financial Studies, 1997, 10(3).

[42] Shleifer, A., Vishny, R. W. Politicians and firms[J]. The Quarterly Journal of Economics, 1994, 109 (4).

[43] Smith, J. K. Trade credit and informational asymmetry[J]. Journal of Finance, 1987, 42(4).

[44] Summers, B., Wilson, N. Trade credit terms offered by small firms: Survey evidence and empirical analysis[J]. Journal of Business Finance & Accounting, 2002, 29.

[45] Treleven, M., Bergman Schweikhart, S. A risk/benefit analysis of sourcing strategies: Single vs. multiple sourcing[J]. Journal of Operations Management, 1988, 7(3-4).

Supplier Concentration and Trade Credit:

Evidence from Chinese Listed Manufacturing Firms

Di Lulu[1]　Liu Chengda[2]　Jiang Wei[3]

(1　School of Accounting, Southwestern University of Finance and Economics, Chengdu, 611130;

2　School of Management, Zhejiang University of Technology, Hangzhou, 310023;

3　Business School, Renmin University of China, Beijing, 100872)

Abstract: Using the unique data from disclosed information on names and percentage of purchases from top five suppliers by Chinese listed firms, this paper examines the effect of supplier concentration on firms' trade credit. The results show that, when supplier concentration is high, trade credit obtained by customer firms is low. Further evidence shows that, in SOEs, firms with low competitiveness within industries, and when the geographic proximity between customer firms and their major suppliers is low, the negative relation between supplier concentration and firms' trade credit is more pronounced. This paper not only supplements the research on the economic consequences of supplier concentration, but also provides direct empirical evidence for the applicability of two contrary arguments on the relationship between supplier concentration and trade credit. This not only provides evidence for understanding the influence of supplier concentration on trade credit and other business decisions, but also has important practical significance for promoting the integration of supply chain and supply chain finance business, thus enhancing the global competitiveness of Chinese economy.

Key words: Supplier concentration; Trade credit; Product quality guarantee; Cooperative relationship

专业主编：潘红波

绿色基金持股对企业绿色创新的影响研究[*]

● 靳　毓[1,2]　文　雯[3]　赵廷宇[4]

（1　中国人民大学经济学院　北京　100872；2　中国人民大学书报资料中心经济编辑部　北京　100086；
3，4　北京外国语大学国际商学院　北京　100089）

【摘　要】在"碳达峰、碳中和"目标和绿色发展理念的指引下，企业绿色创新成为实现可持续、高质量发展的关键路径。本文以 2007—2020 年沪深 A 股上市公司为样本，实证检验绿色基金持股对企业绿色创新的影响及其作用机制。研究发现：绿色基金持股有助于提高企业绿色创新水平；机制检验表明，绿色基金持股能够降低信息不对称程度，并缓解企业面临的融资约束，进而促进企业绿色创新；异质性分析表明，绿色基金持股对企业绿色创新的促进作用在清洁行业以及国际四大会计师事务所审计的企业中更加显著，董事长与总经理两职兼任则会削弱绿色基金持股对绿色创新的促进作用。本文从特殊机构投资者的角度补充了绿色创新领域的文献，同时对促进我国企业绿色转型、实现经济高质量发展具有现实意义。

【关键词】绿色基金　绿色创新　信息不对称　融资约束　高质量发展
中图分类号：F270　　　　　文献标识码：A

1. 引言

现阶段我国经济增长和生态环境之间的矛盾日益突出，加快发展绿色经济、增强可持续发展能力具有极大的现实紧迫性。2015 年，中共中央、国务院印发的《生态文明体制改革总体方案》首次明确提出了建立绿色金融体系。借助金融市场引导社会资源有效配置，在保护生态安全基础上实现经济绿色增长上升到国家战略高度。绿色基金是绿色金融体系中资金来源最广的绿色投融资工具，对

　　* 基金项目：国家自然科学基金项目"上市公司精准扶贫行为的同群效应：作用机制与经济后果"（项目批准号：72002014）；北京外国语大学"双一流"重大（点）标志性项目研究成果"后疫情时期全球化风险研究：金融安全与商务风险视角"（项目批准号：2022SYLZD001）；北京外国语大学二十国集团研究中心资助项目"中国精准扶贫政策的实施经验及其对发展中国家的示范效应研究"（项目批准号：G2020212001）。
　　通讯作者：文雯，E-mail：wenwen_bfsu@ bfsu. edu. cn。

于改善金融结构失衡具有重要作用。2016 年，《中华人民共和国国民经济和社会发展第十三个五年规划纲要》以及中国人民银行等七部委联合发布的《关于构建绿色金融体系的指导意见》都提出了设立绿色发展基金，释放了发展绿色基金的积极的政策信号。2018 年，国务院印发的《关于全面加强生态环境保护 坚决打好污染防治攻坚战的意见》提出"设立国家绿色发展基金"，进一步从部委层面推进了绿色基金制度框架的设立。相比绿色信贷等其他绿色投融资工具，绿色基金的发展起步较晚、社会关注度不高，但近几年在国家相关政策的大力引导和推动下已步入了快速发展轨道。根据中国证券投资基金业协会统计数据，截至 2021 年第三季度末，我国各类基金管理机构设立的以绿色、可持续、ESG 为发展理念的公私募基金已有近 1000 只，市场总规模达 7900 亿元人民币①。作为发展最为迅猛的绿色投资工具之一，绿色基金已成为支撑我国经济转型升级、实现绿色发展的重要驱动力（危平和舒浩，2018）。

绿色基金主要投资有助于经济绿色转型的相关领域，致力于推动企业在追求经济效益和实现自我发展的同时积极承担对经济、环境和社会的可持续发展责任，最终实现经济和社会双重价值（Barnea et al.，2005）。现有针对绿色基金的研究主要集中于对基金的业绩评价，探讨绿色基金的财务绩效和环境绩效问题（危平和舒浩，2018；邹小芃等，2019）。绿色创新是企业实现技术变革、提升资源利用效率的关键路径（Huang and Li，2017），也是助力我国达成"碳达峰、碳中和"的双碳目标、实现经济绿色转型的重要战略。但鉴于企业绿色技术创新的投资周期长、收益不确定以及信息披露机制不完善等因素，其对传统金融体系的吸引力有限（李戎和刘璐茜，2021）。目前我国绿色技术创新的金融支持严重不足，资金瓶颈和融资不足是企业绿色技术创新的关键障碍。绿色金融如何助力企业绿色创新，推动经济实现绿色发展成为亟待解决的关键课题。现有文献对绿色金融的实证考察有限，部分研究关注了绿色信贷或绿色金融政策在促进企业绿色创新中发挥的作用（李戎和刘璐茜，2021；王馨和王营，2021），作为企业的股东和监督者，绿色基金如何影响企业的绿色技术创新决策是一个有待检验的重要命题，尚无文献针对此议题展开研究。

本文预期绿色基金持股有助于提升企业绿色创新水平。具体而言，绿色基金持股有助于向市场发送积极信号，降低内外部信息不对称程度和缓解企业的融资约束，为企业绿色创新活动解决资金困境；同时，为了实现推动经济绿色转型的投资目标，绿色基金会抑制管理层和大股东掏空等短期机会主义行为，更倾向于监督企业将有限的资金投入能兼顾经济效益与社会效益的绿色创新活动（García-Sánchez et al.，2020）。因此，绿色基金不仅具有绿色金融的"资金支持"效应，而且兼具机构投资者的"资金监督"效应，因而能对绿色创新产生正向影响。由此，本文采用绿色专利申请数量衡量企业绿色创新水平，对以上理论分析进行实证检验。

本文可能的边际贡献如下：

第一，从特殊机构投资者视角拓展了企业绿色创新影响因素领域的文献。现有研究主要集中于政府的环境规制手段（王珍愚等，2021；李青原和肖泽华，2020）和绿色信贷（王馨和王营，2021）等宏观经济政策对企业绿色创新的影响，鲜有文献探究机构投资者对绿色创新的影响。本文以绿色基

---

① 中国经济网．助力"碳中和""碳达峰" "绿色基金"规模创新高［EB/OL］．http：//finance.ce.cn/jjpd /jjpdgd/202201/05/t20220105_37230269.shtml，2022-01-05.

金为切入点，探讨其对企业绿色创新的影响及其作用机理，从股权结构和机构投资者参与治理的视角拓展了企业绿色创新影响因素领域的研究。

第二，丰富了绿色基金持股的经济后果及其作用机制研究。已有关于绿色基金的文献主要关注了绿色基金的绩效表现（危平和舒浩，2018；Fernandez-Izquierdo and Matallin-Saez，2008），少数文献关注绿色基金对企业资本成本（彭斌和彭绯，2017）、绿色治理参与度（姜广省等，2021）的影响。本文探究绿色基金持股对企业绿色创新能力的影响，丰富了绿色基金持股的经济后果研究。同时，本文从降低信息不对称程度和缓解融资约束两条路径进行机制检验，有助于深入理解绿色基金对企业绿色创新的影响及其作用机理。

2. 文献综述

2.1　绿色基金的相关研究

绿色基金是以加速经济绿色转型为目的，重视投资所能实现的经济与环保效益的机构投资者（邹小芃等，2019），在绿色金融体系中具有举足轻重的作用。

有关绿色基金的文献主要探讨了绿色基金的绩效表现，但已有研究结论并不一致。部分研究认为，绿色基金与传统基金相比绩效表现并无显著差异，绿色基金对公司历史绩效不敏感，更加关注投资所能带来的环境效益（邹小芃等，2019）；也有部分研究发现，绿色基金的绩效表现明显优于传统基金（Fernandez-Izquierdo and Matallin-Saez，2008）；还有部分研究认为，由于绿色长期投资理念还未深入人心，部分基金投资者易受市场波动影响，在中途撤出资金，导致绿色基金绩效表现弱于传统基金（危平和舒浩，2018；Ibikunle and Steffen，2017）。此外，少数文献从绿色治理参与度、资本成本等视角研究了绿色基金持股的经济后果，发现绿色基金会通过增加企业的绿色支出、提高企业的绿色治理意识，提升企业的绿色治理绩效（姜广省等，2021）；绿色基金对污染、改革企业的资本成本具有显著影响，并且该影响呈现倒 U 形曲线关系，即在绿色基金投资初期会提高企业的资本成本，而当企业完成了清洁化改革，绿色基金对综合资本成本产生积极影响，促使资本成本逐渐下降（彭斌和彭绯，2017）。

2.2　企业绿色创新的影响因素研究

已有文献主要基于制度理论、利益相关者理论和高阶梯队理论，分析了宏观经济政策与微观企业内外部治理等因素对企业绿色技术创新的影响。

宏观层面，政府实施的环境保护政策有助于促进企业绿色创新。政府环境规制政策更严格的地区，即减排目标更大的地区，环境规制对企业绿色创新的数量和强度均有更强的激励效应（Kesidou and Wu，2020）。低碳城市试点政策主要通过制定命令型政策，增加企业的排污和治污成本，倒逼企业进行绿色创新(徐佳和崔静波，2020)。于芝麦(2021)发现中央环保约谈政策与政府补助对企业绿色创新的激励效应存在替代效应。同时，政府实施的市场型环境规制政策也能激励企业绿色创新。排污权交易和能源配额交易制度均可以提升企业绿色创新水平，加快企业绿色转型步伐(Calel and Dechezleprêtre，2016；齐绍洲等，2018)。绿色信贷政策通过降低企业代理成本和提升投资效率从而促进企业绿色创新(王馨和王营，2021)。

微观层面，企业的股权结构、股权性质和其他治理特征也会影响绿色创新。出于延续家族社会财富情感和塑造企业良好形象的目的，相比非家族企业，家族企业拥有更强的绿色创新动机(马骏等，2020)。股权制衡程度高的企业，能够抑制大股东的攫取私利动机和"掏空"行为，释放大股东长期盘踞的战略资源，提升企业绿色创新水平(王旭和王兰，2020)。García-Sánchez等(2020)将企业的机构投资者分为长期机构投资者和短期机构投资者，发现当长期机构投资者和短期机构投资者同时持股、互相制衡时，会强化其对企业绿色创新的激励效应。

上述有关绿色基金和绿色技术创新方面的研究为本文提供了丰富的理论依据和研究思路。作为机构投资者和绿色金融体系的重要组成部分，绿色基金对环境和可持续发展的影响尚未受到充分关注。企业绿色技术创新是实现生态文明建设和经济发展方式转型的重要推动力，从理论上讲，绿色基金持股可以通过为绿色企业注入资金，降低企业创新资金成本进而更好地促进绿色创新，同时也可通过对偏离绿色投资目标的企业施加融资压力倒逼其绿色转型，从而实现经济高质量发展。本文基于企业绿色创新视角，探究绿色基金如何促进企业实现绿色转型和高质量发展，在一定程度上补充和丰富了既有文献。

3. 理论分析与研究假设

绿色创新是公司通过产品研发、技术创新、价值链流程创新的方式，提高资源利用效率、减少能耗的活动(Rennings，2000)。相比传统的创新活动，绿色创新兼有环境正外部性的特点，能够提高企业的长期竞争力(Díaz-García et al.，2015)，为公司赢得声誉，塑造更好的企业形象(Klewitz et al.，2012)。但绿色创新本身并不能快速为公司带来经济利益，兼之其高风险、高投入的特点，需要资金等生产要素的持续投入，导致企业进行绿色创新的意愿较低。与追求收益最大化的一般机构投资者不同，绿色机构投资者通过选择对社会负责的投资引导企业贯彻绿色经营理念，促使企业追求经济利益的同时践行社会责任、维护公众利益，其投资倾向更具长期性和可持续发展性(姜广省等，2021)。绿色创新作为解决环境问题的前瞻性策略，虽然短期内可能无法获得可观的经济收益，但长期来看能够通过财务和环境双重价值效应帮助企业建立技术壁垒、提升长期竞争优势(王旭和褚旭，2022)，从而增加企业收益，因此能够满足绿色基金的经济诉求、实现长期价值增长(Neubaum and Zahra，2006)。本文认为绿色基金有动机和能力，通过推动企业实施绿色技术创新，实现其经济效益、社会效益和环境效益融合共赢的投资目标。

首先，绿色基金持股可以通过降低信息不对称程度激励企业绿色创新。企业在绿色创新活动中面临着较强的信息不对称问题。在进行绿色创新阶段，企业为了获得创新的竞争优势，往往不愿披露相关信息（谢芳，2021）。在此情形下，市场投资者由于信息渠道有限，往往缺乏足够的信息来客观判断企业的投资价值，关注环境效益的投资者也无从知晓企业是否会进行绿色创新活动（Lyon and Maxwell，2011），无法甄别公司的环境友好属性（Flammer，2021）。因此，企业受到信息不对称问题的困扰，公司股票价值被严重低估，具有潜在投资价值的公司无法获取足够的资金进行绿色创新活动（谢芳，2021；Millar et al.，2012）。绿色基金作为机构投资者，拥有更多的信息渠道，能够较为准确地评估公司的投资价值以及环境友好属性。基金经理可以通过调研上市公司、与管理层直接进行电话会议沟通等方式获取私有信息，再根据其掌握的信息做出最符合自身投资理念的决策（孔东民等，2015）。绿色基金持股是对该公司的投资价值和"绿色成分"的认证，有助于向资本市场传递积极信号，吸引更多的分析师跟踪和投资者关注，从而降低企业内外部的信息不对称程度，帮助市场投资者更加客观地评估该公司的价值，增加其投资该公司的可能性，同时也可以吸引更多优质的外部资源投入本企业。此外，由于绿色基金为多方客户服务，扮演着信息中介和关系中介的角色，可以在一定程度上促进企业间的相互协作和开放创新。

其次，绿色基金持股可以通过缓解融资约束促进企业绿色创新。创新活动需要大量的资源投入，而信息不对称导致的融资约束是制约企业进行创新活动的关键因素（康志勇，2013）。绿色创新作为兼具环境正外部性的创新活动，技术创新过程更为复杂，信息不对称程度更高，外部投资者和债权人往往难以合理估算其长期价值，导致企业融资成本升高，面临更严重的融资约束和激励不足问题。绿色基金可以为企业提供长期持续的资金来源，降低企业绿色创新的成本（彭斌和彭绯，2017），提高管理者对创新活动不确定性的承受力，增加对绿色创新活动风险的容忍度（Stiglitz，2015）。当绿色基金对企业进行投资时，不仅为企业直接注入了资金，在一定程度上直接缓解企业的融资约束，而且能够向资本市场传递企业具备长期投资价值和"绿色成分"的信号，为企业吸引更多投资者，从而在一定程度上间接缓解了企业的融资约束。由此，企业更可能将资金投入绿色创新活动，从而提升企业的绿色创新水平。

最后，绿色基金持股可以通过发挥对企业的监督和约束效应推动企业绿色创新。技术创新过程中信息不对称引发的代理问题会降低创新效率。虽然绿色创新能够给企业带来长期收益和竞争优势，但由于其投资周期长、收益不确定性高，并且具有环境正外部性，短视的管理层和大股东在短期内无法实现经济利益的情况下很可能选择放弃绿色创新项目。机构投资者具备较强的外部监管动机和能力，可以更好地参与公司治理（Shleifer and Vishny，1986；Smith，1996），更积极监督管理层决策、缓解公司代理问题（Brav et al.，2008），有效促进对公司创新项目的合理监管（Jiang and Yuan，2018）。与一般意义的机构投资者相比，绿色基金的监督功能更强，具有鲜明的绿色指向性和长期性。绿色基金是以投资可持续为目的的长期投资者，拥有较强的资金、信息和专业优势，当其发现管理者的行为和自己的投资目标不一致时，可以通过征集其他投资者的委托代理权或提交股东提案的方式增加绿色投票话语权（蔡宏标和饶品贵，2015，姜广省等，2021），从而影响企业绿色创新决策。由于企业进行绿色技术创新有助于提高社会声誉，增强企业的长期竞争优势，这一行为也会增强其他长期投资者的认同感，从而合力推动企业进行绿色创新。因此，绿色基金持股可以通过强化对管理层和大股东的监督，抑制其偏离绿色目标的短期机会主义行为，监督企业将有限资源投入绿色创新活动（García-Sánchez et al.，2020）。

由此，绿色基金持股可以通过发挥激励效应与监督效应，引导企业将有限的资金投入绿色技术创新活动，提高企业绿色创新水平。综上所述，本文提出研究假设：

在其他条件一定的情况下，绿色基金持股会促进企业绿色创新。

4. 研究设计

4.1　样本选择和数据来源

本文的初始样本为 2007—2020 年我国沪深 A 股上市公司。由于我国新会计准则规定企业自 2007 年起披露研发支出数据，所以选取 2007 年作为样本起点，2020 年是研究开始时可获取最新数据的年份。在初始样本的基础上，进行以下处理：（1）由于金融行业的资产负债表结构的特殊性，剔除金融行业的公司；（2）剔除 ST/*ST 公司；（3）为了降低异常值的影响，对主要连续变量按照上下 1% 进行缩尾处理。最终得到 3562 家上市公司的 30880 个公司—年份观测值。

绿色基金数据来源于国泰安数据库（CSMAR）的基金市场系列，经过手工筛选和整理后得到具体的持股比例数据；绿色专利数据来自中国研究数据服务平台（CNRDS）；公司财务数据及治理特征数据来源于国泰安数据库和中国研究数据服务平台。

4.2　变量定义

4.2.1　被解释变量

本文的被解释变量为企业的绿色创新水平。参考王馨和王营（2021）、曹廷求等（2021）的研究，本文采用两种方式衡量企业绿色创新水平：其一，绿色创新总量（Pat），等于公司绿色发明专利申请数量、绿色实用新型专利申请数量之和加 1 取自然对数；其二，考虑到在所有专利中，发明专利能推动技术进步，可以代表企业的创新质量（黎文靖和郑曼妮，2016），因此选取绿色发明专利的申请数量来衡量绿色创新质量（PatInn），等于公司绿色发明专利的申请数量加 1 取自然对数。在稳健性检验中，本文还采用绿色专利被引用量来度量企业绿色创新水平。

4.2.2　解释变量

本文的解释变量是绿色基金持股比例（GIPro）。从国泰安数据库（CSMAR）的基金市场系列下载"基金主体信息表"以及"股票投资明细表"，将两份数据进行匹配，获得以季度数据为主的基金明细投资数据，保留第四季度数据。参考危平和舒浩（2018）、姜广省等（2021）对绿色基金的定义，对基金的名称、投资目标、投资范围进行关键词搜索，若含有"环保""生态""绿色""新能源""新能源开发""可持续发展"等关键词，则被认定为绿色基金，最终筛选出 79 只符合定义的绿色基金。若上市公司当年被多家绿色基金持股，GIPro 等于所有绿色基金持股比例之和。在稳健性检验中，本文采用绿色基金持股哑变量(GI)作为绿色基金持股的代理变量。

4.2.3　控制变量

参考王馨和王营（2021）、姜广省等（2021）等研究，本文控制了公司财务和公司治理两类变量（Controls）。公司财务变量包括：公司规模（Size）、盈利能力（ROA）、货币资金（Cash）、托宾 Q 值（TobinQ）、研发投入强度（R&D）；公司治理变量包括：公司年龄（Age）、独立董事比例（Bind）、董事会规模（Board）、产权性质（SOE）、两职兼任（Duality）、股权集中度（Top1）、行业竞争度（HHI）。最后，控制行业（Industry）和年度（Year）哑变量。具体的变量定义见表 1。

表 1　　　　　　　　　　　　　　　　　**变量定义表**

符号	变量	定义
Pat	绿色创新总量	公司独立、联合申请的绿色专利数量加 1 取自然对数
PatInn	绿色创新质量	公司独立、联合申请的绿色发明专利数量加 1 取自然对数
GIPro	绿色基金持股比例	公司当年所有绿色基金持股比例之和
Size	公司规模	公司总市值的自然对数
ROA	盈利能力	净利润/期末总资产
Cash	货币资金	资产负债表列示的货币资金/期末总资产
Tobin Q	托宾 Q 值	总市值/总资产
R&D	研发投入强度	公司研发支出加 1 取自然对数
Age	公司年龄	观测年份与上市年份之差加 1 取对数
Bind	独立董事比例	独立董事人数/董事会非独立董事人数
Board	董事会规模	董事会人数，取自然对数
SOE	产权性质	哑变量，国有控股企业取值为 1，否则取 0
Duality	两职兼任	哑变量，如果董事长和总经理为同一人则取值为 1，否则取 0
Top1	股权集中度	第一大股东持股数/总股数
HHI	行业竞争度	赫芬达尔指数，采用行业中单个公司主营业务收入占行业主营业务收入百分比的平方和

4.3　模型构建

为了检验研究假设，探究绿色基金持股对企业绿色创新的影响，参考姜广省等（2021）的研究设计，构建模型（1）进行检验：

$$Pat_{i, t+1}(PatInn_{i, t+1}) = \beta_0 + \beta_1 GIPro_{i, t} + \beta_j Controls_{i, t} + \sum Year + \sum Industry + \varepsilon_{i, t} \quad (1)$$

其中，i 代表公司，t 代表年份，Pat（PatInn）为企业绿色创新水平的代理变量。其中，Pat 衡量企业绿色创新总量，PatInn 衡量企业绿色创新质量。考虑到企业绿色创新产出需要一定的周期，因此对 Pat 和 PatInn 取 $t+1$ 年的数据。GIPro 为绿色基金持股代理变量，等于上市公司当年末所有绿色基金持股比例之和。Controls 代表控制变量。β_0 为截距项，β_1 为需要重点观测的绿色基金持股比例变量（GIPro）的系数估计值，若本文的假设成立，预期 β_1 显著为正。ε 为随机干扰项，为了避免公司层面的聚集效应的影响，本文采用公司层面的聚类标准误（cluster at the firm level）。

5. 实证结果分析

5.1 描述性统计

本文关键变量的描述性统计如表 2 所示。GIPro 的均值为 0.8%，说明绿色基金的平均持股比例不高。Pat（PatInn）的均值为 0.412（0.284），说明样本期间内每个企业每年平均申请 1.5（1.3）个绿色专利（绿色发明专利），企业申请绿色专利以绿色发明专利为主。研发投入（R&D）的均值为 12.680，说明样本期间内公司的平均研发投入水平不高。Tobin Q 的均值和标准差分别为 2.186 和 1.938，表明不同企业间的成长机会差异性较大。其余变量的描述性统计均与已有文献类似。

表 2　　　　　　　　　　　　　　　　　　变量描述性统计

变量	N	均值	标准差	P25	中位数	P75
Pat	30880	0.412	0.821	0	0	0.693
PatInn	30880	0.284	0.654	0	0	0
GIPro	30880	0.008	0.024	0	0	0
Size	30880	22.461	0.997	21.747	22.345	23.041
ROA	30880	0.040	0.064	0.015	0.039	0.069
Cash	30880	0.191	0.145	0.091	0.150	0.248
Tobin Q	30880	2.186	1.938	0.857	1.606	2.821
R&D	30880	12.680	7.979	0	16.922	18.121
Age	30880	2.006	0.935	1.386	2.197	2.773
Bind	30880	0.607	0.158	0.500	0.500	0.750

变量	N	均值	标准差	P25	中位数	P75
Board	30880	8.716	1.767	7	9	9
SOE	30880	0.407	0.491	0	0	1
Duality	30880	0.246	0.431	0	0	0
Top1	30880	0.347	0.151	0.230	0.329	0.453
HHI	30880	0.140	0.158	0.047	0.086	0.157

5.2 回归结果分析

表 3 报告了绿色基金持股对企业绿色创新影响的模型回归结果。结果显示，无论对于企业绿色创新专利的申请总数（Pat）还是企业绿色发明专利申请数量（PatInn），绿色基金持股比例变量（GIPro）的估计系数均显著为正。实证结果说明，相对于未被绿色基金持股的公司，被绿色基金持股的公司无论绿色创新总量还是绿色创新质量都有了显著提高，绿色基金的存在促进了企业进行绿色创新，支持了本文的研究假设。从经济显著性上看，在控制其他因素的影响后，绿色基金持股比例每增加一个标准差，能使企业未来一年的绿色专利产出数量上升 11.85%，绿色发明专利产出数量上升 12.92%①，说明绿色基金持股对企业绿色创新的影响具有较高的经济显著性。

表 3 　　　　　　　　　　　　**绿色基金持股与企业绿色创新**

变量	Pat_{t+1}	$PatInn_{t+1}$
GIPro	4.053***	3.520***
	(7.41)	(7.55)
Size	0.009***	0.008***
	(3.43)	(3.59)
ROA	0.669***	0.495***
	(6.69)	(6.16)
Cash	−0.045	0.006
	(−0.81)	(0.12)
Tobin Q	−0.034***	−0.025***
	(−9.49)	(−8.47)

---

① 经济显著性的计算公式为：解释变量回归系数×解释变量的标准差÷被解释变量标准差。

变量	Pat_{t+1}	$PatInn_{t+1}$
R&D	0.015***	0.011***
	(13.54)	(13.15)
Age	−0.032***	−0.012
	(−2.90)	(−1.36)
Bind	0.186***	0.156***
	(2.68)	(2.79)
Board	0.030***	0.024***
	(3.81)	(3.59)
SOE	0.071***	0.070***
	(2.82)	(3.38)
Duality	−0.052***	−0.037**
	(−2.82)	(−2.56)
Top1	−0.129*	−0.113*
	(−1.77)	(−1.93)
HHI	−0.109***	−0.083**
	(−2.61)	(−2.54)
Constant	−0.369**	−0.377***
	(−2.34)	(−3.08)
Year	Yes	Yes
Industry	Yes	Yes
N	30880	30880
Adjusted R^2	0.214	0.190

注：括号内为 t 值，***、**、* 分别代表在 1%、5%、10% 的水平上显著。下同。

5.3　稳健性检验

5.3.1　改变回归方法

鉴于企业的绿色专利申请数量为离散的非负整数变量，且很多上市公司当年的绿色专利申请数量为零，所以参考 Jiang 和 Yuan（2018）的做法，采用泊松回归和负二项回归进行稳健性检验。更换回归方法后的回归结果报告在表 4 中。结果显示，无论使用泊松回归或负二项回归模型，GIPro 的系数均在 1% 的水平上显著为正，与主模型回归结果保持一致，说明本文的研究结论依然稳健。

表 4 采用泊松回归和负二项回归

变量	泊松回归		负二项回归	
	Pat_{t+1}	$PatInn_{t+1}$	Pat_{t+1}	$PatInn_{t+1}$
GIPro	3.681 ***	4.092 ***	4.019 ***	4.443 ***
	（7.68）	（7.81）	（8.08）	（8.22）
Controls	Yes	Yes	Yes	Yes
Constant	−2.941 ***	−3.851 ***	−2.829 ***	−3.684 ***
	（−6.59）	（−7.60）	（−6.60）	（−7.66）
Year	Yes	Yes	Yes	Yes
Industry	Yes	Yes	Yes	Yes
N	30880	30880	30880	30880

5.3.2　工具变量法

考虑到本文的研究结论可能受到反向因果问题的影响，即绿色基金可能更倾向于投资绿色创新水平高的公司，本文所观测到的结果可能只是相关关系，而非因果关系。为了控制潜在的内生性问题的影响，本文采用工具变量法来进行稳健性检验。

参考姜广省等（2021）的研究，本文选取当期企业所在行业的其他上市公司绿色基金平均持股比例（Industry_GIPro）作为绿色基金持股比例（GIPro）的工具变量。同行业的上市公司面临的外部环境较为相似，具有相同的行业特征，绿色基金对同行业企业的持股倾向可能较为相似，但是绿色基金对同行业其他企业的持股情况不会直接影响本企业的绿色创新决策，因而工具变量符合相关性和外生性的要求。工具变量法的回归结果报告在表 5 中，第（1）列报告了第一阶段的回归结果，工具变量（Industry_GIPro）的估计系数显著为正，表明工具变量符合相关性要求；第（2）、（3）列报告了使用工具变量法第二阶段的回归结果，GIPro 的系数估计值均显著为正，与主模型回归结果保持一致，表明在控制反向因果的影响后，本文的研究结论依然成立。

表 5 稳健性检验：工具变量法

变量	GIPro	Pat_{t+1}	$PatInn_{t+1}$
	（1）	（2）	（3）
Industry_GIPro	0.090 ***		
	（2.80）		
GIPro		27.321 **	26.965 ***
		（2.57）	（2.80）
Controls	Yes	Yes	Yes

变量	GIPro	Pat$_{t+1}$	PatInn$_{t+1}$
	（1）	（2）	（3）
Constant	-0.015^{***}	-0.039	-0.046
	（-6.85）	（-0.23）	（-0.30）
Year	Yes	Yes	Yes
Industry	Yes	Yes	Yes
N	30835	30835	30835
Adjusted R^2	0.421	-0.056	-0.242

5.3.3 变化模型

为进一步控制潜在的内生性问题影响，本文还采用变化模型（change model）进行稳健性检验，即采用绿色基金持股比例的变化值对公司绿色创新水平的变化值进行回归，从而观测企业绿色创新水平的变化是否为绿色基金持股的变化所导致。模型如式（2）所示：

$$\Delta Pat_{i,\,t+1}(\Delta PatInn_{i,\,t+1}) = \beta_0 + \beta_1 \Delta GIPro_{i,\,t} + \beta_j \Delta Controls_{i,\,t} + \sum Year + \sum Industry + \varepsilon_{t,\,t} \quad （2）$$

其中，i 代表公司，t 代表年份，被解释变量 ΔPat 和 $\Delta PatInn$ 分别代表企业绿色创新数量和质量的变化值，解释变量 $\Delta GIPro$ 代表绿色基金持股比例变量的变化值，$\Delta Controls$ 表示控制变量的变化值，控制变量的选取与主模型（1）保持一致。表 6 报告了基于变化模型的稳健性检验结果。$\Delta GIPro$ 的估计系数显著为正，说明绿色基金持股比例的增加导致了企业绿色创新水平的提高，反向因果的内生性问题并未影响本文结论的可靠性。

表 6   **稳健性检验：变化模型**

变量	ΔPat_{t+1}	$\Delta PatInn_{t+1}$
$\Delta GIPro$	0.453^{**}	0.328^{*}
	（2.21）	（1.87）
$\Delta Controls$	Yes	Yes
Constant	-0.005	0.005
	（-0.34）	（0.42）
Year	Yes	Yes
Industry	Yes	Yes
N	27313	27313
Adjusted R^2	0.012	0.006

5.3.4 倾向评分匹配法

考虑到被绿色基金持股的公司在总样本中的占比约为 1/5，可能存在样本选择性偏差问题。本文选用倾向评分匹配法来缓解潜在的样本选择性偏差问题。具体做法是将被绿色基金首次持股的企业作为处理组，将样本期间内从未被绿色基金持股的企业作为控制组，选取主模型中的所有控制变量作为协变量，采取半径为 0.01 的 1∶1 最近邻匹配方法来为处理组匹配一组在公司财务特征和治理特征上评分最为接近的控制组，最终得到了 4730 个样本。表 7 报告了协变量平衡性检验结果，匹配后的处理组与控制组的协变量之间不存在显著差异，通过了平衡性假设检验。重新使用配对后的样本进行主模型回归，回归结果报告在表 8 中。结果显示，无论被解释变量采用企业绿色专利申请总数（Pat）还是绿色发明专利申请数量（PatInn），GIPro 的系数均显著为正，与主模型回归的结果保持一致，说明在控制样本选择性偏差后，本文的研究结论依旧稳健。

表 7　　　　　　　　　　　　　　　协变量平衡性检验结果

变量	U 匹配前	均值		t 检验	
	M 匹配后	处理组	控制组	t 值	p 值
Size	U	23.982	22.030	18.040	0.000
	M	23.367	23.494	−0.580	0.568
ROA	U	0.087	0.026	6.070	0.000
	M	0.077	0.094	−0.940	0.354
Cash	U	0.151	0.177	−1.250	0.213
	M	0.149	0.171	−0.580	0.563
Tobin Q	U	3.712	2.199	5.180	0.000
	M	3.179	4.040	−1.310	0.198
R&D	U	3.973	10.617	−5.470	0.000
	M	6.102	6.116	−0.010	0.995
Age	U	2.145	2.070	0.520	0.602
	M	2.177	2.027	0.630	0.531
Bind	U	0.564	0.607	−2.020	0.044
	M	0.582	0.610	−0.650	0.520
Board	U	9.894	8.463	5.760	0.000
	M	9.320	8.882	0.820	0.415
SOE	U	0.766	0.433	4.580	0.000
	M	0.600	0.445	1.090	0.281
Duality	U	0.064	0.255	−3.000	0.003
	M	0.040	0.045	−0.090	0.931
Top1	U	0.403	0.336	3.030	0.002
	M	0.341	0.336	0.130	0.894
HHI	U	0.169	0.096	4.840	0.000
	M	0.119	0.098	0.880	0.382

表8　　　　　　　　　　　　　　稳健性检验：倾向评分匹配法

变量	Pat_{t+1}	$PatInn_{t+1}$
GIPro	7.029**	7.188**
	(2.02)	(2.36)
Controls	Yes	Yes
Constant	−4.710***	−4.335***
	(−2.99)	(−3.21)
Year	Yes	Yes
Industry	Yes	Yes
N	4730	4730
Adjusted R^2	0.617	0.644

5.3.5　替换被解释变量的衡量方法

绿色专利的申请数量反映了企业的绿色创新程度，但是无法充分说明绿色专利的科学价值和重要性。在稳健性检验中，借鉴潘敏和袁歌骋（2019）的做法，将绿色专利申请数量替换为绿色专利的被引用量，专利被引用数量越多，代表专利的质量越高、影响力越大。具体而言，AppCite 为企业当年申请的绿色专利被引用量加 1 取自然对数；GraCite 为企业当年申请且最终被授权的绿色专利的被引用量加 1 取自然对数。同时，参考 He 和 Tian（2013）的研究，本文还采用了企业当年申请的绿色专利他引量加 1 取自然对数（AppCiteNon）和企业当年申请且最终被授权的绿色专利的他引量加 1 取自然对数（GraCiteNon）来衡量企业的绿色创新水平。考虑到创新的周期较长，所有变量都取 $t+1$ 年的数据。

替换绿色专利衡量方法的回归结果报告在表 9 中。结果显示，无论对于企业当年申请绿色专利的被引用量、他引量，还是企业当年申请且最终被授权绿色专利的被引用量、他引量，GIPro 的估计系数均在 1%的水平上显著为正，说明绿色基金持股不仅能从数量上促进企业绿色创新，还能提升企业整体的绿色创新质量。上述结果依然支持了本文的研究结论。

表9　　　　　　　　　　稳健性检验：替换被解释变量为绿色专利被引用数量

变量	$AppCite_{t+1}$	$AppCiteNon_{t+1}$	$GraCite_{t+1}$	$GraCiteNon_{t+1}$
GIPro	3.621***	1.073***	1.926***	0.649***
	(6.36)	(6.89)	(4.65)	(5.15)
Controls	Yes	Yes	Yes	Yes
Constant	−0.712***	−0.162***	−0.610***	−0.156***
	(−4.34)	(−3.23)	(−4.87)	(−4.06)

续表

变量	$AppCite_{t+1}$	$AppCiteNon_{t+1}$	$GraCite_{t+1}$	$GraCiteNon_{t+1}$
Year	Yes	Yes	Yes	Yes
Industry	Yes	Yes	Yes	Yes
N	30880	30880	30880	30880
Adjusted R^2	0.157	0.121	0.133	0.095

5.3.6　考虑绿色创新活动的长周期性

考虑到能为企业带来技术进步的重大、实质性创新通常需要较长的周期才能实现（黎文靖和郑曼妮，2016），同时为了检验绿色基金对企业绿色创新的影响是不是持续性的积极影响，本文采用 $t+2$、$t+3$ 期的绿色创新专利申请量来衡量企业绿色创新水平，重新对主模型进行回归。未报告的回归结果显示，GIPro 的系数均在 1% 的水平上显著为正，与主模型结果保持一致，说明绿色基金持股对企业绿色创新的积极影响具有长期持续的特点，对未来两到三年企业的绿色创新水平均具有激励效应，本文的研究结论依然成立。

5.3.7　替换解释变量的衡量方法

为了更直观地观测绿色基金的持股与否对企业绿色创新的影响，本文将绿色基金持股比例的连续变量（GIPro）替换为绿色基金持股哑变量（GI）。若企业当年被绿色基金持股，则绿色基金持股哑变量（GI）取 1，否则为 0。将 GI 替换主模型中的解释变量 GIPro 后进行回归，未报告的回归结果显示，绿色基金持股哑变量（GI）无论对 Pat 还是对 PatInn 的估计系数均在 5% 的水平上显著为正，说明绿色基金的存在能够促进企业绿色创新，本文的研究结论依旧稳健。

6. 影响机制检验

前述部分验证了绿色基金持股对企业绿色创新的促进作用，接下来进一步探究绿色基金持股对企业绿色创新的影响路径。本文检验绿色基金持股是否通过降低信息不对称程度、缓解融资约束两条路径促进企业绿色创新。

中介效应检验模型参考 Baron 和 Kenny（1986）、温忠麟和叶宝娟（2014），分为三步检验。第一步为主模型回归检验，结果已经在表 3 中报告，不再赘述。第二步构建模型（3），将中介变量信息不对称（Analyst）和融资约束（WWIndex）替换为主模型中的被解释变量与 GIPro 进行回归。第三步构建模型（4），将 GIPro 与中介变量（Analyst 和 WWIndex）共同放入主模型中进行回归。

$$Analyst_{i,t}(WWIndex_{i,t}) = \alpha_0 + \alpha_1 GIPro_{i,t} + \alpha_j Controls_{i,t} + \sum Year + \sum Industry + \varepsilon_{i,t} \quad (3)$$

$$Pat_{i,t+1}(PatInn_{i,t+1}) = \alpha_0 + \alpha_1 GIPro_{i,t} + \alpha_2 Analyst_{i,t}(WWIndex_{i,t}) + \alpha_j Controls_{i,t} + \sum Year + \sum Industry + \varepsilon_{i,t} \quad (4)$$

6.1　降低信息不对称程度

企业为了获取创新的竞争优势，不愿向公众披露创新信息，同时市场投资者缺乏信息渠道，无法客观评估公司价值，导致企业内外部面临的信息不对称程度较高。当绿色基金投资该企业时，是对被投资企业的投资价值和"绿色成分"的认证，向外界传递出积极信号，会吸引市场上的分析师增加对该公司的跟踪和分析，降低企业面临的内外部信息不对称程度。

本文选取企业当年的分析师跟踪人数加 1 取自然对数（Analyst）来衡量企业的信息不对称程度（Lang et al.，2003）。跟踪该企业的分析师人数越多，意味着企业内外部信息不对称程度越低。回归结果报告在表 10 中。结果显示，GIPro 对 Analyst 的回归系数显著为正，说明绿色基金持股能够显著增加跟踪该企业的分析师人数。在主模型中加入中介变量 Analyst 后，GIPro 与 Analyst 对于 Pat（PatInn）的回归系数均显著为正。GIPro 的估计系数值为 3.523（3.126），小于主模型的回归结果4.053（3.520），同时 Sobel Z 值在统计学上显著，说明降低信息不对称具有部分的中介效应。

表 10　　　　　　　　　　影响机制检验：降低信息不对称程度

变量	Analyst	Pat_{t+1}	$PatInn_{t+1}$
GIPro	7.303***	3.523***	3.126***
	（23.75）	（6.52）	（6.80）
Controls	Yes	Yes	Yes
Analyst		0.073***	0.054***
		（8.87）	（8.25）
Constant	−2.313***	−0.201	−0.252**
	（−16.70）	（−1.30）	（−2.11）
Year	Yes	Yes	Yes
Industry	Yes	Yes	Yes
N	30880	30880	30880
Adjusted R^2	0.394	0.220	0.196
Sobel Z 值		0.530***	0.394***

6.2　缓解融资约束

绿色基金倾向于长期持有公司股份，可以通过发挥资金支持效应为企业提供持续的资金流量，有助于直接缓解企业在绿色创新活动中可能面临的融资约束问题；同时绿色基金持股能向市场传递积极信号，吸引更多的投资者投资企业，在一定程度上间接缓解了企业的融资约束困境，从而促进绿色创新。

本文选取 Whited 和 Wu（2006）提出的 WW 指数（WWIndex）来衡量企业的融资约束程度。WW 指数为负值，且 WW 指数越大，企业所面临的融资约束程度越高。缓解融资约束中介效应结果报告在表 11 中。结果显示，GIPro 对于 WWIndex 的估计系数显著为负，说明绿色基金持股可以缓解企业在进行绿色创新活动中面临的融资约束问题。在主模型中加入中介变量 WWIndex 后，GIPro 对 Pat（PatInn）的估计系数仍显著为正。GIPro 的估计系数值为 3.610（3.154），小于主模型的回归结果 4.053（3.520），且 Sobel Z 值在统计学意义上显著，说明缓解融资约束具有部分的中介效应。

表 11　　　　　　　　　　　　影响机制检验：缓解融资约束

变量	WWIndex	Pat_{t+1}	$PatInn_{t+1}$
GIPro	−0.297***	3.610***	3.154***
	（−14.20）	（6.72）	（6.91）
WWIndex		−1.487***	−1.229***
		（−10.00）	（−10.08）
Controls	Yes	Yes	Yes
Constant	−0.759***	−1.497***	−1.310***
	（−81.71）	（−6.92）	（−7.54）
Year	Yes	Yes	Yes
Industry	Yes	Yes	Yes
N	30880	30880	30880
Adjusted R^2	0.517	0.224	0.201
Sobel Z 值		0.442***	0.367***

7. 拓展性研究

7.1 行业性质的调节效应

绿色基金持股对企业绿色创新的激励作用可能会受所属行业的影响。一方面，相对于清洁行业，污染行业的环境技术调整成本更高、时间更长（王珍愚等，2021），绿色基金持股对企业绿色创新的促进作用在短期内无法体现，而清洁行业则相反。另一方面，相对于清洁行业，重污染企业面临更严格的政府监管和政策限制。如 2012 年实行的《绿色信贷指引》限制了重污染行业的上市公司从银行获取长期借款，加重了企业的融资约束困境（曹廷求等，2021）。污染行业的企业面临更高的资金压力，限制了企业投资绿色创新项目。因此，本文推测绿色基金对企业绿色创新的积极影响在清洁行业中更为显著。

本文参考马永强等（2021）的标准划分重污染行业与清洁行业①。若上市公司所属行业为清洁行业，Clean 取 1，否则取 0。本文采用交乘项模型来验证调节效应，将行业性质变量（Clean）及其与绿色基金持股比例的交乘项（GIPro×Clean）加入主模型进行回归。回归结果报告在表 12 中。GIPro×Clean 的回归系数显著且为正，说明绿色基金持股对绿色创新的积极影响在清洁行业中更显著。

表 12　　　　　异质性检验：绿色基金持股、行业性质与企业绿色创新

变量	Pat_{t+1}	$PatInn_{t+1}$
GIPro	2.477***	2.255***
	(2.86)	(2.98)
GIPro×Clean	2.043**	1.640*
	(2.04)	(1.89)
Clean	0.138	0.089
	(1.36)	(1.04)
Controls	Yes	Yes
Constant	-0.506***	-0.465***
	(-3.63)	(-3.83)
Year	Yes	Yes
Industry	Yes	Yes
N	30880	30880
Adjusted R^2	0.215	0.191

7.2　国际"四大"的调节效应

当企业内部治理效率低下时，有效的外部监督能够更好地保护投资者权益（Choi and Wong，2007）。外部审计是外部监督的重要组成部分。相比非国际"四大"，由国际"四大"审计的上市公司面临更严格的外部监督。国际"四大"能抑制管理层盈余管理等机会主义行为（林永坚和三志强，2013），提高会计信息透明度（王艳艳和陈汉文，2006），降低企业内外部信息不对称程度，减少企业

---

①　重污染行业的代码包括：B06、B07、B08、B09、B10、B11、B12、CI7、C18、C19、C22、C25、C26、C27、C28、C29、C31、C32、D44。除重污染行业外，其余行业被划分为清洁行业。

绿色创新过程中的阻力，从而强化绿色基金持股对企业绿色创新的积极影响。因此本文推测，当上市公司聘请的会计师事务所为国际"四大"时，绿色基金持股对绿色创新的激励作用更显著。

本文设置哑变量 Big4 作为国际"四大"的代理变量，当公司聘请的会计师事务所属于普华永道、毕马威、德勤、安永时取 1，否则取 0。将国际"四大"变量（Big4）及其与绿色基金持股比例的交乘项（GIPro×Big4）加入主模型进行回归，回归结果报告在表 13 中。结果显示，GIPro×Big4 交乘项的系数显著为正，说明当上市公司聘请的会计师事务所为国际"四大"时，绿色基金持股对企业绿色创新的激励作用更显著。

表 13　　　　异质性检验：绿色基金持股、国际"四大"与企业绿色创新

变量	Pat_{t+1}	$PatInn_{t+1}$
GIPro	2.729***	2.303***
	(4.96)	(5.02)
GIPro×Big4	2.793**	3.038**
	(2.08)	(2.55)
Big4	0.143**	0.138***
	(2.31)	(2.70)
Controls	Yes	Yes
Constant	−2.459***	−2.079***
	(−7.86)	(−8.30)
Year	Yes	Yes
Industry	Yes	Yes
N	30310	30310
Adjusted R^2	0.233	0.213

7.3　两职兼任的调节效应

两职兼任是指上市公司董事长兼任总经理的现象，两职兼任意味着董事长无法对总经理进行有效的监督和约束，导致公司内部治理效率下降（He and Wang，2009）。管理层更可能忽略团队意见，根据自身的风险厌恶程度制定企业战略（Krause et al.，2014），放弃能为公司带来价值的绿色创新活动，导致具有投资价值的绿色创新活动无法获得资金投入。因此本文推测当公司存在两职兼任现象时，绿色基金持股对企业绿色创新的激励作用会被削弱。

本文将两职兼任（Duality）与绿色基金持股比例变量的交乘项（GIPro×Duality）加入主模型进行回归，回归结果报告在表 14 中。GIPro×Duality 的回归系数显著且为负，说明当上市公司的总经理兼任董事长时，绿色基金持股对企业的绿色创新的积极影响会被削弱。

变量	Pat_{t+1}	$PatInn_{t+1}$
GIPro	4.487***	3.959***
	（7.26）	（7.47）
GIPro×Duality	−1.686*	−1.706**
	（−1.87）	（−2.21）
Controls	Yes	Yes
Constant	−0.365**	−0.374***
	（−2.32）	（−3.05）
Year	Yes	Yes
Industry	Yes	Yes
N	30880	30880
Adjusted R^2	0.214	0.191

表14　　　　　　　异质性检验：绿色基金持股、两职合一与企业绿色创新

8. 研究结论与政策启示

绿色技术创新是实现绿色发展的基石，而绿色金融是构建绿色技术创新体系的"血液"。作为绿色金融体系中资金来源最广的融资方式，绿色基金是否在引导社会资本流入绿色项目、推动企业绿色技术创新方面发挥积极作用仍缺少相关的经验证据支持。本文选取2007—2020年沪深A股上市公司绿色创新数据，实证检验了绿色基金持股对企业绿色创新的影响及其作用路径。研究结论如下：

（1）绿色基金持股可以促进企业进行绿色创新，不仅能显著提升上市公司的绿色专利申请总量，还能显著提升上市公司的绿色发明专利申请数量。

（2）机制分析表明，绿色基金持股能够通过降低企业内外部信息不对称程度和缓解企业在绿色创新活动中面临的融资约束问题两条路径，来促进企业进行绿色创新。

（3）异质性分析显示，绿色基金持股对绿色创新的促进作用在清洁行业和国际"四大"负责审计的企业中更加显著，而当总经理兼任董事长时，绿色基金持股对绿色创新的积极影响被削弱。

作为绿色金融体系的重要组成部分，绿色基金可以有效促进企业绿色创新，是构建和完善以市场为导向的绿色技术创新体系的重要驱动力。为了更好地发挥绿色基金的驱动作用，未来政府相关政策需在以下几方面持续发力：

第一，政府和金融监管部门应持续推动绿色基金市场的发展，加大对绿色基金的政策支持力度。一方面，切实推进绿色基金监管机制的法律法规和配套政策建设，建立完善的基金监管法律框架，同时加大鼓励绿色基金发展的财税政策支持力度和监管力度；另一方面，建立和完善信息沟通机制，提高上市公司环境信息披露强度。可在环保监管与各相关职能部门之间搭建企业环境信息共享平台，

实现与金融信用信息基础数据库对接，为绿色基金投资提供可靠的评价依据。同时，逐步建立健全企业环境信息披露制度，提高企业特别是特殊行业强制性环境信息披露比例，为绿色投资提供制度保障。

第二，积极推动绿色基金支持构建绿色技术创新体系的政策落地。鼓励各类机构开展绿色投资、开发创新绿色基金工具产品，把绿色技术创新作为重要的投资领域，促进生态环境科技成果转化和环保产业发展，并建立相应的投资激励机制，为企业持续开展绿色创新提供动力。

第三，大力推广绿色投资理念，积极培育机构投资者和个人投资者的绿色投资意识。鼓励绿色基金更积极地参与资本市场活动，引导市场投资者进行价值投资，形成崇尚绿色投资和社会责任投资的社会舆论氛围。

第四，完善企业内外部治理机制，从公司层面为绿色基金助力企业绿色创新提供有力制度保障。企业应积极提高环境信息披露透明度，为利益相关者有效监督企业环保决策提供良好的信息环境。既要防止经理人通过环保项目攫取私利，又要减少低效率投资造成的资源浪费，通过加强信息沟通和抑制委托代理问题推进绿色技术创新，实现企业高质量发展的目标。

◎ **参考文献**

[1] 蔡宏标，饶品贵．机构投资者、税收征管与企业避税[J]．会计研究，2015(10)．

[2] 曹廷求，张翠燕，杨雪．绿色信贷政策的绿色效果及影响机制——基于中国上市公司绿色专利数据的证据[J]．金融论坛，2021(5)．

[3] 姜广省，卢建词，李维安．绿色投资者发挥作用吗？——来自企业参与绿色治理的经验研究[J]．金融研究，2021(5)．

[4] 康志勇．融资约束、政府支持与中国本土企业研发投入[J]．南开管理评论，2013(5)．

[5] 孔东民，孔高文，刘莎莎．机构投资者、流动性与信息效率[J]．管理科学学报，2015(3)．

[6] 黎文靖，郑曼妮．实质性创新还是策略性创新？——宏观产业政策对微观企业创新的影响[J]．经济研究，2016(4)．

[7] 李青原，肖泽华．异质性环境规制工具与企业绿色创新激励——来自上市企业绿色专利的证据[J]．经济研究，2020(9)．

[8] 李戎，刘璐茜．绿色金融与企业绿色创新[J]．武汉大学学报(哲学社会科学版)，2021(6)．

[9] 林永坚，王志强．国际"四大"的审计质量更高吗？——来自中国上市公司的经验证据[J]．财经研究，2013(6)．

[10] 马骏，朱斌，何轩．家族企业何以成为更积极的绿色创新推动者？——基于社会情感财富和制度合法性的解释[J]．管理科学学报，2020(9)．

[11] 马永强，赵良凯，杨华悦，唐国琼．空气污染与企业绿色创新——基于我国重污染行业 A 股上市公司的经验证据[J]．产业经济研究，2021(6)．

[12] 潘敏，袁歌骋．金融中介创新对企业技术创新的影响[J]．中国工业经济，2019(6)．

[13] 彭斌，彭绯．绿色投资者对企业资本成本的影响[J]．北京理工大学学报(社会科学版)，2017

（4）．

[14] 齐绍洲，林屾，崔静波．环境权益交易市场能否诱发绿色创新？——基于我国上市公司绿色专利数据的证据[J]．经济研究，2018（12）．

[15] 王馨，王营．绿色信贷政策增进绿色创新研究[J]．管理世界，2021（6）．

[16] 王旭，褚旭．制造业企业绿色技术创新的同群效应研究：基于多层次情境的参照作用[J/OL]．南开管理评论，2022．

[17] 王旭，王兰．难辞其咎的大股东：绿色创新导向下政府补贴对绿色创新驱动乏力的新解释[J]．研究与发展管理，2020（2）．

[18] 王艳艳，陈汉文．审计质量与会计信息透明度——来自中国上市公司的经验数据[J]．会计研究，2006（4）．

[19] 王珍愚，曹瑜，林善浪．环境规制对企业绿色技术创新的影响特征与异质性——基于中国上市公司绿色专利数据[J]．科学学研究，2021，39（5）．

[20] 危平，舒浩．中国资本市场对绿色投资认可吗？——基于绿色基金的分析[J]．财经研究，2018（5）．

[21] 温忠麟，叶宝娟．中介效应分析：方法和模型发展[J]．心理科学进展，2014，22（5）．

[22] 谢芳．金融分析师关注、独立性与企业创新质量[J]．南开经济研究，2021（3）．

[23] 徐佳，崔静波．低碳城市和企业绿色技术创新[J]．中国工业经济，2020（12）．

[24] 于芝麦．环保约谈、政府环保补助与企业绿色创新[J]．外国经济与管理，2021（7）．

[25] 邹小芃，胡嘉炜，姚楠．绿色证券投资基金财务绩效、环境绩效与投资者选择[J]．上海经济研究，2019（12）．

[26] Barnea, A., Heinkel, R., Kraus, A. Green investors and corporate investment[J]. Structural Change and Economic Dynamics, 2005, 16(3).

[27] Baron, R. M., Kenny, D. A. The moderator-mediator variable distinction in social psychological research: Conceptual, strategic, and statistical considerations[J]. Journal of Personality and Social Psychology, 1986, 51(6).

[28] Brav, A., Jiang, W., Partnoy, F., et al. Hedge fund activism, corporate governance, and firm performance[J]. The Journal of Finance, 2008, 63(4).

[29] Calel, R., Dechezleprêtre, A. Environmental policy and directed technological change: Evidence from the European carbon market[J]. Review of Economics and Statistics, 2016, 98(1).

[30] Choi, J. H., Wong, T. J. Auditors' governance functions and legal environments: An international investigation[J]. Contemporary Accounting Research, 2007, 24(1).

[31] Díaz-García, C., González-Moreno, Á., Sáez-Martínez, F. J. Eco-innovation: Insights from a literature review[J]. Innovation, 2015, 17(1).

[32] Fernandez-Izquierdo, A., Matallin-Saez, J. C. Performance of ethical mutual funds in Spain: Sacrifice or premium?[J]. Journal of Business Ethics, 2008(2).

[33] Flammer, C. Corporate green bonds[J]. Journal of Financial Economics, 2021, 142(2).

[34] García-Sánchez, I. M., Aibar-Guzmán, C., Aibar-Guzmán, B. The effect of institutional ownership and ownership dispersion on eco-innovation [J]. Technological Forecasting and Social Change, 2020, 158.

[35] He, J. J., Tian, X. The dark side of analyst coverage: The case of innovation[J]. Journal of Financial Economics, 2013, 109(3).

[36] He, J., Wang, H. C. Innovative knowledge assets and economic performance: The asymmetric roles of incentives and monitoring[J]. Academy of Management Journal, 2009, 52(5).

[37] Huang, J., Li, Y. Green innovation and performance: The view of organizational capability and social reciprocity[J]. Journal of Business Ethics, 2017, 145(2).

[38] Ibikunle, G., Steffen, T. European green mutual fund performance: A comparative analysis with their conventional and black peers[J]. Journal of Business Ethics, 2017, 145(2).

[39] Jiang, X., Yuan, Q. Institutional investors' corporate site visits and corporate innovation[J]. Journal of Corporate Finance, 2018, 48.

[40] Kesidou, E., Wu, L. Stringency of environmental regulation and eco-innovation: Evidence from the eleventh five-year plan and green patents[J]. Economics Letters, 2020, 190.

[41] Klewitz, J., Zeyen, A., Hansen, E. G. Intermediaries driving eco-innovation in SMEs: A qualitative investigation[J]. European Journal of Innovation Management, 2012, 15(4).

[42] Krause, R., Semadeni, M., Cannella Jr, A. A. CEO duality: A review and research agenda[J]. Journal of Management, 2014, 40(1).

[43] Lang, M. H., Lins, K. V., Miller, D. P. ADRs, analysts, and accuracy: Does cross listing in the United States improve a firm's information environment and increase market value? [J]. Journal of Accounting Research, 2003, 41(2).

[44] Lyon, T. P., Maxwell, J. W. Greenwash: Corporate environmental disclosure under threat of audit [J]. Journal of Economics and Management Strategy, 2011, 20(1).

[45] Millar, C., Udalov, Y., Millar, H. The ethical dilemma of information asymmetry in innovation: Reputation, investors and noise in the innovation channel[J]. Creativity and Innovation Management, 2012, 21(2).

[46] Neubaum, D. O., Zahra, S. A. Institutional ownership and corporate social performance: The moderating effects of investment horizon, activism, and coordination[J]. Journal of Management, 2006 (1).

[47] Rennings, K. Redefining innovation—Eco-innovation research and the contribution from ecological economics[J]. Ecological Economics, 2000, 32(2).

[48] Shleifer, A., Vishny, R. W. Large shareholders and corporate control [J]. Journal of Political Economy, 1986, 94(3).

[49] Smith, M. P. Shareholder activism by institutional investors: Evidence from CalPERS[J]. The Journal of Finance, 1996, 51(1).

［50］Stiglitz, J. E. Leaders and followers：Perspectives on the Nordic model and the economics of innovation ［J］. Journal of Public Economics, 2015, 127.

［51］Whited, T. M., Wu, G. Financial constraints risk［J］. The Review of Financial Studies, 2006, 19 （2）.

The Impact of Green Fund Shareholding on Corporate Green Innovation

Jin Yu[1,2]　Wen Wen[3]　Zhao Tingyu[3]

（1　School of Economics, Renmin University of China, Beijing, 100872；

2　Information Center for Social Sciences, Renmin University of China, Beijing, 100086；

3　International Business School, Beijing Foreign Studies University, Beijing, 100089）

Abstract：With the guidance of the "carbon peak and carbon neutral" target and the concept of green development, corporate green innovation has become a key path to achieve sustainable and high-quality development. This paper empirically examines the impact of green fund shareholding on corporate green innovation and its mechanisms. Using a sample of A-share listed companies in Shanghai and Shenzhen stock exchanges from 2007 to 2020, this paper finds that green fund shareholding helps improve corporate green innovation. The mechanism tests show that green fund shareholding can reduce information asymmetry and alleviate financial constraints faced by companies, thus promoting corporate green innovation. Heterogeneity analyses reveal that the promotion effect of green fund shareholding on corporate green innovation is more significant in clean industries and companies audited by the international Big Four audit firms, while the dual positions of chairman and CEO weakens the promotion of green innovation. This paper adds to the literature in the field of green innovation from the perspective of special institutional investors, and also has practical implications for promoting the green transformation of Chinese enterprises and achieving high-quality economic development.

Key words：Green funds；Green innovation；Information asymmetry；Financing constraints；High-quality development

专业主编：潘红波

珞珈 管理评论
2022 年卷第 3 辑（总第 42 辑）

Luojia Management Review
No. 3，2022（Sum. 42）

经济政策不确定性能否提高会计稳健性？[*]

● 李青原[1]　张　玲[2]

（1，2　武汉大学经济与管理学院　武汉　430072）

【摘　要】基于中国宏观经济环境特征和企业会计信息质量状况，本文探讨了经济政策不确定性影响会计稳健性的作用机理，并使用 2007—2020 年中国 A 股上市公司数据进行实证研究。结果发现，经济政策不确定性显著提高了企业的会计稳健性，这一正向效应在国有企业、成熟企业和低成长性企业中更加明显。路径检验表明，经济政策不确定性通过增加企业的资产减值计提行为提高会计稳健性。本文的研究结论不仅提供了经济政策不确定性影响企业会计政策决策的直接证据，而且对政府部门出台和调整经济政策具有参考和借鉴意义。

【关键词】经济政策不确定性　会计稳健性　资产减值

中图分类号：F275　　　　　文献标识码：A

1. 引言

　　会计稳健性作为企业信息质量的一项重要内容，它要求企业在确认与计量损失和收益时采取谨慎的原则，即对于损失要及时确认，对于收益则必须掌握充分的证据才能确认（Basu，1997）。在不完美市场条件下，会计稳健性通过提高"坏消息"披露的及时性、延迟"好消息"披露的及时性，向资本市场释放增量信息，有利于降低公司内外部的信息不对称，从而保护投资者的利益不受损害。Ball 等（2005）的研究发现，高水平的会计稳健性不仅可以缓解信息不对称，还能有效降低代理成本，是一项重要的公司治理机制。

　　鉴于会计稳健性的重要性，国内外学者对其影响因素进行了大量研究。以往的文献发现，债务契约、管理层特征、股权结构、审计质量等是影响企业会计稳健性水平的重要因素，然而这些研究大多基于微观的视角。作为最主要的经济主体，企业的生产经营行为必然会受到宏观经济环境的

---

　　* 基金项目：国家社会科学基金重大招标项目"政府职能转变的制度红利研究"（项目批准号：18ZDA113）。

　　通讯作者：张玲，E-mail：lingz1021@163.com。

影响。

近年来，为应对宏观经济形势错综复杂的变化，各国政府不断出台经济政策，在实现调控经济发展的同时也引发了经济政策不确定性。为了促进经济增长和提高发展质量，中国政府采取了包括货币、汇率、税收政策等在内的多项举措，以平滑经济周期波动，推动国民经济平稳快速发展。这些政策的出台和实施，使宏观经济目标面临多方面的抉择，导致经济政策不确定性逐渐成为中国经济发展的"主旋律"。特别是在当前新冠肺炎疫情的冲击下，企业的经营决策更加依赖于有关未来预期且充满不确定性的信息。国内外学者已经关注到，经济政策不确定性会影响高管变更（饶品贵和徐子慧，2017）、内部人寻租（张洪辉等，2020）、企业现金持有（王红建等，2014）、资产定价（Brogaard and Detzel，2015）、资本结构（王朝阳等，2018）、融资成本（Francis et al.，2014；Waisman et al.，2015）、商业信贷（陈胜蓝和刘晓玲，2018）、投资决策（李凤羽和杨墨竹，2015；Gulen and Ion，2016）、创新活动（Atanassov et al.，2015；顾夏铭等，2018）以及信息披露质量（Nagar et al.，2019；钟覃琳和刘媛媛，2020）。然而鲜有文献研究经济政策不确定性与会计稳健性的关系。在经济政策频繁调整的背景下，本文的研究有利于打开经济政策不确定性影响企业会计政策决策的"黑箱"，对企业防范和应对不确定的宏观环境具有重要的理论与现实意义，同时能为政府部门评估经济政策的效果提供理论参考与经验借鉴。

本文将沪深 A 股 2007—2020 年上市公司作为研究样本，并使用 Baker 等（2016）的经济政策不确定性指数，实证检验了经济政策不确定性对企业会计稳健性的影响。结果显示，当经济政策不确定性上升时，企业的会计稳健性水平会显著提高。为保证研究结论的可靠性，本文考虑了潜在的内生性问题，进行了一系列稳健性检验。在使用工具变量法、PSM 配对、更换变量指标等方法后，本文的研究结论依然成立。在进一步研究中，异质性检验结果显示，经济政策不确定性对国有企业、成熟企业、低成长性企业的会计稳健性水平的正向效应更为明显；具体作用机制检验结果表明，资产减值水平是经济政策不确定性影响企业会计稳健性的重要渠道。

本文的研究贡献主要体现在以下几个方面：

第一，从经济政策不确定性的视角拓展了会计稳健性影响因素的研究。经济政策不确定性构成了宏观经济环境的一部分，其对于企业会计稳健性的塑造具有重要影响。梳理已有文献发现，大量研究从投资者、管理层特征、外部监督等方面，讨论了会计稳健性受到的影响，部分文献基于宏观层面探讨了企业会计稳健性的影响因素。目前与本文最为相关的有两篇研究（饶品贵和姜国华，2011；雷光勇等，2015），其使用单一经济政策或官员变更事件度量不确定性，以点带面考察政策环境变动对会计稳健性及其与信贷关系的影响。在此基础上，本文将研究视角拉升至国家经济政策的总体性（包括货币、财政、税收等政策波动），并聚焦于经济政策不确定性对会计稳健性的影响。因此，本文拓展了宏观经济变化对微观实体影响的相关研究，并利用会计政策的中观制度背景为宏微观两个层面活动的相互作用搭建了桥梁。

第二，从会计政策决策的视角丰富了经济政策不确定性经济后果的研究。经济政策不确定性对微观企业行为的影响得到了越来越多学者的关注。以往的研究结果显示，经济政策不确定性会影响企业的投资决策、融资决策和创新行为等。这些文献主要研究的是经济政策不确定性对企业经营决策的影响，而对企业会计政策选择的讨论较少，本文的研究弥补了现有文献的不足。

第三，一定程度上揭示了经济政策不确定性与会计稳健性之间关系的"黑箱"。在中国经济转型背景下，本文通过资产减值计提这条具体渠道勾勒出了经济政策不确定性影响企业会计稳健性的作用机理，丰富和拓展了宏观经济环境与微观企业行为互动关系的文献。

本文余下部分内容安排如下：第二部分是文献回顾与研究假设；第三部分是研究设计；第四部分是实证结果及分析；第五部分是进一步研究；第六部分是结论。

2. 文献回顾与研究假设

2.1 文献回顾

2.1.1 经济政策不确定性的相关研究

为应对宏观经济形势的变化，各国政府频繁出台各类政策调控经济，导致经济政策不确定性。作为宏观经济中的重要个体，企业的战略选择和经营活动不可避免地会受到宏观环境的影响。纵观现有文献发现，不少学者认为经济政策不确定性具有消极影响。在宏观层面，较高的经济政策不确定性不仅会引发关键金融资产变量波动（Pástor and Veronesi，2012），致使股市产生更高风险溢价，引起国际资本流动，影响经济周期（Born and Pfeifer，2014）；而且会减少产出，抑制就业，加剧宏观经济震荡（Gulen and Ion，2015；Baker et al.，2016），造成经济的衰退（Bloom，2009）。在微观层面，一方面，经济政策不确定性的上升会导致管理层难以判断未来的经济形势（Fabian，2017），增加企业的现金流不确定性（王红建等，2014），减少企业股利发放，降低企业杠杆率（宫汝凯等，2019），抑制企业投资和并购活动（李凤羽和杨墨竹，2015；Nguyen and Phan，2017），阻碍资本结构的动态调整（王朝阳等，2018），加剧实体企业的"金融化"趋势（彭俞超等，2018），提高了企业风险；另一方面，宏观经济政策的不确定性加剧了企业的违约风险（Nagar et al.，2019）。由于流动性创造受限（田国强和李双建，2020）以及需要计提更多贷款损失准备（申宇等，2020），贷款方（如银行等）会紧缩信贷供给（陈胜蓝和刘晓玲，2018），提高企业的贷款成本，致使企业融资成本上升和融资难度提高（Francis et al.，2014；Waisman et al.，2015）。此外，有研究表明，经济政策不确定性能发挥积极作用。关于信息披露质量的研究发现，在面对政策不确定性造成的冲击时，管理层盈余预告的频率和精确度会提高（Nagar et al.，2019），分析师报告也具有更高的信息含量（钟覃琳和刘媛媛，2020）。关于创新的研究发现，高不确定性的经济环境加剧了市场风险，为保住或重新获得市场优势，企业倾向于加速创新以增加市场势力（顾夏铭等，2018）。经济政策不确定性的正向影响在成长价值高、创新难度大的企业更加强烈（Atanassov et al.，2015）。以上研究基本上是讨论经济政策不确定性带来的实际效应和金融效应，关注经济政策不确定性信息效应的文献相对较少，本文以会计信息质量的重要特征为切入点，研究经济政策不确定性与会计稳健性两者之间的关系。

2.1.2　会计稳健性的相关研究

会计稳健性一直都是会计确认、计量与报告过程中所应遵循的重要原则（Hsu et al.，2017），它提倡对风险和收益确认的非对称处理，即要求企业管理层做到既不高估企业的资产或收益，也不低估负债或费用，从而增加盈余可靠性，为会计信息使用者获取更有价值的信息提供便利。由此可见，会计稳健性有助于缓解企业管理层与外部利益相关者之间的信息不对称问题，从而有效保证各方契约的正常履行。学术界关于会计稳健性的早期文献主要集中在从契约、诉讼、税收和管制四个角度阐述会计稳健性产生的原因（Watts，2003）。近年来，得益于学者们的大量实证研究，衍生出了一系列探讨会计稳健性影响因素的文献，归纳起来主要有以下两类：

一是基于公司治理视角考察其对会计稳健性的影响。从外部治理方面来看，机构投资者持股、高质量审计、证券交易所问询监管等都有利于提高企业的会计稳健性水平（李争光等，2015；梅丹和高强，2016；石昕等，2022）；从内部治理方面来看，公司治理水平、内部控制的评价、管理层的行为特征等都会在不同程度上对会计稳健性产生一定影响（Caskey and Laux，2017；刘斌和吴锡皓，2019；Haider et al.，2021）。

二是基于宏观环境而开展的对会计稳健性的研究。这类研究发现货币政策波动、政治冲击、产业政策、社会文化都会影响会计稳健性（饶品贵和姜国华，2011；雷光勇等，2015；黎文飞和巫岑，2019；Noh and Cho，2022）。

在以上研究的基础上，本文使用 Baker 等（2016）构建的经济政策不确定性指数，进一步考察经济政策不确定性对会计稳健性的影响。

2.2　研究假设

随着经济政策不确定性的上升，企业内外部的信息不对称问题愈加严重，导致市场参与者对交易事项的成本收益权衡发生改变，从而影响企业自身的经济行为。企业管理层拥有依照会计准则选择会计政策的自由裁量权，在面对经济政策不确定性带来的冲击时，为满足多元化诉求，可能影响收入和费用确认的不对称时效性，从而影响企业的会计稳健性。本文认为，经济政策不确定性对会计稳健性存在正反两方面的影响。

宏观经济环境的不确定性加剧了企业和资本市场中利益相关者的信息不对称程度，从而引发金融摩擦问题，导致企业面临的融资约束加大。从需求角度来看，由于会计稳健性要求企业及时确认损失，会计信息使用者中最在意潜在损失的一方更有可能督促企业提高会计稳健性。相较于其他利益相关者，债权人更有动机和能力去及时识别公司的潜在损失，促使企业采取有效措施进行规避（Zhang，2008）。因此，债权人对企业会计政策稳健性的需求更为强烈（Watts，2003）。不确定的经济环境不仅会导致企业未来现金流出现大幅波动（王红建等，2014），债务违约风险明显增加；而且还会加剧债权人和企业之间的信息不对称程度（Nagar et al.，2019），增加其评估企业信用资质的难度。此外，经济政策不确定性上升会直接引发金融市场风险，进一步恶化融资环境，考虑到资金的安全性，债权人会紧缩信贷规模。稳健的会计信息能提高债务契约效率，降低债务风险（Zhang，

2008)，因此债权人倾向于为会计稳健性水平高的企业提供借款，以保护自身利益。从供给角度来看，面对经济政策不确定性上升带来的融资约束效应，管理层可能会倾向于提高企业会计稳健性。张金鑫和王逸（2013）以会计稳健性的四种计量模型为切入点，实证发现了企业会计稳健性水平的提高对于融资约束具有缓解作用。因此，为了对冲外部环境不确定性带来的融资压力，管理层有动机提高会计稳健性，以期在高度不确定环境中从资本市场获取所需融资。

现代公司所有权和经营权的分离加剧了投资者与管理层之间的信息不对称程度，引发了严重的代理问题。经济政策的频繁波动将改变外部信息环境，显著增加企业财务信息的噪声因素，这一方面限制了投资者对企业未来经营成果做出合理预期，从而增加企业和投资者之间的信息不对称程度，导致投资者对管理层监督的难度加大（钟覃琳和刘媛媛，2020）。张洪辉等（2020）的研究发现，管理层由于具有较大的企业内部信息优势，会利用信息不对称进行内部人交易，导致企业资产和股东权益受损。另一方面，高不确定性的经济环境往往伴随着经营风险的上升，为规避风险，企业在应对经济政策波动时，通常会采取收缩投资、提高流动性资产储备等保守性措施，这无疑会在短期内对企业经营表现和盈利能力带来不利影响。由于管理层薪酬和股权激励普遍与企业业绩挂钩，经济政策不确定性增强产生的业绩下滑风险会强化管理层粉饰财务报表的动机，从而导致企业会计稳健性的下降。

基于上述逻辑关系，本文提出如下竞争性假设：

H1a： 其他条件不变，经济政策不确定性程度越高，上市公司的会计稳健性越高。

H1b： 其他条件不变，经济政策不确定性程度越高，上市公司的会计稳健性越低。

3. 研究设计

3.1 样本选择和数据来源

由于我国在 2007 年实行了新的会计准则，为避免会计制度变迁对回归结果产生影响，本文选取 2007—2020 年中国 A 股上市公司为研究对象。参考已有文献，本文对初始数据进行了如下处理：（1）剔除金融行业的公司；（2）剔除 ST 或 PT 公司；（3）剔除财务数据缺失的样本。按照以上程序筛选后，最终得到了 19291 个样本观测值。本文涉及的经济政策不确定性指标采用 Baker 等（2016）构建的中国经济政策不确定性指数（http：//www.policyuncertainty.com），会计稳健性指标和其他控制变量数据均来自 CSMAR 数据库。为减轻异常值的干扰，本文对主要连续变量进行了 1% 和 99% 水平的缩尾处理。

3.2 模型设定

为了检验经济政策不确定性对会计稳健性的影响，本文根据已有文献（梁上坤等，2018；黎文飞和巫岑，2019；张洪辉等，2020）的做法，建立以下回归模型（1）：

$$\text{Cscore}_{i,t} = \alpha_0 + \alpha_1 \text{EPU}_{i,t} + \alpha_2 \text{Controls}_{i,t} + \alpha_3 \sum \text{Ind} + \alpha_4 M_t + \alpha_5 \varepsilon_{i,t} \tag{1}$$

其中，下标 i 和 t 分别表示上市公司个体和年份；$\text{Cscore}_{i,t}$ 是指 i 公司在 t 年的会计稳健性；$\text{EPU}_{i,t}$ 表示 i 公司在 t 年的经济政策不确定性程度；$\text{Controls}_{i,t}$ 代表一系列控制变量；$\varepsilon_{i,t}$ 为随机扰动项。同时，本文还控制了行业固定效应，并在回归时进行了公司聚类 cluster 处理和稳健标准误调整。

需要说明的是，经济政策不确定性是时间序列变量，如果直接控制时间固定效应，会引发年份虚拟变量和经济政策不确定性变量共线性的问题，进而导致无法估计 EPU 的系数，因此本文在模型中没有控制时间固定效应。为了尽量解决共线性问题，本文借鉴 Gulen 和 Ion（2015）、王朝阳等（2018）、申宇等（2020）以及田国强和李双建（2020）的做法，在实证模型中引入时间截面上的变量（以 M_t 为代表），从而减少可能存在的遗漏变量对基准回归结果的影响。具体来说，本文选取中国 GDP 增速和货币供应量两个变量加入回归模型，以控制潜在的内生性问题。本文重点关注解释变量经济政策不确定性的估计系数 α_1，当经济政策不确定性上升时，如果会计稳健性水平提高（H1a），则 α_1 显著为正；如果会计稳健性水平降低（H1b），则 α_1 显著为负。

3.3 变量说明

3.3.1 会计稳健性

Khan 和 Watts（2009）修正和拓展了 Basu（1997）模型，通过计算 Cscore 指数来衡量企业的会计稳健性水平。参考黎文飞和巫岑（2019）以及许浩然等（2021）的研究，本文采用 Khan 和 Watts（2009）的计算方法，构建 Cscore 指数作为会计稳健性指标。该指标取值越大，表示会计稳健性水平越高，以下是具体计算过程：

$$\text{EPS}_{i,t}/P_{i,t} = \delta_0 + \delta_1 D_{i,t} + \delta_2 R_{i,t} + \delta_3 D_{i,t} \times R_{i,t} + \delta_4 \varepsilon_{i,t} \tag{2}$$

$$\text{Gscore} = \delta_2 = \mu_0 + \mu_1 \text{Size}_{i,t} + \mu_2 \text{Lev}_{i,t} + \mu_3 \text{MB}_{i,t} \tag{3}$$

$$\text{Cscore} = \delta_3 = \varphi_0 + \varphi_1 \text{Size}_{i,t} + \varphi_2 \text{Lev}_{i,t} + \varphi_3 \text{MB}_{i,t} \tag{4}$$

模型（2）是根据 Basu（1997）提出的盈余—股票收益率的反回归方程来衡量公司会计稳健性。其中，$\text{EPS}_{i,t}$ 表示公司 i 在 t 年的基本每股收益；$P_{i,t}$ 表示公司 i 在 t 年期初的股票价格，具体是指公司在 t 年 4 月最后一个交易日的股票收盘价；$R_{i,t}$ 表示股票回报率，具体是指公司 i 从 t 年 5 月至次年 4 月共 12 个月买入并持有收益率，在考虑现金红利再投资的月个股回报率的基础上计算而得；$D_{i,t}$ 是虚拟变量，当 $R_{i,t}<0$ 时，取值为 1，反之则为 0；系数 δ_2 代表会计盈余对"好消息"的反应及时性；系数 δ_3 代表会计盈余确认坏消息较之确认好消息的增量及时性，即会计稳健性水平，如果 δ_3 大于 0，则公司存在会计稳健性特征；$\delta_2 + \delta_3$ 代表会计盈余对"坏消息"的反应及时性。

在模型（3）与模型（4）中，$\text{Size}_{i,t}$ 是指公司 i 在 t 年的总资产；$\text{Lev}_{i,t}$ 是指公司 i 在 t 年的资产负债率；$\text{MB}_{i,t}$ 是指公司 i 在 t 年的市值账面比。模型（3）中的 Gscore 衡量的是公司—年度层面会计盈余对"好消息"的反应及时性；模型（4）中的 Cscore 衡量的是会计稳健性指标，即公司—年度层面的会计稳健性水平。

接下来，把模型（3）和模型（4）分别代入模型（2），得到模型（5）。对模型（5）进行分年度、行业回归，将得到的估计系数 $\mu_0 \sim \mu_3$ 以及 $\varphi_0 \sim \varphi_3$ 代回模型（4），计算得到公司 i 第 t 年的会计稳健性 Cscore。

$$\text{EPS}_{i,t}/P_{i,t} = \delta_0 + \delta_1 D_{i,t} + (\mu_0 + \mu_1\,\text{Size}_{i,t} + \mu_2\,\text{Lev}_{i,t} + \mu_3\,\text{MB}_{i,t})\,R_{i,t}$$
$$+ (\varphi_0 + \varphi_1\,\text{Size}_{i,t} + \varphi_2\,\text{Lev}_{i,t} + \varphi_3\,\text{MB}_{i,t})\,D_{i,t} \times R_{i,t} + \delta_4\varepsilon_{i,t} \qquad (5)$$

3.3.2 经济政策不确定性

Baker 等（2016）根据《南华早报》新闻内容中的关键词进行文本检索，编制了月度中国经济政策不确定性指数。该指数得到了国内外学者的广泛认可与应用（Gulen and Ion，2016；王朝阳等，2018），本文将其作为经济政策不确定性的代理变量。为把月度数据转化为年度数据，本文借鉴顾夏铭等（2018）的做法，采取算术平均值的方法，并将得到的年度经济政策不确定性指数除以 100。

3.3.3 控制变量

根据以往的文献，本文选取的控制变量包括：表示企业基本特征的公司规模（Size）、财务杠杆（Lev）、市值账面比（MB）、盈利能力（Roa）和增长水平（Growth）；表示公司治理因素的董事会规模（Board）、独立董事比例（Ispro）、第一大股东持股比例（Top1）、产权性质（Soe）和四大审计（Big4）。各变量具体定义如表 1 所示。

表 1　　　　　　　　　　　　　　　　　变 量 定 义

变量名称	变量符号	变量说明
会计稳健性	Cscore	根据 Khan 和 Watts（2009）计算的会计稳健性
经济政策不确定性	EPU	Baker 等（2016）构建的经济政策不确定性指数
公司规模	Size	期末资产总额取自然对数
财务杠杆	Lev	期末负债总额除以期末资产总额
市值账面比	MB	公司市值与资产账面价值之比
盈利能力	Roa	净利润除以期末资产总额
增长水平	Growth	当年营业收入较上年的增长率
董事会规模	Board	董事会人数取自然对数
独立董事比例	Ispro	独立董事人数占董事会人数的比例
第一大股东持股例	Top1	第一大股东所持股数占公司总股数的比例
产权性质	Soe	国有企业取 1，否则取 0
四大审计	Big4	审计师来自四大会计师事务所取 1，否则取 0
GDP 增速	GDP	国家级层面的 GDP 年度增长率
货币供应量	M2	年度货币供应量取自然对数
行业	Industry	行业虚拟变量

4. 实证结果及分析

4.1 描述性统计

表 2 是本文主要变量的描述性统计结果。由表 2 可知，会计稳健性（Cscore）的均值为 -0.047，中位数为 0.016，四分位数下限为 -0.067，四分位数上限为 0.153，标准差为 1.024，说明不同企业的会计稳健性水平差异明显，这有助于发现有价值的研究结果。经济政策不确定性（EPU）的均值为 3.653，中位数为 3.639，四分位数下限为 1.276，四分位数上限为 4.605，标准差为 2.531，表明不同年份的中国经济政策不确定性具有一定波动性。其余控制变量的分布状况均比较合理。例如，盈利能力（Roa）的均值、中位数分别为 0.039、0.038，表明样本公司总体处于盈利状态；产权性质（Soe）的均值为 0.395，中位数为 0，自国企混改后，国有企业占比下降，这符合我国的现实情况。

表 2　　　　　　　　　　　　　　　　　描述性统计

变量	均值	标准差	25%	中位数	75%	观测值
Cscore	-0.047	1.024	-0.067	0.016	0.153	19291
EPU	3.653	2.531	1.276	3.639	4.605	19291
Size	22.324	1.316	21.382	22.149	23.089	19291
Lev	0.449	0.203	0.293	0.449	0.602	19291
Roa	0.039	0.063	0.015	0.038	0.068	19291
MB	1.874	1.638	0.781	1.400	2.378	19291
Board	2.145	0.200	1.946	2.197	2.197	19291
Ispro	0.373	0.054	0.333	0.333	0.429	19291
Top1	35.191	14.936	23.320	33.300	45.420	19291
Growth	0.382	1.133	-0.032	0.123	0.384	19291
Soe	0.395	0.489	0	0	1	19291
Big4	0.075	0.263	0	0	0	19291
GDP	7.214	2.508	6.589	6.900	7.900	19291
M2	14.051	0.480	13.789	14.254	14.418	19291

4.2　回归分析

表 3 报告了本文假设的基本回归结果。表 3 中第（1）列是经济政策不确定性（EPU）与会计稳健性（Cscore）的简单 OLS 回归，结果显示，EPU 的回归系数在 1%的显著性水平上与会计稳健性正相关，表明当经济政策不确定性较高时，会计稳健性也会提高，初步验证了本文的假设 H1a。第（2）列和第（3）列是依次加入了公司层面和时间截面控制变量后的回归结果，可以发现 EPU 的回归系数均在 1% 的水平上显著为正。这意味着经济政策不确定性增加对会计稳健性水平具有正向效应，进一步支持了假设 H1a，而假设 H1b 没有通过验证。控制变量方面也比较符合预期。例如，企业规模（Size）的估计系数为负，且在 1%水平上显著，表明规模较大的企业，其会计稳健性较低，与许浩然等（2021）的发现一致；第一大股东持股比例（Top1）的系数为负，且在 5%水平上显著，说明第一大股东持股比例越高，企业的会计稳健性越低，与梁上坤等（2018）的研究一致。

表 3　　　　　　　　　　　　　　　　　基准回归结果

变量	（1）Cscore	（2）Cscore	（3）Cscore
EPU	0.028 *** (10.34)	0.045 *** (15.01)	0.023 *** (5.86)
Size		−0.186 *** (−15.28)	−0.210 *** (−16.51)
Lev		0.436 *** (8.59)	0.510 *** (9.79)
Roa		0.156 (1.17)	0.268 ** (2.03)
MB		−0.002 (−0.40)	−0.006 (−1.19)
Board		−0.050 (−0.91)	−0.009 (−0.17)
Ispro		−0.548 *** (−2.76)	−0.530 *** (−2.70)
Top1		−0.002 *** (−2.65)	−0.001 ** (−2.31)
Growth		0.010 ** (2.20)	0.008 (1.63)

续表

变量	(1) Cscore	(2) Cscore	(3) Cscore
Soe		−0.009 (−0.55)	0.015 (0.87)
Big4		−0.238*** (−3.98)	−0.213*** (−3.65)
GDP			0.041*** (7.71)
M2			0.383*** (9.21)
Controls	控制	控制	控制
Constant	−0.309*** (−5.01)	3.914*** (12.28)	−1.295** (−2.12)
行业	控制	控制	控制
Observations	19291	19291	19291
R-squared	0.033	0.089	0.095

注：*、**、***分别表示10%、5%和1%的显著性水平；稳健标准误在企业层面进行了聚类 cluster 处理。

4.3 稳健性检验

4.3.1 内生性问题

（1）工具变量法。由于中国和美国经济政策具有较强的联动性（满足相关性条件），且美国经济政策不确定性不会直接影响中国会计稳健性水平（满足外生性条件），根据顾夏铭等（2018）的做法，本文选择滞后一期的美国经济政策不确定性作为工具变量。此外，本文还参考申宇等（2018）、陈胜蓝和刘晓玲（2018）的研究，采用滞后一期的全球经济政策不确定性指标作为备选工具变量。表4是工具变量法的回归结果。在工具变量的有效性检验中，可以看出第（1）列、第（2）列均不存在识别不足和弱工具变量的问题，说明本文选取的工具变量是比较合理的。由表4可知，经济政策不确定性（EPU）的回归系数依然显著为正，这与基准回归结果一致，进一步说明本文研究结论是可靠的。

（2）倾向匹配得分法（PSM）。由于倾向得分能保证用于匹配的控制组个体在可观测的基本特征上与实验组个体一致，这有利于消除样本选择导致的内生性问题。借鉴张洪辉等（2020）的做法，本文引入虚拟变量EPU，把经济政策不确定性按照数值大小进行排序，将位于下四分之一的数值定

义为控制组 (EPU＝0), 而位于上四分之一的数值则定义为实验组 (EPU＝1)。此时, 因变量是经济政策不确定性虚拟变量 EPU, 自变量是模型 (1) 中公司层面的控制变量, 根据最近邻匹配法按照 1∶1 的比例执行匹配后, 将配对的样本进行回归。回归结果如表 5 所示, 第 (1) 列是基准回归结果, 第 (2) 列是 PSM 配对的回归结果。在第 (2) 列中可以发现, 经济政策不确定性 (EPU) 的系数显著为正, 与基准回归结果差异不大, 说明考虑样本自选择问题后, 本文的研究结论依然稳健。

表 4　　　　　　　　　　　　　　　　　工具变量法

变量	(1) Cscore 美国	(2) Cscore 全球
EPU	0.056** (2.44)	0.031*** (3.49)
Controls	控制	控制
Constant	−0.355 (−0.37)	−1.082* (−1.71)
行业	控制	控制
Observations	19291	19291
R-squared	0.092	0.095
Underidentification test	755.739***	1631.756***
Weak identification test	929.46	5556.21

注: *、**、***分别表示 10%、5% 和 1% 的显著性水平; 稳健标准误在企业层面进行了聚类 cluster 处理。

表 5　　　　　　　　　　　　　　　　　倾向匹配得分法

变量	(1) Cscore 全样本	(2) Cscore 匹配样本
EPU	0.023*** (5.86)	0.026*** (7.86)
Controls	控制	控制
Constant	−1.295** (−2.12)	2.702*** (6.48)
行业	控制	控制
Observations	19291	5860
R-squared	0.095	0.104

注: *、**、***分别表示 10%、5% 和 1% 的显著性水平; 稳健标准误在企业层面进行了聚类 cluster 处理。

4.3.2 其他稳健性检验

（1）替换解释变量。为确保研究结论的稳健性，根据以往文献，本文使用以下两种方法重新度量经济政策不确定性指标。一是采用 Steven 等（2019）基于中国实际情况，选取内地报纸构建的经济政策不确定性指数（SEPU）作为经济政策不确定性的衡量指标。二是选择经济政策不确定性指数的年度几何平均值（BEPU）作为代理变量。表6 的第（1）列和第（2）列实证结果表明，无论采用何种方法，研究结论依然成立。

（2）替换被解释变量。参考许浩然等（2021）的研究，采用 Basu 模型重新度量会计稳健性。表6 的第（3）列回归结果显示，经济政策不确定性的回归系数依然显著为正，说明研究结论是稳健的。

（3）剔除金融危机期间的样本。由于本文的样本区间包含金融危机期间，为避免金融危机给经济政策不确定性与会计稳健性的关系带来噪音，将金融危机期间（2008—2009 年）的样本剔除后进行稳健性检验。表6 的第（4）列回归结果表明，本文的结论未发生改变，进一步印证了研究结论的稳健性。

表6　　　　　　　　　　　　　　　　　　其他稳健性检验结果

变量	（1） Cscore 替换自变量1	（2） Cscore 替换自变量2	（3） Basu 替换因变量	（4） Cscore 剔除样本
EPU			0.046*** (21.62)	0.020*** (5.15)
SEPU	0.041*** (4.25)			
BEPU		0.026*** (6.67)		
Controls	控制	控制	控制	控制
Constant	−1.583*** (−2.67)	−1.356** (−2.28)	−0.103 (−0.13)	−2.394*** (−3.84)
行业	控制	控制	控制	控制
Observations	19291	19291	19291	17533
R-squared	0.094	0.095	0.058	0.112

注：*、**、***分别表示 10%、5%和 1%的显著性水平；稳健标准误在企业层面进行了聚类 cluster 处理。

5. 进一步分析

5.1 异质性分析

尽管上文实证检验了经济政策不确定性对会计稳健性的影响，但基于总体样本的结果可能会忽视企业内部的异质性。不同类型企业面临的外部监管、治理机制和融资需求存在差异，进而对企业会计稳健性产生不同的影响。鉴于此，本文结合产权性质、企业年龄和成长性这三个不同特征进行异质性分析。

5.1.1 产权性质

从企业的会计稳健性供给来看，和非国有企业相比，国有企业往往面临更大的政治压力、声誉约束和更严格的监管，基于政治晋升和提高声誉的目的，国有企业会选择更加稳健的会计政策来应对不确定的经济环境。因此，本文认为经济政策不确定性对国有企业的会计稳健性影响更明显。与前述推论一致，Xia 等（2009）的研究也证实了国有企业的会计稳健性水平高于非国有企业。考虑到经济政策不确定性对不同所有制企业的影响可能存在差异，本文在基础回归模型加入经济政策不确定性与产权性质的交乘项。表 7 第（1）列的结果显示，EPU×Soe 的系数显著为正，这支持了上述推论。

5.1.2 企业年龄

相较于年轻企业，成熟企业的内部控制和治理机制更加完善，能抑制管理层的机会主义行为，进而提供更高的会计稳健性水平。此外，成熟企业的市场地位普遍高于年轻企业，其受到的外部监管也更多。因此，成熟企业倾向于提升会计稳健性，以达到巩固市场份额、减少诉讼风险和吸引投资者的目的。据此，本文认为经济政策不确定性对成熟企业会计稳健性的影响更明显。采用（当年年度－上市年度+1）取自然对数代表企业年龄（Age），表 7 的第（2）列展示了回归结果。EPU×Age 的系数显著为正，验证了上述推论。

5.1.3 成长性

一方面，由于抵押品不多和信用评级较差，低成长性企业面临的经营风险更大，资金需求量明显大于高成长性企业；另一方面，低成长性企业的信息披露质量较差，以致企业内外部信息不对称程度显著提高。因此，低成长性企业对经济政策不确定性加大融资约束的敏感性更强。此时，出于降低代理成本、缓解融资约束的考虑，低成长性企业往往会选择更稳健的会计政策。选取托宾 Q 值来衡量企业的成长性，表 7 的第（3）列报告了回归结果。EPU×Q 的系数显著为负，证实了上述推论。

表7　　　　　　　　　　　　　　　　　异质性检验结果

变量	（1） Cscore 产权性质	（2） Cscore 企业年龄	（3） Cscore 成长性
EPU×Soe	0.012** (2.06)		
EPU×Age		0.011*** (3.10)	
EPU×Q			−0.014*** (−6.26)
EPU	0.020*** (5.05)	−0.003 (−0.35)	0.050*** (7.94)
Controls	控制	控制	控制
Constant	−1.199* (−1.96)	−1.101* (−1.77)	−1.141* (−1.86)
行业	控制	控制	控制
Observations	19291	18941	19291
R-squared	0.095	0.097	0.096

注：*、**、***分别表示10%、5%和1%的显著性水平；稳健标准误在企业层面进行了聚类cluster处理。

5.2　路径分析

根据前述实证分析，经济政策不确定性上升的确会提高企业的会计稳健性。那么，在中国现实经济运行中，经济政策不确定性是如何影响企业会计稳健性的呢？既有的研究表明，会计稳健性综合体现了企业的具体会计行为。例如，当企业面临的外部经济环境恶化时，按照会计准则，内部会计人员需要确认资产减值损失；而当企业面临的外部经济环境转好时，出于谨慎的原则，内部会计人员并不需要确认资产增值收益。显而易见，企业对资产减值的非对称处理会表现为高估损失、低估收益，最终导致企业的会计稳健性水平提高。为了检验经济政策不确定性影响企业会计稳健性的传导路径，借鉴温忠麟等（2004）的做法，本文构建了以下中介效应模型：

$$Cscore_{i,t} = \alpha_0 + \alpha_1 EPU_{i,t} + \alpha_2 Controls_{i,t} + \alpha_3 \sum Ind + \alpha_4 M_t + \alpha_5 \varepsilon_{i,t} \tag{6}$$

$$Z_{i,t} = \beta_0 + \beta_1 EPU_{i,t} + \beta_2 Controls_{i,t} + \beta_3 \sum Ind + \beta_4 M_t + \beta_5 \varepsilon_{i,t} \tag{7}$$

$$Cscore_{i,t} = \gamma_0 + \gamma_1 EPU_{i,t} + \gamma_2 Z_{i,t} + \gamma_3 Controls_{i,t} + \gamma_4 \sum Ind + \gamma_5 M_t + \alpha_5 \varepsilon_{i,t} \tag{8}$$

其中，$Z_{i,t}$表示中介变量资产减值水平Impair，等于资产减值总额除以资产总额；$Controls_{i,t}$表示一组控制变量，具体内容和前文一致。模型（7）反映的是经济政策不确定性与资产减值的关系；模

型 (8) 则表示会计稳健性同时对经济政策不确定性和资产减值回归的结果。根据温忠麟和叶宝娟 (2014) 的研究，本文利用 Bootstrap 方法 (重复取样 1000 次) 检验中介效应。由于模型 (6) 的结果是前文中的基准回归结果，下文仅报告模型 (7) 和模型 (8) 的结果。

表 8 的第 (1) 列、第 (2) 列展示了资产减值计提行为的回归结果。从第 (1) 列的检验结果来看，经济政策不确定性 (EPU) 的系数在 1% 显著性水平上为正，说明经济政策不确定性确实增加了企业的资产减值水平；第 (2) 列中，经济政策不确定性 (EPU) 和资产减值水平 (Impair) 的回归系数均在 1% 显著性水平上为正；并且根据 Bootstrap 方法的结果，可以发现 95% 置信区间为 [0.002，0.005]，不包含 0，表明间接效应显著。这些结果证实了经济政策不确定性通过影响资产减值水平最终作用于会计稳健性，即资产减值计提是经济政策不确定性影响会计稳健性的中介因子，且该路径并不唯一。

表 8 　　　　　　　　　　　　　　　　中介效应检验结果

变量	(1) Impair	(2) Cscore
EPU	0.002 *** (15.18)	0.020 *** (5.19)
Impair		1.950 *** (4.99)
Controls	控制	控制
Constant	−0.016 (−1.44)	−1.254 ** (−2.05)
行业	控制	控制
Observations	19115	19115
R-squared	0.492	0.096
Bootstrap (重复取样 1000 次)	[0.002，0.005]	

注：* 、** 、*** 分别表示 10%、5% 和 1% 的显著性水平；稳健标准误在企业层面进行了聚类 cluster 处理。

6. 结论

本文从中国经济政策环境特征和企业会计政策选择的角度，考察了经济政策不确定性对会计稳健性的影响及作用机制。研究发现，当经济政策不确定性上升时，企业会计稳健性水平显著提高，在进行稳健性检验后，结论依然成立。本文还分析了经济政策不确定性与会计稳健性的关系在不同情境下的差异，发现在国有企业、成熟企业和低成长性企业中，经济政策不确定性对会计稳健性的影响更为显著。在传导路径上，经济政策不确定性恶化了外部环境，迫使企业计提更多的资产减值损失，从而提高了企业的会计稳健性。本文的研究表明，企业因经济政策不确定性的影响会谨慎选择会计政策，这拓展了现有关于会计稳健性的研究领域，弥补了经济政策不确定性研究的不足。

　　本文的研究具有重要的理论意义和现实意义。理论意义方面，本文的研究不仅揭示了经济政策不确定性与会计稳健性之间的关系，还丰富了宏观经济环境影响微观企业会计政策决策方面的学术文献。现实意义方面，经济政策不确定性既是风险又是机遇，不确定的宏观经济环境有助于倒逼企业提高会计稳健性水平，从而为资本市场和政府部门评估经济政策的后果、促进国民经济发展提供参考。

◎ 参考文献

[1] 陈胜蓝，刘晓玲. 经济政策不确定性与公司商业信用供给 [J]. 金融研究，2018（5）.

[2] 宫汝凯，徐悦星，王大中. 经济政策不确定性与企业杠杆率 [J]. 金融研究，2019（10）.

[3] 顾夏铭，陈勇民，潘士远. 经济政策不确定性与创新——基于我国上市公司的实证分析 [J]. 经济研究，2018，53（2）.

[4] 雷光勇，王文忠，邱保印. 政治冲击、银行信贷与会计稳健性 [J]. 财经研究，2015，41（3）.

[5] 李凤羽，杨墨竹. 经济政策不确定性会抑制企业投资吗？——基于中国经济政策不确定指数的实证研究 [J]. 金融研究，2015（4）.

[6] 黎文飞，巫岑. 产业政策与会计稳健性 [J]. 会计研究，2019（1）.

[7] 李争光，赵西卜，曹丰，等. 机构投资者异质性与会计稳健性——来自中国上市公司的经验证据 [J]. 南开管理评论，2015，18（3）.

[8] 梁上坤，陈冬，付彬，等. 独立董事网络中心度与会计稳健性 [J]. 会计研究，2018（9）.

[9] 刘斌，吴锡皓. 内部控制评价能够提升会计稳健性吗？[J]. 南开经济研究，2019（6）.

[10] 梅丹，高强. 独立性与行业专长对客户会计稳健性的影响 [J]. 审计研究，2016（6）.

[11] 彭俞超，韩珣，李建军. 经济政策不确定性与企业金融化 [J]. 中国工业经济，2018（1）.

[12] 饶品贵，姜国华. 货币政策波动、银行信贷与会计稳健性 [J]. 金融研究，2011（3）.

[13] 饶品贵，徐子慧. 经济政策不确定性影响了企业高管变更吗？[J]. 管理世界，2017（1）.

[14] 申宇，任美旭，赵静梅. 经济政策不确定性与银行贷款损失准备计提 [J]. 中国工业经济，2020（4）.

[15] 石昕，陈文瑞，刘峰. 证券交易所问询监管与会计稳健性 [J]. 经济管理，2021，43（12）.

[16] 田国强，李双建. 经济政策不确定性与银行流动性创造：来自中国的经验证据 [J]. 经济研究，2020，55（11）.

[17] 王朝阳，张雪兰，包慧娜. 经济政策不确定性与企业资本结构动态调整及稳杠杆 [J]. 中国工业经济，2018（12）.

[18] 王红建，李青原，邢斐. 经济政策不确定性、现金持有水平及其市场价值 [J]. 金融研究，2014（9）.

[19] 许浩然，张敏，林逸子．多个"大债权人"与会计稳健性 [J]．会计研究，2021（1）.

[20] 胥朝阳，赵晓阳，徐广．风险还是机遇：经济政策不确定性对制造业突破式创新的影响 [J]．科技进步与对策，2020，37（8）.

[21] 杨杨，杨兵，杜剑．经济政策不确定性下企业发展预期信息披露策略选择："实事求是"还是"有意为之" [J]．现代财经（天津财经大学学报），2021，41（7）.

[22] 袁宝龙，李琛．创新驱动我国经济高质量发展研究——经济政策不确定性的调节效应 [J]．宏观质量研究，2021，9（1）.

[23] 张洪辉，平帆，章琳一．经济政策不确定性与内部人寻租：来自内部人交易超额收益的证据 [J]．会计研究，2020（6）.

[24] 张金鑫，王逸．会计稳健性与公司融资约束——基于两类稳健性视角的研究 [J]．会计研究，2013（9）.

[25] 钟覃琳，刘媛媛．分析师报告在经济政策不确定时期具有更高的信息含量吗？——基于投资者需求和分析师供给的双重视角 [J]．会计研究，2020（3）.

[26] Atanassov, J., Julio, B., Leng, T. The bright side of political uncertainty: The case of R&D [J]. Social Science Electronic Publishing, 2016 (6).

[27] Baker, S. R., Bloom, N., Davis, S. J. Measuring economic policy uncertainty [J]. Quarterly Journal of Economics, 2016, 131 (4).

[28] Ball, R., Robin, A., Sadka, G. Is accounting conservatism due to debt or share markets? A test of "contracting" versus "value relevance" theories of accounting [R]. Working Paper, University of Chicago, 2005.

[29] Basu, S. The conservatism principle and the asymmetric timeliness of earnings [J]. Journal of Accounting and Economics, 1997, 24 (1).

[30] Bloom, N. The impact of uncertainty shocks [J]. Econometrica, 2009, 77 (3).

[31] Born, B., Pfeifer, J. Policy risk and the business cycle [J]. Journal of Monetary Economics, 2014, 68 (11).

[32] Brogaard, J., Detzel, A. The asset-pricing implications of government economic policy uncertainty [J]. Management Science, 2015, 61 (1).

[33] Caskey, J., Laux, V. Corporate governance, accounting conservatism, and manipulation [J]. Management Science, 2017, 63 (2).

[34] Fabian, V. Aggregate uncertainty and the supply of credit [J]. Journal of Banking and Finance, 2017, 81.

[35] Francis, B. B., Hasan, I., Zhu, Y. Political uncertainty and bank loan contracting [J]. Journal of Empirical Finance, 2014, 12 (29).

[36] Gulen, H., Ion, M. Policy uncertainty and corporate investment [J]. Review of Financial Studies, 2015, 29 (3).

[37] Haider, I., Singh, H., Sultana, N. Managerial ability and accounting conservatism [J]. Journal of

Contemporary Accounting & Economics, 2021, 17（1）.

［38］Hsu, C., Novoselov, K. E., Wang, R. Does accounting conservatism mitigate the shortcomings of CEO overconfidence？［J］. The Accounting Review, 2017, 92（6）.

［39］Khan, M., Watts, R. L. Estimation and empirical properties of a firm-year measure of accounting conservatism ［J］. Journal of Accounting and Economics, 2009, 48（2）.

［40］Nagar, V., Schoenfeld, J., Wellman, L. Wellman. The effect of economic policy uncertainty on investor information asymmetry and management disclosures ［J］. Journal of Accounting and Economics, 2019, 67（1）.

［41］Nguyen, N. H., Phan, H., V. Policy uncertainty and mergers and acquisitions ［J］. Journal of Financial and Quantitative Analysis, 2017, 52（2）.

［42］Noh, M., Cho, M. K. Cultural tightness and accounting conservatism ［J］. Journal of Contemporary Accounting & Economics, 2022, 18（1）.

［43］Davis, S. J., Liu, D., Sheng, X. S. Economic policy uncertainty in China since 1949：The view from mainland newspapers ［C］// Fourth Annual IMF-Atlanta Fed Research Workshop on China's Economy, Atlanta. 2019, 19.

［44］Pástor, L'., Veronesi, P. Political uncertainty and risk premia ［J］. Journal of Financial Economics, 2013, 110（3）.

［45］Waisman, M., Ye, P., Zhu, Y. The effect of political uncertainty on the cost of corporate debt ［J］. Journal of Financial Stability, 2015, 16.

［46］Watts, R. L. Conservatism in accounting part I：Explanations and implications ［J］. Accounting Horizons, 2003, 17（3）.

［47］Xia, D. L., Zhu, S. Corporate governance and accounting conservatism in China ［J］. China Journal of Accounting Research, 2009, 2（2）.

［48］Zhang, J. The contracting benefits of accounting conservatism to lenders and borrowers ［J］. Journal of Accounting and Economics, 2008, 45（1）.

Can Economic Policy Uncertainty Improve Accounting Conservatism？

Li Qingyuan[1]　Zhang Ling[2]

（1, 2　Economics and Management School, Wuhan University, Wuhan, 430072）

Abstract：Based on the characteristics of China's macroeconomic environment and the quality of corporate accounting information, this article explores the mechanism of economic policy uncertainty affecting accounting conservatism, and uses data from China's A-share listed companies from 2007 to 2020 to conduct empirical research. The results find that the uncertainty of economic policy has significantly improved the accounting conservatism of enterprises, and this positive effect is more obvious in state-owned enterprises, mature enterprises and low-growth enterprises. The path test shows that the uncertainty of economic policy increases the company's asset impairment accrual behavior, thereby improving accounting conservatism. The research conclusions of this article not only provide direct evidence that economic policy uncertainty affects corporate accounting policy decisions, but also have reference significance for government agencies to issue and adjust economic policies.

Key words：Economic policy uncertainty；Accounting conservatism；Asset impairment

专业主编：潘红波

珞珈 管理评论
2022 年卷第 3 辑（总第 42 辑）

Luojia Management Review
No. 3，2022（Sum. 42）

管理层语调与股价崩盘风险：
沟通动机抑或战略动机？[*]
——来自 MD&A 文本分析的证据

● 王焰辉[1]　傅传锐[2]　李万福[3]

（1，2　福州大学经济与管理学院　福州　350116；3　南京财经大学会计学院　南京　210023）

【摘　要】本文以我国 A 股非金融上市公司为研究样本，探究上市公司年度报告管理层讨论与分析（MD&A）语言风格（管理层语调）的股价崩盘效应，首次实证检验了管理层语调与股价崩盘风险的非线性关系。研究结果表明：管理层语调与股价崩盘风险呈 U 形关系，即适宜的管理层语调能有效抑制股价崩盘风险，过高或者过低的管理层语调加剧股价崩盘风险，并且两者的 U 形关系在较低的不确定性环境中更为显著。作用机制检验发现，管理层语调通过上市公司信息不对称和经营风险两个传导路径影响股价崩盘风险。进一步分析发现，在一定程度上，管理层语调是公司战略驱动下管理层向外界释放的乐观信号；管理层语调既有如实反映公司经营业绩的部分，也有刻意误导的成分，且刻意误导的成分越高，股价崩盘风险越大。研究结论为增进 MD&A 文本信息语言风格的理解、改善公司治理和深化资本市场改革提供了有益的启示。

【关键词】管理层语调　股价崩盘风险　环境不确定性　信息不对称　经营风险

中图分类号：F830.91　　　　　文献标识码：A

1. 引言

近年来，随着计算机辅助语言分析技术和数据处理技术的迅猛发展，有别于反映历史数据的财务数字定量信息且具有前瞻性的文本定性信息受到学术界和业界的广泛关注。管理层讨论与分析

---

* 基金项目：国家自然科学基金项目“环境规制、企业创新与产业转型升级：基于节能减排监管的理论与实证研究”（项目批准号：71872046）；福建省社会科学研究基地重大项目“福建发展碳汇金融的体制机制与对策研究”（项目批准号：FJ2021MJDZ012）。

通讯作者：王焰辉，E-mail：wang_yanhui11@163.com。

（MD&A）作为上市公司年报被广泛阅读的重要组成部分，是投资者关注的定性信息披露的重要来源，也是管理层拥有较大文字裁量空间，向外界传达当前和预期未来经营状况、发展潜力以及业绩等或乐观或悲观情感倾向的关键载体（Tetlock et al.，2008；谢德仁和林乐，2015）。相关研究表明管理层讨论与分析（MD&A）文本信息的情感倾向（乐观或悲观）可以影响股票市场反应（Huang et al.，2014；Tailab & Burak，2018）。基于中国独特的制度背景，中国证券市场正处于新兴加转轨的发展时期，股票市场随着制度改革与发展已逐步规范化，但仍会频频出现诸如股价"暴涨暴跌"问题，尤其是个股暴跌引致的风险传染与溢出效应造成市场恐慌，暴露出公司治理层面的"沉疴宿疾"。2008—2019 年我国沪深 A 股市场共发生 91854 次跌停，其中 2008 年与 2015 年尤甚，分别为 16462 次和 31472 次①，千股跌停带来市场恐慌、财富湮灭等不可逆的负面冲击。股价崩盘风险，又称为个股暴跌风险，是指在无任何信息前兆的前提下，负面信息集中释放到市场导致个股价格断崖式下跌（许年行等，2012）。管理层出于个人机会主义隐匿负面消息的捂盘行为是股价崩盘风险的主要成因（Jin & Myers，2006；Kothari et al.，2009），这一利己行为无疑对公司治理造成极大冲击和挑战。管理层在年度报告的管理层讨论与分析（MD&A）定性信息中嵌入的语调是否如实反映以此与外界真实有效沟通还是刻意误导反映其战略性动机，尚待进一步的研究。本文从管理层的 MD&A 信息披露策略动机出发，基于股价崩盘风险独特视角探究管理层语调的股价崩盘异质效应，对于资本市场金融风险的防控、公司治理以及信息披露的监管和规范具有重要的理论与现实意义。

目前对于股价崩盘风险影响因素的研究聚焦于公司内部层面、资本市场参与者和外部环境等方面。基于公司内部层面的研究，大量学者认为提高公司信息透明度（Hutton et al.，2009；潘越等，2011）、内控信息披露（叶康涛等，2015）、管理层讨论与分析披露的信息含量（孟庆斌等，2017）等缓解公司内外部信息不对称的策略能有效降低股价崩盘风险。公司外部的机构投资者（An et al.，2013）、分析师（Xu et al.，2013）则扮演着监督者的角色，抑制公司的股价崩盘风险。股价崩盘风险的归因除了公司与投资者信息不对称层面外，更深层次则是代理问题。管理层基于职业生涯忧虑、岗位升迁、帝国建立和期权行权等因素的考量，倾向于利用捂盘的手段藏匿负面信息（Kothari et al.，2009），负面消息随着时间囤积最终集中释放到市场造成股价崩盘。已有研究从女性 CEO（李小荣等，2012）、CEO 年龄（Andreou et al.，2016）和 CEO 权利（Mamun et al.，2020）等管理者特征影响代理冲突的角度研究对股价崩盘风险的影响。孟庆斌等（2017）认为管理层讨论与分析披露的信息含量越高，未来股价崩盘风险越低。虽然管理层讨论与分析的信息含量（孟庆斌等，2017）、年报语调（周波等，2019）和管理层语意（杨七中等，2020）对股价崩盘风险的线性关系已经得到研究，但是相关研究尚缺乏更深层次的探讨。

本文以从上市公司年报的管理层讨论与分析（MD&A）内容中识别出的积极词汇数量和消极词汇数量构建管理层语调，有别于以管理者个人特征、相对薪酬比例等指标测度的管理者过度自信抑或管理层信心等指标。在英文文献中使用单词"tone"来定义撰写文本信息者所传达的乐观抑或悲观的情绪或者情感倾向，实际上这种说法在国外研究中也存在争议，但国外学者也未找到反映文本信息撰写者情感倾向的更优词汇。国内的众多研究将其翻译为"语调"（林乐和谢德仁，2017；曾庆生等，

---

① 原始数据统计来源于 Wind 数据库。

2018)，以此反映管理层乐观或悲观情感倾向的语言风格。管理层乐观抑或悲观的语言风格可能是管理层特有的认知特征带来的乐观或悲观主义的表现，但是公司的年报信息披露之前会经历严格的审查和纠正，这无疑会限制和削弱管理层特有的性格特征对于公司信息披露的影响。因此，与心理偏差造成的管理层过度自信等相关研究（Kim et al.，2016；曾爱民等，2017)不同的是，年报中文本信息构建的管理层语调并非纯粹反映管理层特质的心理因素，更多的是管理层基于实际意图向外传达积极乐观的信号(管理层在披露年报文本信息时使用悲观语言较少，乐观语言较多，因此管理层在年报 MD&A 中倾向于表达乐观的语言风格)。这种配合诸如企业并购重组、股票增发或稳健经营等公司战略驱动下的管理层乐观信号，是对公司经营状况和未来收益的如实反映还是刻意操纵误导外界，这属于实证研究亟待解决的问题。一方面，基于印象管理理论框架，管理层出于战略目的利用年报信息披露语调的酌情权和自由裁量权进行语言文字的渲染与操纵，赢得公众和投资者良好印象，这种低成本形式的"廉价交谈"（cheap talk）暴露了管理层的自利性动机，损害了公司治理状况，推高了股价崩盘的可能性；另一方面，从信号传递理论出发，管理层利用语调公允地向外界传递真实的运营状况和准确预测未来业绩的增量信息，有效的信息传递缓解了公司内外部信息不对称的状况，有助于公司治理水平的进一步提升。系统性研究管理层语调如何影响公司股价崩盘风险，检验其公司治理效应异质性，厘清年报的管理层讨论与分析传达的乐观信号驱动因素和异质性后果，对于改善公司治理具有重要的实践参考价值。

因此，本文以我国沪深 A 股非金融上市公司为研究样本，初次通过分析管理层语调对未来股价崩盘风险的非线性作用来探究其股价崩盘异质效应，并进一步考察环境不确定性对上述两者关系的调节作用。研究结果发现，管理层语调与未来股价崩盘风险呈 U 形关系，即管理层语调过高或者过低都加剧了股价崩盘风险，当管理层语调适中时，股价崩盘风险得到抑制，并且随着环境不确定性程度的提升削弱了两者的 U 形关系，上市公司信息不对称和经营风险在该 U 形关系中发挥显著的中介作用。进一步分析表明，管理层语调是公司战略驱动下向外界释放的乐观信号，管理层刻意操纵的异常语调提高了未来股价崩盘风险。

本文的研究贡献主要体现在三个方面：

（1）现有文献仅考察了年报语调对股价崩盘风险的线性影响（周波等，2019），本文是首篇全方位研究管理层语调与未来股价崩盘风险非线性关系的论文，丰富了股价崩盘风险影响因素的研究内容，增进我们对管理层语调造成公司治理经济后果的全景式认知。

（2）以往研究未将环境不确定性、公司信息不对称和经营风险的调节机制与影响路径纳入两者关系的研究框架，本研究既拓展了环境不确定性的研究体系，又丰富了公司信息不对称和经营风险的研究内容。

（3）创新性地寻找管理层语调在公司战略层面的成因，借由区分管理层语调如实反映抑或刻意误导准确识别引起股价崩盘的因素，增进市场参与者对管理层释放的乐观信号的理解，丰富了现有的战略管理体系对于企业治理效应的研究。研究结论对规范定性文本信息披露和稳定证券市场秩序具有一定的政策启示与实践意义。

2.　理论分析与研究假设

2.1　管理层语调与股价崩盘风险

　　MD&A 报告是投资者叙述性"软"信息披露获取的重要来源，是年度报告定性文本信息阅读最广泛和最重要的组成部分，因其前瞻性的特征而被投资者密切关注。管理层通过 MD&A 叙述性披露中使用的语言风格向外界传达信息，该信息既有可能是如实反映也有可能刻意误导投资者，体现管理层信息披露的"沟通动机"和"战略动机"的两面性。Huang 等（2014）认为超常的乐观语气与公司未来负的盈余和现金流量有着紧密联系，管理层凭借战略性的文本信息语调管理误导外部投资者对公司经营状况基本面的认识。管理层出于职位保护、声望追求和股票期权行权等私人目的（Kothari et al.，2009），以及配合并购重组、投融资行为、市场开拓等公司战略决策（Li，2008），倾向于隐藏负面消息并在 MD&A 中使用大量积极乐观的词汇来营造公司虚假繁荣的假象。印象管理理论认为，管理层利用 MD&A 文本信息酌处权进行不准确、不真实的陈述或夸大公司现有经营状况，呈现出过高的管理层语调，掩盖错误的投资决策等负面事件，模糊不良业绩表现，操控投资者对公司的印象以达到自利性目的。基于战略动机，非标准化的文本信息披露语言风格因其低成本的传达且面临较低的诉讼风险和声誉风险成为"廉价交谈"的方式，是管理层隐匿不利信息的重要工具。过高的管理层语调包含未来公司基本面的负面信息（Mayew et al.，2015），是管理层误导投资者对公司未来前景看法的产物。因此，管理层语调处于较高值时，管理层向外展示的乐观信号不真实或者不可靠，这种策略性信息披露是刻意误导投资者的有偏信号（张程等，2021），反映出其战略性动机，加剧公司与外部投资者的信息不对称和公司经营风险，提高未来股价崩盘风险。

　　当面临企业经营不善或者获得负面反馈时，如果管理层语调在适中的范围内，说明管理层没有明显的语调操纵行为，表现得相对客观，此时管理层信息披露以"沟通动机"为主导，管理层通过 MD&A 将更加客观的信息传达给投资者，管理层语调真实性较高。管理层既不会依赖过多的积极的词汇误导投资者的判断，也对项目的内在价值估计无偏（Bleck & Liu，2007），通过向下修正预期、保证公司内外部信息对称以避免不利局面的持续发酵，有效平抑经营风险，规避掩饰负面消息引致的股价暴跌风险。

　　过低的管理层语调与积极词汇数量披露有限有关，管理者出于"职业生涯忧虑"，收敛羽翼，追求安逸生活，具有强烈的"防御性动机"，偏向保守型战略，从而不会在上市公司年报"管理层讨论与分析（MD&A）"内容中披露更多积极词汇以展露其锋芒，向外界表现出乐观度较低与谨小慎微，加剧公司内外部的信息不对称。这种"韬光养晦"式的信息披露让管理层避免置于聚焦的镁光灯下，可能成为管理层隧道挖掘和掏空效应的策略性工具以追逐私有利益最大化。因此，过低的管理层语调容易因经营风险攀高和信息不对称加剧导致股票投资者撤离资金、抛售股票，造成股价崩盘。

　　基于上述分析，过高或者过低的管理层语调显示出更多的"战略动机"，刻意误导的意图更为强烈，加剧股价崩盘风险。而当管理层语调保持在一个适宜状态时，显示出更多的"沟通动机"，管理层向外界释放的乐观信号真实性更高，有利于抑制股价崩盘风险。

综上所述，本文提出以下假设：

H1：管理层语调与股价崩盘风险呈 U 形关系。

2.2　环境不确定性对管理层语调与股价崩盘风险关系的调节效应

环境作为公司赖以生存与发展的土壤，来自供应商、经销商、消费者、竞争对手及监管机构等主体无法预测的不可控行为导致公司面临不确定性风险（Drago，1998）。环境不确定性兼具动态性和复杂性两个维度，动态性蕴含事件发展变化和可预测性，而复杂性反映企业实际运营的诸如创新效率、竞争优势、上下游供应链、与客户及政府关系等竞争性和异质性（汪丽等，2012）。环境不确定下管理层语调与股价崩盘风险的 U 形关系是强化还是弱化，存在对应两个角度的解读。

从环境不确定性的消极作用来看，公司外部环境的不确定性造成公司盈利水平的波动。一来降低管理层对公司经营成果和未来业绩的预测准确性，二来增加投资者对年报披露信息的解读难度，使投资者难以准确预测公司经营发展前景，股市中充斥着更多的"噪音"，使公司内外部信息不对称加剧，与战略动机下管理层语调的崩盘效应形成叠加的状态，此时如果管理层不做出有效应对或者应对能力有限，管理层语调与股价崩盘风险的 U 形关系会因环境不确定性程度的加深而得到强化。

从环境不确定性的积极作用来看，不确定性环境刺激管理层进行有效策略应对以避免陷入经营困境和遭遇职位风险。公司理论认为，环境给公司战略抉择与经营决策施加了约束，管理层将所处的随机环境因素纳入考量范围（申慧慧，2010），高管团队在战略抉择和经营决策时依赖于企业外部环境的权变因素（Carpenter & Fredrickson，2001；林亚清和赵曙明，2013）。战略管理理论和动态权变理论认为，个体组织不是环境的被动接受者，而是会主动调整自己的行为以适应环境变化，即企业具有一定的柔性，这是企业对不确定环境变化的适应性（Jian，2015），因此管理层会根据外界环境情况进行战略决策的调整。管理层拥有众多外界投资者不知晓的私有信息，可以凭借对公司经营状况的熟稔，出于个人机会主义与公司动机操纵对外披露年报信息乐观信号的真实性。管理层深谙不确定环境给公司带来的负面冲击和经营风险，为了避免破产或经营不利失去现有职位，对公司过于激进或者过于保守的战略有所调整，文本信息语调操纵有所收敛，管理层倾向于将年报信息披露的战略动机转为沟通动机，向外界传达的乐观信号真实性大幅度提升，以提供更多真实有效信息，抑制股价崩盘。股价崩盘风险主要是源于管理层隐瞒和囤积负面信息，管理层采取有效策略应对高度环境不确定性，基于沟通动机传达真实性程度更高的管理层语调，减少不利信息的隐匿行为，降低了过高或者过低管理层语调的股价崩盘概率。如果管理层面对环境不确定性的应对有效，那么管理层语调的崩盘效应得到缓解，因此环境不确性可以弱化管理层语调与股价崩盘风险的 U 形关系。

综上所述，本文提出以下两种竞争性的假设：

H2a：环境不确定性强化了管理层语调与股价崩盘风险之间的 U 形关系。

H2b：环境不确定性弱化了管理层语调与股价崩盘风险之间的 U 形关系。

3. 实证设计

3.1 样本选择与数据来源

本文以 2010—2019 年沪深 A 股上市公司为实证样本，研究上市公司年报"管理层讨论与分析（MD&A）"章节积极词汇数量与消极词汇数量构建的管理层语调指标和年报披露时间点（年报为次年披露）后 365 天内股价崩盘风险的关系。根据研究需求，进行了以下研究样本的筛选：（1）剔除金融类上市公司。（2）剔除年报披露日后 365 天内周收益率少于 30 个观测值的公司—年度样本。（3）剔除当年被 ST、*ST 的公司样本。最终得到 16846 个公司—年度样本。本文对所有连续型变量在 1%、99% 分位点上进行缩尾处理（Winsorize），以控制可能存在的极端值对回归结果的影响。上市公司年报"管理层讨论与分析（MD&A）"章节积极词汇数量与消极词汇数量来源于中国研究数据服务平台（CNRDS），其他数据来自国泰安数据库（CSMAR）。数据统计分析使用 STATA15 软件。

3.2 变量定义

3.2.1 被解释变量：股价崩盘风险

参考 Hutton 等（2009）、Kim 等（2011）、王化成等（2015）和周波等（2019）的研究，本文采用下述方法度量上市公司年报披露日后 365 天内的股价崩盘风险，年报披露日所属年份（即次年）作为当年的股价崩盘风险指标。

综合考虑市场因素干扰的影响，引入回归估计模型（1）：

$$r_{i,t} = \alpha_i + \beta_1 r_{M,t-2} + \beta_2 r_{M,t-1} + \beta_3 r_{M,t} + \beta_4 r_{M,t+1} + \beta_5 r_{M,t+2} + \varepsilon_{i,t} \tag{1}$$

其中，$r_{i,t}$ 为公司 i 的股票在年报披露日后第 t 周的收益率，r_M 为第 t 周的市场周流通市值加权平均收益率。引入市场收益率 r_M 的滞后项和超前项的目的在于控制非同步交易带来的影响。$\varepsilon_{i,t}$ 代表个股收益未被市场所解释的部分，如果 $\varepsilon_{i,t}$ 为负且绝对值越大，表明公司 i 的股票与市场收益相背离的程度越大。采用 $W_{i,t} = \ln(1 + \varepsilon_{i,t})$ 作为公司特定周收益率。

使用负收益偏态系数（NCSKEW）衡量股价崩盘风险。计算方法如公式（2）所示。

$$\text{NCSKEW}_{i,t} = -\left[n(n-1)^{3/2} \sum W_{i,t}^3 \right] \Big/ \left[(n-1)(n-2)\left(\sum W_{i,t}^2 \right)^{3/2} \right] \tag{2}$$

其中，n 为公司 i 在第 t 年年报披露日后 365 天内交易的周数。

利用收益上下波动的比率（DUVOL）作为衡量股价崩盘风险的第二个指标。计算方法如公式（3）所示。

$$\text{DUVOL}_{i,t} = \log\left\{ \left[(n_u - 1) \sum_{\text{down}} W_{i,t}^2 \right] \Big/ \left[(n_d - 1) \sum_{\text{up}} W_{i,t}^2 \right] \right\} \tag{3}$$

其中，$n_u(n_d)$ 为股票 i 的周回报率高于（低于）当年回报率均值的周数。NCSKEW 与 DUVOL 均是正向指标，即 NCSKEW（DUVOL）越大，说明股价崩盘风险越高。

3.2.2　解释变量：管理层语调

借鉴 Henry 和 Leone（2015）、林乐和谢德仁（2017）的做法，构建管理层语调的度量公式如下所示：

$$\text{ManaTone}_{i,\,t} = \frac{\text{Pos}_{i,\,t} - \text{Neg}_{i,\,t}}{\text{Pos}_{i,\,t} + \text{Neg}_{i,\,t}} \tag{4}$$

其中，$\text{Pos}_{i,\,t}$ 代表上市公司年报的管理层讨论与分析（MD&A）内容中识别出的积极词汇数量，$\text{Neg}_{i,\,t}$ 则为该内容中识别出的消极词汇数量①。$\text{ManaTone}_{i,\,t}$ 表征管理层语调，其值越大表明上市公司管理层语调越乐观。

3.2.3　调节变量：环境不确定性

环境不确定性主要来源于环境因素的变化，并反映到公司销售收入层面的波动，因此本文采用销售收入变异系数来衡量公司面临的环境不确定性程度。Ghosh 和 Olsen（2009）使用公司过去 5 年销售收入标准差除以均值来测度环境不确定性，而考虑到我国经济大环境下上市公司销售收入整体上随着时间推移大致呈接近线性的稳定增长趋势，销售收入波动中有一部分是由企业自身的成长性带来的，故申慧慧等（2012）将该计算方法进一步优化设计以保证度量的准确性和可靠性。具体做法是利用 OLS 分别估算方程(5)过去 5 年的非正常销售收入：

$$\text{SALE}_{i,\,t} = \beta_0 + \beta_1 \text{Year}_{i,\,t} + \varepsilon \tag{5}$$

其中，SALE 为销售收入，Year 为年度有序变量，当前年度为 5，上一年度为 4，以此类推。利用公司销售收入与年份回归，残差 ε 为非正常销售收入，能避免销售收入波动中企业自身成长带来的误差。计算公司过去 5 年非正常销售收入的标准差，再除以公司过去 5 年销售收入的平均值，得到未经行业调整的环境不确定性。最后，以公司未经行业调整的环境不确定性除以同年度同行业所有公司未经行业调整的环境不确定性的中位数，即得到经行业调整的环境不确定性（EU），该值为公司面临的环境不确定性程度的正向指标。

3.2.4　控制变量

为了控制其他潜在因素对股价崩盘风险的影响，根据相关文献（Hutton et al.，2009；许年行等，2013）的做法，本文控制了以下变量：公司规模（Size，总资产的自然对数）、市值账面比（MB，市场价值与权益账面值的比值）、财务杠杆（Lev，总负债除以总资产）、盈利能力（ROE，当年营业利润与所有者权益之比）、去趋势化换手率（Dturn，当年期月均换手率与上年期月均换手率的差值）、股权

---

①　积极词汇与消极词汇数量取自中国研究数据服务平台（CNRDS 数据库），该数据库的积极词汇和消极词汇的判断主要是根据 Loughran 和 McDonald（2011）的英文正负面词典翻译为中文词典，再结合中文语境进行扩充和完善得到，采用人工智能算法对年报管理层讨论与分析文本内容涉及的积极、消极词汇进行判断识别，既保证词性判断的权威性，又符合中文的特殊语法结构。

集中度（Cr，第一大股东持股比例）、机构投资者持股比例（Inshold，机构投资者持股数之和与流通股股数的比值）、股票收益率（Ret，个股年度平均周收益率）、收益率波动（Sigma，个股年度周收益率的标准差）、当期的股价崩盘风险（NCSKEW、DUVOL，负收益偏态系数与收益率上下波动比率）以及年度虚拟变量（Year）和行业虚拟变量（Ind）。

3.3 模型设计

首先，为了验证假设 H1，本文构建了如下回归模型检验管理层语调对股价崩盘风险的影响。

$$\text{NCSKEW}_{i,\,t+1}(\text{DUVOL}_{i,\,t+1}) = \beta_0 + \beta_1 \text{ManaTone}_{i,\,t} + \beta_2 \text{ManaTone}_{i,\,t}^2$$
$$+ \gamma \text{Controls}_{i,\,t} + \sum \text{Year} + \sum \text{Ind} + \varepsilon \tag{6}$$

式中，解释变量为 t 期的管理层语调（ManaTone）及平方项（ManaTone^2），被解释变量为 $t+1$ 期的股价崩盘风险指标（NCSKEW、DUVOL），其余各控制变量均为 t 期且具体定义如上文所述。根据假设 H1，我们预期 ManaTone^2 的系数 β_2 显著为正。为了保证 U 形关系的可靠性，对回归结果进行 Utest 检验，并绘图分析转折点所在区间与边际效应。

其次，进一步验证假设 H2，运用如下模型考察环境不确定性对于管理层语调与股价崩盘风险关系的异质性。

$$\text{NCSKEW}_{i,\,t+1}(\text{DUVOL}_{i,\,t+1}) = \alpha_0 + \alpha_1 \text{ManaTone}_{i,\,t} + \alpha_2 \text{ManaTone}_{i,\,t}^2 + \alpha_3 \text{EU}_{i,\,t}$$
$$+ \alpha_4 \text{EU}_{i,\,t} \times \text{ManaTone}_{i,\,t} + \alpha_5 \text{EU}_{i,\,t} \times \text{ManaTone}_{i,\,t}^2 \tag{7}$$
$$+ \delta \text{Controls}_{i,\,t} + \sum \text{Year} + \sum \text{Ind} + \varepsilon$$

其中，调节变量为 t 期的环境不确定性（EU），我们预期如果 EU$_t$×ManaTone$_t^2$ 的系数 α_5 显著为正则支持假设 H2a，如果 EU$_t$×ManaTone$_t^2$ 的系数 α_5 显著为负则支持假设 H2b。

4. 实证结果与分析

4.1 描述性统计及相关性分析

表 1 汇报了主要变量的描述性统计结果。由表 1 可知，股价崩盘风险指标 NCSKEW$_{t+1}$（DUVOL$_{t+1}$）的均值为 −0.2663（−0.1754），标准差为 0.6572（0.4635），最小值为 −2.2749（−1.3021），最大值 1.3747（0.9637），与已有相关研究的测算结果较为相似（An et al.，2013；周波等，2019）。管理层语调 ManaTone$_t$ 均值为 0.4342，中位数为 0.4398，说明数据分布比较对称，最小值 0.0812，最大值 0.7326，标准差 0.1293，表明不同上市公司管理层语调差异明显。

表 1 描述性统计

变量符号	样本量	均值	标准差	最小值	中位数	最大值
$NCSKEW_{t+1}$	16846	-0.2663	0.6572	-2.2749	-0.2244	1.3747
$DUVOL_{t+1}$	16846	-0.1754	0.4635	-1.3021	-0.1750	0.9637
$ManaTone_t$	16846	0.4342	0.1293	0.0812	0.4398	0.7326
$ManaTone_t^2$	16846	0.2053	0.1108	0.0066	0.1934	0.5367
$Size_t$	16846	22.1348	1.3028	19.6219	21.9564	27.2889
MB_t	16846	2.1667	1.4010	0.9303	1.7059	9.0241
Lev_t	16846	0.4400	0.2138	0.0505	0.4364	0.9396
ROE_t	16846	0.0662	0.1032	-0.4706	0.0684	0.3279
$Dturn_t$	16846	-0.1590	0.4761	-2.0237	-0.0938	0.9625
Cr_t	16846	0.3532	0.1513	0.0850	0.3335	0.7500
$Inshold_t$	16846	0.2604	0.2366	0.0001	0.1802	0.8697
Ret_t	16846	-0.0012	0.0142	-0.0260	-0.0009	0.0271
$Sigma_t$	16846	0.0459	0.0172	0.0167	0.0429	0.1017
$NCSKEW_t$	16846	-0.2523	0.6461	-2.1930	-0.2116	1.2849
$DUVOL_t$	16846	-0.1646	0.4599	-1.2886	-0.1614	0.9169

4.2　多元回归分析

4.2.1　管理层语调与股价崩盘风险的关系检验

表 2 是管理层语调与股价崩盘风险的多元回归结果。可以看到，在仅仅加入控制变量的列（1）和列（2）中，绝大部分的控制变量比较显著，说明控制变量的选取是合理的。在仅仅加入解释变量且未加入控制变量的列（3）、列（4）中，管理层语调及平方项 $ManaTone_t$ 和 $ManaTone_t^2$ 对股价崩盘风险 $NCSKEW_{t+1}$（$DUVOL_{t+1}$）回归系数分别为 -0.7024（-0.4555）和 0.9988（0.6497），并且都在 1% 的水平显著。在加入控制变量后的列（5）、列（6）中，$ManaTone_t$ 和 $ManaTone_t^2$ 对 $NCSKEW_{t+1}$（$DUVOL_{t+1}$）多元回归系数分别为 -0.6321（-0.3929）和 0.8675（0.5708），且都在 1% 的水平显著。该结果表明管理层语调与股价崩盘风险存在着显著的 U 形关系。进一步利用 Utest 检验后发现第（3）列到第（6）列回归的 U 形关系都在 1% 显著水平上得到支持，表明管理层语调与股价崩盘风险的 U 形关系是可靠的。假设 H1 得以验证。

表 2　　　　　　　　　　　　　管理层语调与股价崩盘风险的回归结果

变量	（1）	（2）	（3）	（4）	（5）	（6）
	$NCSKEW_{t+1}$	$DUVOL_{t+1}$	$NCSKEW_{t+1}$	$DUVOL_{t+1}$	$NCSKEW_{t+1}$	$DUVOL_{t+1}$
$ManaTone_t$			-0.7024***	-0.4555***	-0.6321***	-0.3929***
			(0.1917)	(0.1333)	(0.1922)	(0.1332)
$ManaTone_t^2$			0.9988***	0.6497***	0.8675***	0.5708***
			(0.2258)	(0.1571)	(0.2253)	(0.1564)
$Size_t$	-0.0144**	-0.0198***			-0.0167***	-0.0217***
	(0.0059)	(0.0042)			(0.0059)	(0.0043)
MB_t	0.0238***	0.0140***			0.0223***	0.0131***
	(0.0045)	(0.0032)			(0.0045)	(0.0033)
Lev_t	-0.0610**	-0.0525**			-0.0565*	-0.0481**
	(0.0290)	(0.0207)			(0.0292)	(0.0208)
ROE_t	0.1678***	0.0855**			0.1571***	0.0713*
	(0.0517)	(0.0365)			(0.0536)	(0.0378)
$Dturn_t$	-0.0352***	-0.0266***			-0.0335***	-0.0252***
	(0.0124)	(0.0089)			(0.0124)	(0.0088)
Cr_t	-0.1252***	-0.0669***			-0.1242***	-0.0662***
	(0.0353)	(0.0246)			(0.0353)	(0.0246)
$Inshold_t$	0.1603***	0.1000***			0.1581***	0.0984***
	(0.0254)	(0.0178)			(0.0254)	(0.0178)
Ret_t	139.1325***	93.3739***			136.1672***	91.1981***
	(24.8101)	(17.2063)			(24.8053)	(17.2067)
$Sigma_t$	9.5002***	6.1375***			9.2997***	5.9827***
	(1.3852)	(0.9595)			(1.3854)	(0.9597)
$NCSKEW_t$	0.0726***				0.0720***	
	(0.0081)				(0.0081)	
$DUVOL_t$		0.0546***				0.0540***
		(0.0079)				(0.0079)
Constant	-0.1748	0.0855	-0.0711	-0.0853**	-0.0378	0.1721
	(0.1464)	(0.1042)	(0.0557)	(0.0396)	(0.1520)	(0.1083)
年度/行业	控制	控制	控制	控制	控制	控制
N	16846	16846	16846	16846	16846	16846
F	27.44	28.08	22.56	23.90	26.51	27.24
Adj-R^2	0.0579	0.0579	0.0380	0.0390	0.0589	0.0589
Utest 检验	—	—	U 形 ($P=0.0003$)	U 形 ($P=0.0006$)	U 形 ($P=0.0009$)	U 形 ($P=0.0029$)

注：***、**、* 分别表示在 1%、5%、10% 水平上显著，系数下方括号内为稳健性标准误，如无特别说明，下同。

　　以往学者研究陷入平方项系数显著即判断存在 U 形或倒 U 形关系的误区，这在实证研究中极为不严谨，甚至是错误的。为了进一步验证 U 形关系的稳健性，需要考虑管理层语调 ManaTone$_t$ 的取值范围与二次函数曲线转折点的位置比较。根据表 3 中第（5）、（6）列回归结果绘制管理层语调与股价崩盘风险的曲线图 1、图 2，并用虚竖线标明转折点位置，同时计算管理层语调对于股价崩盘风险的边际效应并绘图，附带 95% 的置信区间，如图 3、图 4 所示。由图 1、图 2 可知，管理层语调的取值范围为 0.081~0.733，转折点在 0.3~0.4，U 形关系并非只存在左半支或右半支，转折点靠近管理层语调取值范围中点，两侧分布对称。进一步根据图 3、图 4，发现随着管理层语调的连续提高，其对股价崩盘风险的边际影响由负转正持续增大，在边际效应为 0 之前管理层语调抑制股价崩盘风险，之后则提高了股价崩盘风险。因此，管理层语调与股价崩盘风险的 U 形关系是可靠的，进一步支持了假设 H1。

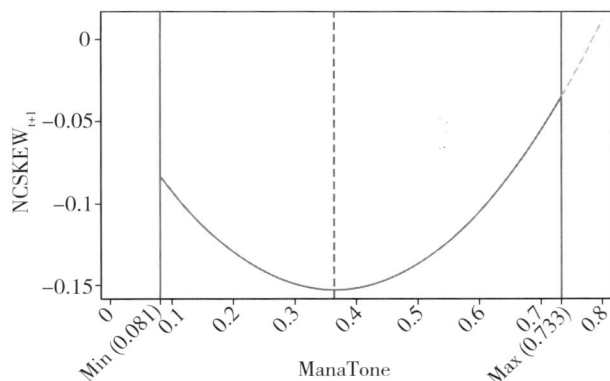

图 1　U 形关系曲线与转折点（NCSKEW$_{t+1}$）

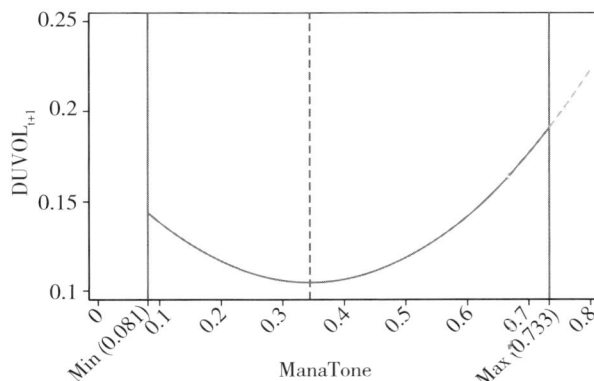

图 2　U 形关系曲线与转折点（DUVOL$_{t+1}$）

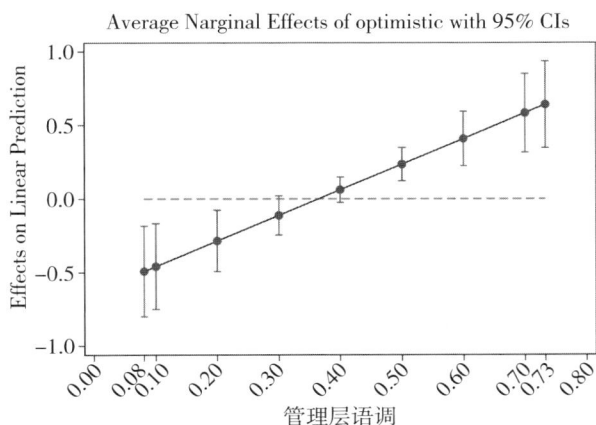

图 3　边际效应图（NCSKEW$_{t+1}$）

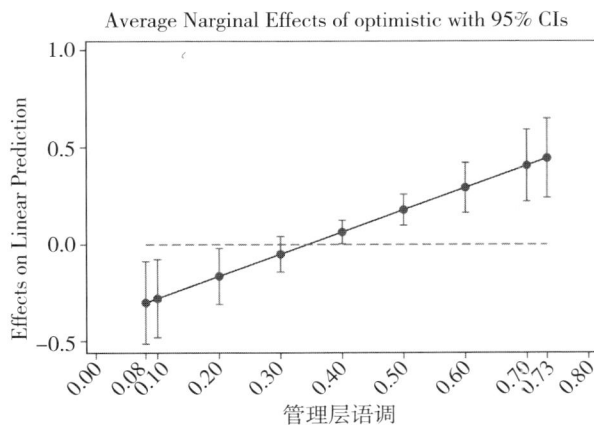

图 4　边际效应图（DUVOL$_{t+1}$）

4.2.2　环境不确定性对管理层语调与股价崩盘风险关系的调节效应检验

表 3 汇报了环境不确定性对管理层语调与股价崩盘风险（$NCSKEW_{t+1}$、$DUVOL_{t+1}$）之间 U 形关系的调节效应检验结果。由列（1）、列（2）可见，$ManaTone_t^2$ 的回归系数估计值仍在 1% 的水平上显著为正，交互项 $EU_t \times ManaTone_t^2$ 回归系数分别为 -0.3009 和 -0.2477，且都在 5% 统计水平上显著。这表明，高度的环境不确定性能抑制管理层语调与股价崩盘风险的 U 形关系。因此，假设 H2b 得到证实。

表 3　　　　　　　　　　　　　环境不确定性调节效应的检验结果

变量	（1）	（2）
	$NCSKEW_{t+1}$	$DUVOL_{t+1}$
$ManaTone_t$	-0.8854***	-0.5275***
	(0.2692)	(0.1897)
$ManaTone_t^2$	1.2229***	0.7882***
	(0.3211)	(0.2241)
EU_t	-0.0195	-0.0113
	(0.0185)	(0.0145)
$EU_t \times ManaTone_t$	0.1946*	0.1481*
	(0.1058)	(0.0782)
$EU_t \times ManaTone_t^2$	-0.3009**	-0.2477**
	(0.1432)	(0.1018)
Controls	控制	控制
Constant	-0.1553	0.0710
	(0.1723)	(0.1218)
年度/行业	控制	控制
N	13227	13227
F	19.00	18.94
Adj-R^2	0.0567	0.0555
Utest 检验	U 形（$P=0.0008$）	U 形（$P=0.0049$）

为了进一步观察并验证环境不确定性对管理层语调与股价崩盘风险的调节作用，绘制了环境不确定性调节效应图，如图 5、图 6 所示，可以发现：（1）当管理层语调较低时，在较低不确定环境中，随着管理层语调的提高，股价崩盘风险快速下降；而处于较高不确定环境时，股价崩盘风险随着管理层语调提高的下降速度明显放缓。（2）当管理层语调较高时，在较低不确定环境中，管理层语调与股价崩盘风险呈现明显相同的变化趋势，即股价崩盘风险随着管理层语调的提高而快速增加；然而，当处于较高不确定环境时，管理层语调与股价崩盘风险之间的正向变化趋势变得非常微弱，此时随

着管理层语调的提高，股价崩盘风险仅呈现非常小的上升幅度。综上分析，在环境不确定性较低时，管理层语调与股价崩盘风险的 U 形关系更为强烈；而在环境不确定性较高时，管理层语调对股价崩盘风险的 U 形关系被显著弱化了。该结论与表 3 检验结果一致，进一步支持了假设 H2b。

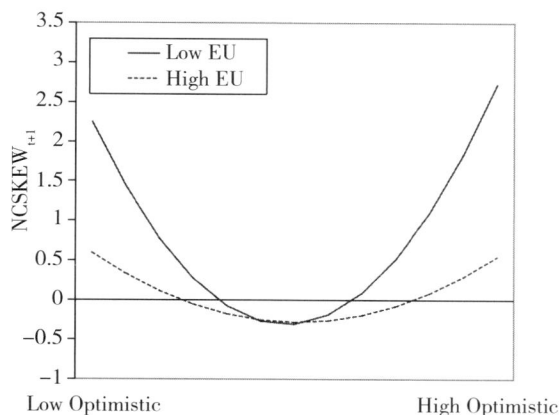

图 5　环境不确定性的调节效应（NCSKEW$_{t+1}$）

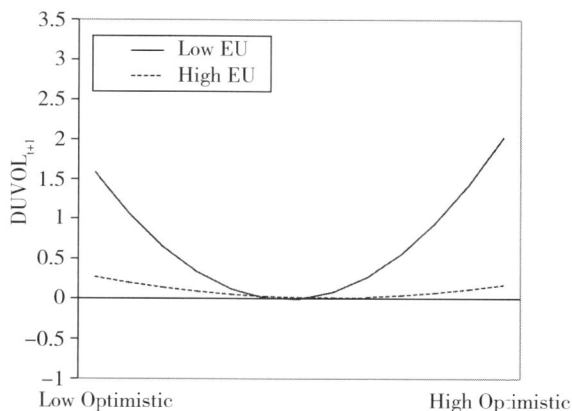

图 6　环境不确定性的调节效应（DUVOL$_{t+1}$）

4.3　传导路径分析

如果上市公司管理层语调具有不同程度的崩盘效应，那么一个值得思考的问题是，管理层语调通过什么传导途径影响公司的股价崩盘风险？正如前文所述，管理层出于"战略动机"或者"沟通动机"对年报文本信息乐观信号真实性进行调控。公司基于战略动机的目的可能导致过高或者过低的管理层语调，误导投资者对公司基本面的认识，加剧公司内外部的信息不对称和经营风险。基于沟通动机，适度的管理层语调真实性较高，能缓解信息不对称和平抑经营风险。首先，过高或者过低的管理层语调因其真实性有限会导致信息不对称，已有研究表明信息不对称与股价崩盘风险成正相关关系（Hutton et al.，2009；潘越等，2011）。其次，战略动机下管理层容易采取过于激进抑或过于保守的公司战略，使公司经营陷入困境，从而导致经营风险，加剧股价崩盘。由此可见，信息不对称路径和经营风险路径可能是管理层语调崩盘效应产生的两种重要的传导路径，如图 7 所示，下文将对这两种传导机制展开实证分析检验。

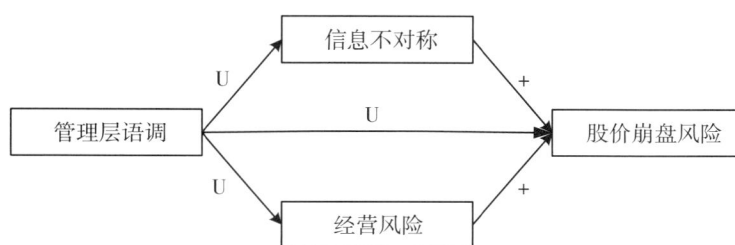

图 7　传导路径图

4.3.1 信息不对称的传导路径研究

为了验证信息不对称传导路径是否成立，借鉴已有研究的做法（王亚平等，2009；王化成等，2015），利用修正琼斯模型残差的绝对值计算出的盈余管理程度来构造信息不对称指标，具体方程如下：

$$\frac{\text{TA}_{i,t}}{\text{Asset}_{i,t-1}} = \tau_0 \times \frac{1}{\text{Asset}_{i,t-1}} + \tau_1 \times \frac{\Delta\text{REV}_{i,t} - \Delta\text{REC}_{i,t}}{\text{Asset}_{i,t-1}} + \tau_2 \times \frac{\text{PPE}_{i,t}}{\text{Asset}_{i,t-1}} + \varepsilon_{i,t} \tag{8}$$

其中，TA 为营业利润扣除经营活动的现金净流量，Asset 表示资产总额，ΔREV 为销售收入增加额，ΔREC 为应收账款变化额，PPE 为固定资产，信息不对称指标（AbsDA）即为上述回归方程的残差绝对值 $|\varepsilon_{i,t}|$，$|\varepsilon_{i,t}|$ 越大，上市公司信息越不对称。

基于上述分析，本文通过构建下述模型（9）至模型（12）来验证信息不对称的中介效应，控制变量同前文：

$$\begin{aligned} \text{NCSKEW}_{i,t+1}(\text{DUVOL}_{i,t+1}) =& \beta_0 + \beta_1\text{ManaTone}_{i,t} + \beta_2\text{ManaTone}_{i,t}^2 \\ &+ \gamma\text{ControlVariables}_{i,t} + \sum\text{Year} + \sum\text{Ind} + \varepsilon_1 \end{aligned} \tag{9}$$

$$\begin{aligned} \text{AbsDA}_{i,t+1} =& \theta_0 + \theta_1\text{ManaTone}_{i,t} + \theta_2\text{ManaTone}_{i,t}^2 + \mu\text{ControlVariables}_{i,t} \\ &+ \sum\text{Year} + \sum\text{Ind} + \varepsilon_2 \end{aligned} \tag{10}$$

$$\begin{aligned} \text{NCSKEW}_{i,t+1}(\text{DUVOL}_{i,t+1}) =& \lambda_0 + \lambda_1\text{AbsDA}_{i,t+1} + \nu\text{ControlVariables}_{i,t} + \sum\text{Year} \\ &+ \sum\text{Ind} + \varepsilon_3 \end{aligned} \tag{11}$$

$$\begin{aligned} \text{NCSKEW}_{i,t+1}(\text{DUVOL}_{i,t+1}) =& \rho_0 + \rho_1\text{ManaTone}_{i,t} + \rho_2\text{ManaTone}_{i,t}^2 + \rho_3\text{AbsDA}_{i,t+1} \\ &+ \eta\text{ControlVariables}_{i,t} + \sum\text{Year} + \sum\text{Ind} + \varepsilon_4 \end{aligned} \tag{12}$$

表 4 中第（1）至（4）列显示 NCSKEW 股价崩盘风险指标的信息不对称中介效应回归结果，第（5）至（8）列则为 DUVOL 股价崩盘风险指标。由第（2）、（6）列可知，ManaTone^2 显著为正，管理层语调与上市公司信息不对称呈显著的 U 形关系，即较高和较低管理层语调下公司信息不对称更为明显。列（3）、列（7）显示 AbsDA_{t+1} 显著为正，说明公司信息不对称程度越高，股价崩盘风险越大。第（4）、（8）列将管理层语调及其平方项和信息不对称同时加入回归方程，上述关系依旧成立。进一步 Sobel 检验 Z 统计量为 2.256 和 1.758，分别在 5% 和 10% 水平上显著拒绝不存在中介效应的原假设。该结果表明，存在着一条重要的传导链条：管理层语调—信息不对称—股价崩盘风险，即管理层语调通过 U 形关系影响信息不对称程度，信息不对称正向影响股价崩盘风险。

表 4 信息不对称的中介效应检验结果

变量	（1）NCSKEW$_{t+1}$	（2）AbsDA$_{t+1}$	（3）NCSKEW$_{t+1}$	（4）NCSKEW$_{t+1}$	（5）DUVOL$_{t+1}$	（6）AbsDA$_{t+1}$	（7）DUVOL$_{t+1}$	（8）DUVOL$_{t+1}$
ManaTone$_t$	−0.7665***	−0.0705***		−0.7484***	−0.4700***	−0.0705***		−0.4602***
	(0.2017)	(0.0188)		(0.2018)	(0.1426)	(0.0188)		(0.1426)

续表

变量	（1）	（2）	（3）	（4）	（5）	（6）	（7）	（8）
	NCSKEW_{t+1}	AbsDA_{t+1}	NCSKEW_{t+1}	NCSKEW_{t+1}	DUVOL_{t+1}	AbsDA_{t+1}	DUVOL_{t+1}	DUVOL_{t+1}
ManaTone_t^2	0.9972***	0.0746***		0.9781***	0.6394***	0.0747***		0.6290***
	(0.2351)	(0.0219)		(0.2351)	(0.1662)	(0.0220)		(0.1662)
AbsDA_{t+1}			0.2643***	0.2568***			0.1370**	0.1324**
			(0.0851)	(0.0851)			(0.0599)	(0.0599)
Controls	控制	控制	控制	控制	控制	控制	控制	控制
Constant	−0.0463	0.1219***	−0.2377	−0.0776	0.2125*	0.1224***	0.0977	0.1963*
	(0.1569)	(0.0146)	(0.1513)	(0.1572)	(0.1111)	(0.0147)	(0.1071)	(0.1113)
年度/行业	控制	控制	控制	控制	控制	控制	控制	控制
N	15880	15880	15880	15880	15880	15880	15880	15880
F	27.93	38.77	28.39	27.45	27.98	38.67	28.35	27.38
Adj-R^2	0.0590	0.0809	0.0585	0.0595	0.0591	0.0807	0.0584	0.0594
Sobel 检验	2.256** ($P=0.024$)				1.758* ($P=0.079$)			

4.3.2　经营风险的传导路径研究

公司盈利水平波动程度反映出公司面临的经营风险，借鉴相关学者的做法（Acharya et al.，2011；王竹泉等，2017），利用公司盈利的波动程度度量经营风险 $\text{Risk}_{i,t}$，具体计算方程如下：

$$\text{Risk}_{i,t} = \sqrt{\frac{1}{\tau-1}\sum_{t=1}^{\tau}\left(\frac{\text{EBIT}_{i,t}}{\text{Asset}_{i,t-1}} - \frac{1}{\tau}\sum_{t=1}^{\tau}\frac{\text{EBIT}_{i,t}}{\text{Asset}_{i,t-1}}\right)^2} \Bigg| \tau = 4 \tag{13}$$

其中，EBIT 为公司第 t 年的息税折旧摊销前利润，Asset 为公司第 $t-1$ 年的总资产，利用前四年（$t-4$ 年至 $t-1$ 年）的息税折旧摊销前利润率滚动取值标准差的累积分布概率，构建经营风险指标 $\text{Risk}_{i,t}$。

基于以上分析，本文通过构建下述模型（14）至（17）来验证经营风险的中介效应，控制变量与上文一致：

$$\begin{aligned}\text{NCSKEW}_{i,t+1}(\text{DUVOL}_{i,t+1}) = &\beta_0 + \beta_1\text{ManaTone}_{i,t} + \beta_2\text{ManaTone}_{i,t}^2 \\ &+ \gamma\text{ControlVariables}_{i,t} + \sum\text{Year} + \sum\text{Ind} + \varepsilon_1\end{aligned} \tag{14}$$

$$\begin{aligned}\text{Risk}_{i,t+1} = &\theta_0 + \theta_1\text{ManaTone}_{i,t} + \theta_2\text{ManaTone}_{i,t}^2 + \mu\text{ControlVariables}_{i,t} \\ &+ \sum\text{Year} + \sum\text{Ind} + \varepsilon_2\end{aligned} \tag{15}$$

$$\begin{aligned}\text{NCSKEW}_{i,t+1}(\text{DUVOL}_{i,t+1}) = &\lambda_0 + \lambda_1\text{Risk}_{i,t+1} + \nu\text{ControlVariables}_{i,t} + \sum\text{Year} \\ &+ \sum\text{Ind} + \varepsilon_3\end{aligned} \tag{16}$$

$$\begin{aligned}\text{NCSKEW}_{i,t+1}(\text{DUVOL}_{i,t+1}) = &\rho_0 + \rho_1\text{ManaTone}_{i,t} + \rho_2\text{ManaTone}_{i,t}^2 + \rho_3\text{Risk}_{i,t+1} \\ &+ \eta\text{ControlVariables}_{i,t} + \sum\text{Year} + \sum\text{Ind} + \varepsilon_4\end{aligned} \tag{17}$$

表 5 中第（1）至（4）列表示 NCSKEW 股价崩盘风险指标的经营风险中介效应回归结果，第（5）至（8）列则为 DUVOL 股价崩盘风险指标。由第（2）、（6）列可知，$ManaTone_t^2$ 在 5% 的水平上显著为正，说明管理层语调与上市公司经营风险之间存在着显著的 U 形关系，即较高和较低的管理层语调使公司面临较大的经营风险，适中的管理层语调则使公司经营风险较小。列（3）、列（7）显示 $Risk_{t+1}$ 显著为正，表明公司经营风险与股价崩盘风险正相关。第（4）、（8）列将管理层语调及其平方项和经营风险同时加入回归方程，上述关系依旧成立。进一步 Sobel 检验 Z 统计量为 3.16 和 2.904，同时在 1% 水平上显著支持中介效应的存在。实证结果表明，还有另一种重要的传导机制：管理层语调—经营风险—股价崩盘风险，即管理层语调通过 U 形关系影响经营风险，进而提高股价崩盘风险。

表 5　　　　　　　　　　　　　经营风险的中介效应检验结果

变量	(1)	(2)	(3)	(4)	(5)	(6)	(7)	(8)
	$NCSKEW_{t+1}$	$Risk_{t+1}$	$NCSKEW_{t+1}$	$NCSKEW_{t+1}$	$DUVOL_{t+1}$	$Risk_{t+1}$	$DUVOL_{t+1}$	$DUVOL_{t+1}$
$ManaTone_t$	−0.5980***	−0.4347***		−0.5794***	−0.3407**	−0.4345***		−0.3277**
	(0.2177)	(0.0869)		(0.2179)	(0.1478)	(0.0869)		(0.1479)
$ManaTone_t^2$	0.7803***	0.2075**		0.7715***	0.4690***	0.2083**		0.4629***
	(0.2606)	(0.1052)		(0.2605)	(0.1763)	(0.1052)		(0.1762)
$Risk_{t+1}$			0.0416**	0.0427**			0.0284*	0.0300**
			(0.0211)	(0.0213)			(0.0147)	(0.0149)
Controls	控制	控制	控制	控制	控制	控制	控制	控制
Constant	−0.2552	0.2559***	−0.3915**	−0.2661	0.0124	0.2546***	−0.0685	0.0048
	(0.1750)	(0.0755)	(0.1688)	(0.1750)	(0.1233)	(0.0756)	(0.1190)	(0.1232)
年度/行业	控制	控制	控制	控制	控制	控制	控制	控制
N	12298	12298	12298	12298	12298	12298	12298	12298
F	19.37	30.89	19.79	18.98	19.34	30.93	19.72	18.98
Adj-R^2	0.0569	0.0765	0.0566	0.0572	0.0567	0.0764	0.0564	0.0569
Sobel 检验	3.16*** ($P=0.002$)				2.904*** ($P=0.004$)			

5. 稳健性检验

5.1 考虑行业因素调整的管理层语调

鉴于管理层在年报 MD&A 中语调受到不同公司所在行业因素的影响，采用经行业中位数调整后的管理层语调 Adj_ManaTone 替换原有的 ManaTone，并且将调整后 Adj_ManaTone 求平方得到二次项

Adj_ManaTone^2 替换原有的 ManaTone^2 指标，以此来剔除行业效应。结果如表 6 所示，重新估计得到的结论与前文一致。

表6　　　　　　　　　　　　　经行业调整的管理层语调的回归结果

变量	（1）	（2）	（3）	（4）
	NCSKEW$_{t+1}$	DUVOL$_{t+1}$	NCSKEW$_{t+1}$	DUVOL$_{t+1}$
Adj_ManaTone$_t$	−0.1910***	−0.1160**	−0.2866***	−0.1678***
	（0.0680）	（0.0474）	（0.0901）	（0.0605）
Adj_ManaTone$_t^2$	0.1204***	0.0790***	0.1766***	0.1144***
	（0.0338）	（0.0236）	（0.0456）	（0.0306）
EU$_t$			−0.0179	−0.0074
			（0.0162）	（0.0105）
EU$_t$×Adj_ManaTone$_t$			0.0669**	0.0467**
			（0.0334）	（0.0215）
EU$_t$×Adj_ManaTone$_t^2$			−0.0453**	−0.0359***
			（0.0197）	（0.0129）
Controls	控制	控制	控制	控制
Constant	−0.0764	0.1480	−0.1950	0.0479
	（0.1497）	（0.1068）	（0.1677）	（0.1184）
年度/行业	控制	控制	控制	控制
N	16846	16846	13227	13227
F	26.49	27.22	19.00	18.94
Adj-R^2	0.0588	0.0589	0.0567	0.0555
Utest 检验	U 形（$P=0.0041$）	U 形（$P=0.0121$）	U 形（$P=0.0013$）	U 形（$P=0.0053$）

5.2　改变股价崩盘风险的计算方法

借鉴罗进辉和杜兴强（2014）的研究，构建股价崩盘风险扩展指数。在考虑市场因素的基础上进一步考虑行业因素干扰的影响，将回归估计模型（1）修改为模型（18）：

$$r_{i,t} = \alpha_i + \beta_1 r_{M,t-1} + \beta_2 r_{I,t-1} + \beta_3 r_{M,t} + \beta_4 r_{I,t} + \beta_5 r_{M,t+1} + \beta_6 r_{I,t+1} + \varepsilon_{i,t} \tag{18}$$

其中 $r_{I,t}$ 为公司年报披露日后第 t 周的行业周流通市值加权平均收益率。其他定义和步骤与原度量方法相同，从而计算出股价崩盘风险扩展指标 NCSKEWK 和 DUVOLK，代入原回归重新估计。研究结论与前文无实质性差异。

表 7 改变股价崩盘风险计算方法的回归结果

变 量	（1）NCSKEWK$_{t+1}$	（2）DUVOLK$_{t+1}$	（3）NCSKEWK$_{t+1}$	（4）DUVOLK$_{t+1}$
ManaTone$_t$	−0.5995 ***	−0.2389	−0.8778 ***	−0.3740 **
	（0.2257）	（0.1470）	（0.2860）	（0.1828）
ManaTone$_t^2$	0.7531 ***	0.3315 *	1.1843 ***	0.5536 ***
	（0.2614）	（0.1709）	（0.3353）	（0.2142）
EU$_t$			−0.0227	−0.0076
			（0.0206）	（0.0128）
EU$_t$×ManaTone$_t$			0.2111 **	0.0960 *
			（0.0937）	（0.0572）
EU$_t$×ManaTone$_t^2$			−0.3387 ***	−0.1634 **
			（0.1261）	（0.0778）
Controls	控制	控制	控制	控制
Constant	−0.0952	−0.0703	−0.1356	−0.0873
	（0.1665）	（0.1090）	（0.1867）	（0.1225）
年度/行业	控制	控制	控制	控制
N	16823	16823	13221	13221
F	24.66	23.98	19.08	18.74
Adj-R^2	0.0542	0.0530	0.0561	0.0559
Utest 检验	U 形（$P=0.0049$）	U 形（$P=0.0617$）	U 形（$P=0.0017$）	U 形（$P=0.0287$）

5.3 考虑采用股价崩盘哑变量

借鉴相关研究（Hutton et al.，2009），采用股价崩盘哑变量 CRASH 来替换 NCSKEW 和 DUVOL 指标。股价崩盘哑变量 CRASH 相较于 NCSKEW 和 DUVOL 指标可以更为直观地反映股价崩盘。在上述模型（1）公司特定收益率 $W_{i,t}$ 的基础上，使用以下公式（19）判断是否存在股价崩盘。

$$W_{i,t} \leqslant \text{Average}(W_{i,t}) - 3.09\sigma_{i,t} \qquad (19)$$

其中，Average($W_{i,t}$) 代表第 i 家公司股票在年报披露后 365 天内特定周收益率均值，$\sigma_{i,t}$ 为第 i 家公司股票在年报披露后 365 天内特定周收益率的标准差，3.09 个标准差对应标准正态分布下 0.1% 的概率区间。如果在年度报告披露后的一年时间里第 i 家公司股票的周特定收益率 $W_{i,t}$ 至少有一次满足上式的条件，那么意味着该公司股票发生了股价崩盘事件，CRASH$_{i,t}$ 取值 1，否则取值 0。如表 8 所示，将股价崩盘哑变量 CRASH 替换原有的股价崩盘风险指标代入原回归模型，研究结论与前文一致。

表8 采用股价崩盘风险哑变量的回归结果

变量	（1）	（4）
	CRASH$_{t+1}$	CRASH$_{t+1}$
ManaTone$_t$	−0.2513**	−0.3160**
	（0.1278）	（0.1549）
ManaTone$_t^2$	0.3106**	0.4076**
	（0.1506）	（0.1887）
EU$_t$		−0.0079
		（0.0097）
EU$_t$×ManaTone$_t$		0.0932*
		（0.0493）
EU$_t$×ManaTone$_t^2$		−0.1457**
		（0.0732）
Controls	控制	控制
Constant	0.5472***	0.4776***
	（0.0995）	（0.1095）
年度/行业	控制	控制
N	16846	13227
F	12.20	8.755
Adj-R^2	0.0225	0.0224
Utest 检验	U 形（$P=0.0269$）	U 形（$P=0.0234$）

5.4 进一步控制个体效应

在前文基准回归模型中控制了行业和年度效应，缓解行业层面不可测因素和随时间变化且不随个体变化的遗漏变量等造成的内生性问题，为进一步克服随个体变化且不随时间变化的公司个体的不可测特征因素的遗漏变量问题，我们加入了公司个体效应的控制。公司所在行业是有可能随着时间的推移发生改变的，因此同时控制行业效应和个体效应并不冲突。进一步控制个体效应的结果如表9所示，实证结果与前文无实质性差异。

表9 进一步控制个体效应的回归结果

变量	（1）	（2）	（3）	（4）
	NCSKEW$_{t+1}$	DUVOL$_{t+1}$	NCSKEW$_{t+1}$	DUVOL$_{t+1}$
ManaTone$_t$	−0.8091***	−0.4426***	−1.3102***	−0.8123***
	（0.2338）	（0.1629）	（0.3305）	（0.2316）

续表

变量	（1）NCSKEW$_{t+1}$	（2）DUVOL$_{t+1}$	（3）NCSKEW$_{t+1}$	（4）DUVOL$_{t+1}$
ManaTone$_t^2$	1.0094 ***	0.5783 ***	1.7671 ***	1.1444 ***
	（0.2710）	（0.1892）	（0.3956）	（0.2755）
EU$_t$			−0.0205	−0.0133
			（0.0261）	（0.0184）
EU$_t$×ManaTone$_t$			0.2412 *	0.2063 **
			（0.1390）	（0.0974）
EU$_t$×ManaTone$_t^2$			−0.3998 **	−0.3521 ***
			（0.1818）	（0.1272）
Controls	控制	控制	控制	控制
Constant	−0.8137 **	−0.2826	−0.9198 *	−0.3917
	（0.3963）	（0.2795）	（0.4752）	（0.3310）
年度/行业/个体	控制	控制	控制	控制
N	16587	16587	13118	13118
F	30.32	32.84	23.26	25.71
Adj-R^2	0.112	0.106	0.115	0.111
Utest 检验	U 形（P=0.0004）	U 形（P=0.0045）	U 形（P=0.0001）	U 形（P=0.0005）

5.5　双向聚类调整标准误

考虑自相关和异方差问题对多元统计回归结论推断的影响，利用 Petersen（2009）提出的在个体和时间上进行双重聚类调整标准误的方法进行稳健性检验。表 10 显示了双向聚类调整标准误的回归结果，该结果支持前文结论。

表 10　　双向聚类调整标准误的回归结果

变量	（1）NCSKEW$_{t+1}$	（2）DUVOL$_{t+1}$	（3）NCSKEW$_{t+1}$	（4）DUVOL$_{t+1}$
ManaTone$_t$	−0.632 **	−0.393 ***	−0.885 ***	−0.527 ***
	（0.260）	（0.088）	（0.324）	（0.114）
ManaTone$_t^2$	0.867 **	0.571 ***	1.223 ***	0.788 ***
	（0.337）	（0.120）	（0.428）	（0.145）

续表

变量	（1）	（2）	（3）	（4）
	NCSKEW$_{t+1}$	DUVOL$_{t+1}$	NCSKEW$_{t+1}$	DUVOL$^-_{t+1}$
EU$_t$			−0.020	−0.011
			（0.019）	（0.016）
EU$_t$×ManaTone$_t$			0.195*	0.148
			（0.115）	（0.099）
EU$_t$×ManaTone$_t^2$			−0.301*	−0.248*
			（0.170）	（0.139）
Controls	控制	控制	控制	控制
Constant	−0.038	0.172	−0.155	0.071
	（0.586）	（0.468）	（0.657）	（0.503）
年度/行业	控制	控制	控制	控制
N	16846	16846	13227	13227
F	26.51	27.24	19.00	18.94
R^2	0.0611	0.0611	0.0597	0.0585
Utest 检验	U 形（$P=0.0088$）	U 形（$P=0.0000$）	U 形（$P=0.0037$）	U 形（$P=0.0000$）

注：***、**、*分别表示在 1%、5%、10%水平上显著，系数下方括号内为双向聚类调整标准误。

5.6　替换环境不确定性调节变量

鉴于公司层面计算环境不确性受到公司个体特征的影响，借鉴董静等（2017）的做法，考虑采用公司所处行业销售收入的波动程度衡量公司面临的环境不确定性。将前文回归方程（5）的被解释变量替换为行业的销售收入，利用方程的自变量回归系数的标准误除以行业 5 年期间销售收入的平均值计算得到新的环境不确定性指标（EU1）。重新回归结果如表 11 所示，研究结论未发生变化。

表 11　　　　　　　　　　　　　　　　　替换调节变量的回归结果

变量	（1）	（2）
	NCSKEW$_{t+1}$	DUVOL$_{t+1}$
ManaTone$_t$	−0.8844***	−0.5307***
	（0.2610）	（0.1760）
ManaTone$_t^2$	1.1781***	0.7521***
	（0.3119）	（0.2116）

续表

变量	（1） NCSKEW$_{t+1}$	（2） DUVOL$_{t+1}$
EU1$_t$	−0.5786	−0.3630
	（0.4604）	（0.3055）
EU1$_t$×ManaTone$_t$	4.0672*	3.0385*
	（2.3310）	（1.5719）
EU1$_t$×ManaTone$_t^2$	−5.6683*	−4.5685**
	（3.1382）	（2.1609）
Controls	控制	控制
Constant	−0.1419	0.0827
	（0.1721）	（0.1212）
年度/行业	控制	控制
N	16846	16846
F	18.93	18.77
Adj-R^2	0.0566	0.0552
Utest 检验	U 形（$P=0.0005$）	U 形（$P=0.0021$）

6. 进一步分析

6.1 管理层语调是公司战略驱动下向外界释放的乐观信号吗？

厘清年报中管理层讨论与分析内容所反映的管理层语调是否真如前文所述，是配合诸如企业并购重组、股票增发或稳健经营等公司战略驱动下的向外释放的管理层积极信号，亟待进一步的实证研究。公司制定和奉行战略的不同，其经营风格和管理层决策迥异。在纷繁复杂且竞争激烈的市场环境中，企业凭借其独有的资源配置和维持其竞争优势的智力资本，制定具有企业独有特色的经营战略，形成不同企业之间的战略差异。崇尚进攻型战略的企业管理层是否倾向于利用年报管理层讨论与分析内容向外界过多释放管理层积极经营企业和企业未来发展态势良好的乐观信号？奉行防御型战略的企业是否并不依赖该种"廉价交谈"式的语调操纵，抑或具有强烈的防御性动机而呈现较低的管理层语调？也就是说，公司战略差异是否与管理层语调存在关联，目前尚未有研究对此予以探讨。基于"战略动机"的管理层语调更可能加剧公司信息不对称和推高经营风险，管理层语调是否受到公司战略影响？为了探究公司战略与管理层语调的关系，我们设计了以下回归模型（20）：

$$\mathrm{ManaTone}_{i,t} = \beta_0 + \beta_1\mathrm{Strategy}_{i,t} + \beta_2\mathrm{Size}_{i,t} + \beta_3\mathrm{MB}_{i,t} + \beta_4\mathrm{Lev}_{i,t}$$
$$+ \beta_5\mathrm{ROE}_{i,t} + \beta_6\mathrm{Cr}_{i,t} + \beta_7\mathrm{Power}_{i,t} + \beta_8\mathrm{Indenp}_{i,t} \qquad (20)$$
$$+ \beta_9\mathrm{Lnboard}_{i,t} + \beta_{10}\mathrm{Salary}_{i,t} + \sum\mathrm{Year} + \sum\mathrm{Ind} + \varepsilon$$

式中，$\mathrm{Strategy}_t$表示公司战略激进度，具体计算借鉴 Bentley 等(2013)、王百强等(2018)的做法，基于公司 6 个维度的分指标构建：研发支出对企业销售收入的占比、企业员工人数与销售收入的比值、企业销售收入增长率、销售费用和管理费用占销售收入的比重、固定资产占总资产的比重、员工人数波动性，取值范围为 0~24，取值越大说明公司战略越激进，取值越小代表公司战略越保守。进一步控制了其他控制变量：公司规模(Size)、市值账面比(MB)、财务杠杆(Lev)、盈利能力(ROE)、股权集中度(Cr)、管理层权力(Power)、独立董事比例(Indenp)、董事会规模(Lnboard)以及年度虚拟变量(Year)和行业虚拟变量(Ind)。表 12 显示上述模型逐步放入解释变量、年度和行业虚拟变量、控制变量的回归结果，列(1)至(3)中 $\mathrm{Strategy}_t$都在 1%的水平上显著为正，说明公司战略越激进，管理层语调越高；公司战略越保守，管理层语调越低，因此较高和较低的管理层语调分别是战略较为激进和战略较为保守的产物，显示出更多的战略动机，带有强烈的刻意误导的意图。显然，管理层利用文本信息向外释放的语调(乐观信号)很大一部分是公司战略驱动的后果。

表 12　　　　　　　　　　　　公司战略激进度与管理层语调的回归结果

变量	(1)	(2)	(3)
	$\mathrm{ManaTone}_t$	$\mathrm{ManaTone}_t$	$\mathrm{ManaTone}_t$
$\mathrm{Strategy}_t$	0.0060***	0.0064***	0.0050***
	(0.0003)	(0.0003)	(0.0003)
Controls	未控制	未控制	控制
Constant	0.3529***	0.4108***	0.0198
	(0.0036)	(0.0107)	(0.0330)
年度/行业	未控制	控制	控制
N	11796	11796	11796
F	461.72	81.09	107.30
Adj-R^2	0.036	0.167	0.249

6.2　管理层语调是如实反映还是刻意误导？

年报文本信息所体现的管理层语调是对企业未来业绩的有效预测还是对市场参与者的刻意误导？抑或兼而有之？一方面，管理层出于战略目的利用年报信息披露语调的酌情权和自由裁量权进行语言文字的渲染与操纵，迎合投资者"听话听音"的偏好(林煜恩等，2020)，营造企业虚假繁荣的氛围，粉饰经营业绩，试图赢得公众和投资者的良好印象，抑或削减乐观语调的披露以避免引起投资者过度关注，这种低成本形式下的"廉价交谈"暴露了管理层的自利性动机，刻意误导投资者的判断，增加市场"噪音"，可能引致潜在的声誉成本和诉讼成本，加剧股价崩盘；另一方面，从信号传递理论出发，管理层利用文本信息语调公允地向外界传递真实的运营状况和准确预测未来业绩的增量信息，有效的信息传递缓解了公司内外部信息不对称的状况，降低了股价崩盘的可能性。前文的研究发现，适宜的管理层语调能有效平抑股价崩盘风险，说明其真实成分较高，过高或者过低的语调都提高了股价崩盘风险，说明其真实成分较低，存在故意误导的嫌疑。也就是说管理层语调既有如实反映未来业绩的成分（沟通动机），也有刻意误导的可能（战略动机）。为了进一步将管理层语调的如实反映与刻意误导成分区分开来，参考王华杰和王克敏（2018）的研究，构造如下模型（21）和（22），并利用其残差项的绝对值衡量异常管理层语调（$ABManaTone_i$ 和 $ABFManaTone_t$）：

$$ManaTone_{i,t} = \lambda_0 + \lambda_1 ROA_{i,t} + \lambda_2 RET_{i,t} + \lambda_3 Size_{i,t} + \lambda_4 BM_{i,t} + \lambda_5 STDMRET_{i,t}$$
$$+ \lambda_6 STDROA_{i,t} + \lambda_7 LnAge_{i,t} + \lambda_8 Loss_{i,t} + \lambda_9 DROA_{i,t} + \varepsilon \quad (21)$$

$$ManaTone_{i,t} = \lambda_0 + \lambda_1 ROA_{i,t} + \lambda_2 RET_{i,t} + \lambda_3 Size_{i,t} + \lambda_4 BM_{i,t} + \lambda_5 STDMRET_{i,t}$$
$$+ \lambda_6 STDROA_{i,t} + \lambda_7 LnAge_{i,t} + \lambda_8 Loss_{i,t} + \lambda_9 DROA_{i,t} + \lambda_{10} FROA_{i,t} + \varepsilon \quad (22)$$

式中，被解释变量为管理层语调 ManaTone，自变量包括：企业业绩（ROA）、12 个月持有到期收益率（RET）、企业总资产的自然对数（Size）、账面市值比（BM）、股票月收益率标准差（STDMRET）、过往五年业绩标准差（STDROA）、上市年龄（LnAge）、是否亏损（Loss）、当期业绩增长率（DROA，t 期净利润减去 $t-1$ 期净利润，再除以 $t-1$ 期净利润）、下期业绩占比（FROA，$t+1$ 期净利润与 t 期总资产的比值）。具体的估计结果如表 13 所示，企业业绩 ROA、下期业绩占比 FROA 都在 1% 的水平上与管理层语调显著正相关，这表明管理层语调一定程度上如实反映了当前的业绩表现，也对未来业绩有一定的解释能力，因此能提供预测未来业绩的增量信息，与谢德仁和林乐（2015）的结论一致。

表 13　　　　　　　　　　　异常管理层语调估计模型

变量	（1）	（2）
	$ManaTone_t$	$ManaTone_t$
ROA_t	0.3922***	0.3083***
	（0.0304）	（0.0296）
$FROA_t$		0.1192***
		（0.0141）
Controls	控制	控制
Constant	0.2957***	0.2981***
	（0.0304）	（0.0304）
N	16839	16839
F	292.38	274.55
Adj-R^2	0.159	0.162

将模型(21)和(22)得到的异常管理层语调(ABManaTone$_t$和ABFManaTone$_t$)两个指标替换管理层语调，仅将一次项放入基准回归模型(6)，估计结果如表14所示。不论NCSKEW$_{t+1}$还是DUVOL$_{t+1}$衡量的股价崩盘风险指标，异常管理层语调(ABManaTone$_t$和ABFManaTone$_t$)都与其显著正相关，这意味着，管理层基于战略动机催生具有"刻意误导"成分的异常语调，这种异常语调推高了股价崩盘风险。

表14　　　　　　　　　　　　　异常管理层语调与股价崩盘风险

变量	(1)	(2)	(3)	(4)
	NCSKEW$_{t+1}$	DUVOL$_{t+1}$	NCSKEW$_{t+1}$	DUVOL$_{t+1}$
ABManaTone$_t$	0. 1394**	0. 0952*		
	(0. 0708)	(0. 0494)		
ABFManaTone$_t$			0. 1411**	0. 0937*
			(0. 0710)	(0. 0496)
Controls	控制	控制	控制	控制
Constant	−0. 1807	0. 0799	−0. 1805	0. 0802
	(0. 1464)	(0. 1043)	(0. 1464)	(0. 1043)
年度/行业	控制	控制	控制	控制
N	16839	16839	16839	16839
F	26. 78	27. 44	26. 78	27. 43
Adj-R^2	0. 0582	0. 0581	0. 0582	0. 0581

7. 结论与启示

本文以沪深A股上市公司年报"管理层讨论与分析(MD&A)"章节积极词汇数量与消极词汇数量度量管理层语调，同时计算年报披露时间点后365天内股价崩盘风险，实证考察管理层语调与股价崩盘风险的非线性关系。研究发现：管理层语调与股价崩盘风险存在着显著的U形关系，环境不确定性减弱了两者的关系。经作用机制检验发现，管理层语调通过信息不对称和经营风险两个渠道影响股价崩盘风险。在一定程度上，管理层语调是公司战略驱动下向外界释放的乐观信号。管理层语调既有公司经营业绩如实反映的部分，也有刻意误导的成分，且刻意误导的成分越高，股价崩盘风险越大。

多维度的研究结论为规范上市公司年报文本信息披露和维护资本市场平稳有序发展提供了有益的启示：

首先，监管机构应结合中国特定的文化语境考虑如何有效构建上市公司年度报告文本信息披露质量评价体系，强化文本信息披露的监管，监测和抑制管理层基于特定意图进行文本信息操纵的行为，回归信息披露是公司内部与外部投资者的沟通桥梁而非误导工具的初衷，推进资本市场信息效率的提高。

其次，有效完善内部控制体系，保证公司内部与投资者利益协同，避免过于激进等错误的战略决策，抑制管理层隐匿负面信息的动机。在不确定的环境中，公司应支持管理层进行有效的风险管控尤其是注重对外界真实信息的传达，化解风险以避免陷入经营困境。

最后，通过对投资者宣传培训提高投资者文本信息的解读能力，鼓励投资者进行管理层行为动机与公司战略层面的数字和文本信息的多维度搜集，不能简单依据年报文本信息"听话听音"，有效识别管理层释放乐观信号中刻意误导的成分，加速负面信息融入股价，降低股价崩盘效应，维护证券市场秩序，推进资本市场深化改革发展。

◎ **参考文献**

[1] 董静，汪江平，翟海燕，等. 服务还是监控：风险投资机构对创业企业的管理——行业专长与不确定性的视角[J]. 管理世界，2017(6).

[2] 李小荣，刘行. CEO vs CFO：性别与股价崩盘风险[J]. 世界经济，2012，35(12).

[3] 林乐，谢德仁. 分析师荐股更新利用管理层语调吗？——基于业绩说明会的文本分析[J]. 管理世界，2017(11).

[4] 林亚清，赵曙明. 构建高层管理团队社会网络的人力资源实践、战略柔性与企业绩效——环境不确定性的调节作用[J]. 南开管理评论，2013，16(2).

[5] 林煜恩，李欣哲，卢扬，等. 管理层语调的信号和迎合：基于中国上市企业创新的研究[J]. 管理科学，2020，33(4).

[6] 罗进辉，杜兴强. 媒体报道、制度环境与股价崩盘风险[J]. 会计研究，2014(9).

[7] 孟庆斌，杨俊华，鲁冰. 管理层讨论与分析披露的信息含量与股价崩盘风险——基于文本向量化方法的研究[J]. 中国工业经济，2017(12).

[8] 潘越，戴亦一，林超群. 信息不透明、分析师关注与个股暴跌风险[J]. 金融研究，2011(9).

[9] 申慧慧，于鹏，吴联生. 国有股权、环境不确定性与投资效率[J]. 经济研究，2012(7).

[10] 申慧慧. 环境不确定性对盈余管理的影响[J]. 审计研究，2010(1).

[11] 汪丽，茅宁，龙静. 管理者决策偏好、环境不确定性与创新强度——基于中国企业的实证研究[J]. 科学学研究，2012，30(7).

[12] 王百强，侯粲然，孙健. 公司战略对公司经营绩效的影响研究[J]. 中国软科学，2018(1).

[13] 王华杰，王克敏. 应计操纵与年报文本信息语气操纵研究[J]. 会计研究，2018(4).

[14] 王化成，曹丰，叶康涛. 监督还是掏空：大股东持股比例与股价崩盘风险[J]. 管理世界，2015(2).

[15] 王亚平，刘慧龙，吴联生. 信息透明度、机构投资者与股价同步性[J]. 金融研究，2009(12).

[16] 王竹泉，王贞洁，李静. 经营风险与营运资金融资决策[J]. 会计研究，2017(5).

[17] 谢德仁，林乐. 管理层语调能预示公司未来业绩吗？——基于我国上市公司年度业绩说明会的文本分析[J]. 会计研究，2015(2).

[18] 许年行，江轩宇，伊志宏，徐信忠. 分析师利益冲突、乐观偏差与股价崩盘风险[J]. 经济研究，2012，47(7).

[19] 许年行，于上尧，伊志宏. 机构投资者羊群行为与股价崩盘风险[J]. 管理世界，2013(7).

[20] 杨七中，章贵桥，马蓓丽. 管理层语意与未来股价崩盘风险——基于投资者情绪的中介效应分析[J]. 中南财经政法大学学报，2020(1).

[21] 叶康涛，曹丰，王化成. 内部控制信息披露能够降低股价崩盘风险吗？[J]. 金融研究，2015(2).

[22] 曾爱民，林雯，魏志华，等. CEO 过度自信、权力配置与股价崩盘风险[J]. 经济理论与经济管理，2017(8).

[23] 曾庆生，周波，张程，等. 年报语调与内部人交易："表里如一"还是"口是心非"？[J]. 管理世界，2018，34(9).

[24] 张程，曾庆生，梁思源. 市场能够甄别管理层的"靖言庸违"吗？——来自年报语调与内部人交易的经验证据[J]. 财经研究，2021，47(4).

[25] 周波，张程，曾庆生. 年报语调与股价崩盘风险——来自中国 A 股上市公司的经验证据[J]. 会计研究，2019(11).

[26] Acharya, V. V., Amihud, Y., Litov, L. P. Creditor rights and corporate risk-taking[J]. Journal of Financial Economics, 2011, 102(1).

[27] An, H., Zhang, T. Stock price synchronicity, crash risk, and institutional investors[J]. Journal of Corporate Finance, 2013, 21(1).

[28] Andreou, P. C., Christodoulos, L., Petrou, A. P. CEO age and stock price crash risk[J]. Review of Finance, 2016(3).

[29] Bentley, K. A., Omer, T. C., Sharp, N. Y. Business strategy, financial reporting irregularities, and audit effort[J]. Contemporary Accounting Research, 2013, 30(2).

[30] Bleck, A., Liu, X. Market transparency and the accounting regime[J]. Journal of Accounting Research, 2007, 45(2).

[31] Carpenter, M. A., Fredrickson, J. W. Top management teams, global strategic posture, and the moderating role of uncertainty[J]. Academy of Management Journal, 2001, 44(3).

[32] Drago, W. A. Predicting organizational objectives: Role of stakeholder influence and uncertainty of environmental sectors[J]. Management Research News, 1998, 21(9).

[33] Ghosh, D., Olsen, L. Environmental uncertainty and managers' use of discretionary accruals[J]. Accounting Organizations and Society, 2009(2).

[34] Henry, E., Leone, A. J. Measuring qualitative information in capital markets research: Comparison of alternative methodologies to measure disclosure tone[J]. The Accounting Review, 2015, 91(2).

[35] Huang, X., Teoh, S. H., Zhang, Y. L. Tone management[J]. The Accounting Review, 2014, 89

（3）.

[36] Hutton, A. P., Marcus, A. J., Hassan, T. Opaque financial reports, r^2, and crash risk [J]. Journal of Financial Economics, 2009, 94 (1).

[37] Jian, Z. Q., Wang, C., Chen, J. H. Strategic orientation, dynamic capability and technological innovation: Moderating role of environmental uncertainty [J]. R&D Management, 2015 (4).

[38] Jin, L., Myers, S. C. R^2 around the world: New theory and new tests [J]. Journal of Financial Economics, 2006, 79 (2).

[39] Kim, J. B., Li, Y., Zhang, L. Corporate tax avoidance and stock price crash risk: Firm-level analysis [J]. Journal of Financial Economics, 2011, 100 (3).

[40] Kim, J. B., Wang, Z., Zhang, L. CEO overconfidence and stock price crash risk [J]. Contemporary Accounting Research, 2016, 33(4).

[41] Kothari, S. P., Shu, S., Wysocki, P. D. Do managers withhold bad news? [J]. Journal of Accounting Research, 2009, 47 (1).

[42] Li, F. Annual report readability, current earnings, and earnings persistence [J]. Journal of Accounting and economics, 2008, 45(2).

[43] Mayew, W. J., Sethuraman, M., Venkataehalam, M. MD&A disclosure and the firm's ability to continue as a going concern [J]. Accounting Review, 2015, 90(4).

[44] Mamun, M. A., Balachandran, B., Duong, H. N. Powerful CEOs and stock price crash risk [J]. Journal of Corporate Finance, 2020(62).

[45] Petersen, M. A. Estimating standard errors in finance panel data sets: Comparing approaches [J]. Review of Financial Studies, 2009, 22(1).

[46] Tailab, M. M., Burak, M. J. Examining the effect of linguistic style in an MD&A on stock market reaction [J]. International Journal of Business Communication, 2018(58).

[47] Tetlock, P. C., Saar-Tsechansky, M., Macskassy, S. More than words: Quantifying language to measure firms' fundamentals [J]. Journal of Finance, 2008, 63(3).

[48] Xu, N., Jiang, X., Chan, K. C., Yi, Z. Analyst coverage, optimism, and stock price crash risk: Evidence from China [J]. Pacific Basin Finance Journal, 2013(25).

Management Tone and Stock Price Crash Risk: Communication Motivation or Strategic Motivation?
—Evidence from MD&A Text Analysis

Wang Yanhui[1] Fu Chuanrui[2] Li Wanfu[3]

(1, 2 School of Economics and Management, Fuzhou University, Fuzhou, 350116;

3 School of Accounting, Nanjing University of Finance & Economics, Nanjing, 210023)

Abstract: This paper takes the A-share non-financial listed companies in China as a sample to explore the stock market crash effect of the annual report management discussion and analysis (MD&A) language style (management tone). This is the first empirical test to examine the non-linear relationship between the management tone and the stock price crash risk. The results show that there is a U-shaped relationship between the management tone and the stock price crash risk, that is, the appropriate management tone can effectively suppress the stock price crash risk. The optimism of too high or too low management tone increases the stock price crash risk, and the U-shaped relationship between them is more significant in a low uncertainty environment. The mechanism test found that the management tone affects the stock price crash risk through two transmission paths: information asymmetry and operational risk. Further analysis reveals that to some extent, the management tone is an optimistic signal that management releases to the outside world driven by corporate strategy. The management tone has both the true part of the company's operating performance and the deliberately misleading component. The higher the deliberately misleading component, the higher stock price crash risk. The inverted U-shaped relationship between the management tone and the cumulative excess return of stocks goes through a process of continuous strengthening, then weakening and disappearing. The results of the study provide useful enlightenment for improving the understanding of MD&A text information language style, improving corporate governance and deepening the reform of capital market.

Key words: Management tone; Stock price crash risk; Environmental uncertainty; Information asymmetry; Operational risk

专业主编：潘红波

珞珈管理评论
2022 年卷第 3 辑（总第 42 辑）

Luojia Management Review
No. 3, 2022（Sum. 42）

关系治理如何影响企业创新绩效？[*]
——基于模糊集定性比较分析

● 臧　维[1]　王馨怡[2]　徐　磊[3]

（1，2，3　北京工业大学经济与管理学院　北京　100124）

【摘　要】开放式创新环境下，企业往往被嵌入社会网络，如何通过关系治理实现最大化资源获取和利用进而提高创新绩效是目前亟待解决的问题。本研究以 97 家信息传输、软件和信息技术服务业企业为研究对象，应用模糊集定性比较分析（fsQCA）方法，基于社会网络视角，围绕企业与顾客、政府和投资者建立的外部关系治理和企业内部治理，从商业信用、专用性投资、政治关联、产权性质、股东变动及内部控制 6 个方面就关系治理如何影响企业创新绩效进行了实证研究。研究发现具有"多重并发因果"和"殊途同归"特征的 5 条高水平创新绩效路径和 6 条低水平创新绩效路径，为企业关系治理模式选择提供依据。

【关键词】关系治理　创新绩效　社会网络　模糊集定性比较分析

中图分类号：F273.1　　　　文献标识码：A

1. 引言

党的十九届六中全会强调"把创新摆在国家发展全局的核心位置，推动以科技创新为核心的全面创新"。这对企业提升创新绩效、实现科技进步提出了更为迫切的要求。随着互联网、物联网等技术发展，信息交流和资源共享突破了原有的物理约束，企业想要在关键核心技术上有所突破，社会网络资源不能忽视，与其他主体共同攻坚克难、协同创新成为重要创新模式（高良谋和马文甲，2014）。在现实中，企业往往被嵌入社会网络，网络中各主体关系错综复杂且相互影响，那么在顾客、政府和投资者关系中如何选择和治理？怎么通过内部治理实现资源利用？这些问题在企业创新

＊ 基金项目：北京市自然科学基金"新产品扩散过程中跨界者的角色与绩效研究：基于社会网络的视角"（项目批准号：9174026）。

通讯作者：徐磊，E-mail：xuleiresearch@163.com。

绩效提升过程中有待研究。

以 Williamson 为代表的交易成本经济学者认为治理能约束企业，减少机会主义行为。企业间治理分为契约治理和关系治理，主流研究认为共同使用两种机制能够弥补单独运用某一种治理机制存在的不足，可实现知识创造方面的相互补充，对抑制企业间机会主义有更好效果（迟铭等，2020；高孟立，2017）。实际上，相对于契约治理，关系治理更利于达到供应链知识协同，尤其在纵向竞合关系中，关系治理通常更为有效，既能有效刺激合同之外的活动积极性，又有利于关系绩效提升，是影响企业创新绩效的重要机制（王清晓，2016；彭珍珍等，2020）。因此，本文围绕顾客、政府、投资者和企业内部，研究关系治理对创新绩效的影响。

关系治理方式选择受到企业资产性质、自身和外部资源条件、行业竞争程度以及市场地位的影响（Hoetker & Mellewigt，2008；贾军和魏雅青，2019）。一方面，关系治理能增强主体间信任和互惠意愿，降低交易成本和信息搜索成本。另一方面，关系治理促进知识流动和资源共享，而异质性信息是企业研发人员工作开展和核心技术突破的基础。由此可见，关系治理使企业核心竞争力、渠道合法性、运营绩效及创新绩效都得到明显提升（Yang et al.，2013；冯华和李君翊，2019），然而达到一定程度时也表现出非线性逻辑（袁建国等，2015）。究其原因，顾客、政府和投资者是影响企业创新的重要外部主体，企业内部治理对资源利用效率也有一定影响。采取单一关系治理方式不能满足企业创新所需"异质性资源的组合"，多种方式协同效应的关系治理模式，是提升企业创新绩效的有效途径。

故本文基于社会网络视角，将顾客关系、政府关系、投资者关系治理和企业内部治理一同纳入研究范畴，深层次分析前因变量对创新绩效的混合效应和影响机制，关注影响企业创新绩效多个要素间协同作用，为企业通过关系治理来提高创新绩效提供依据和帮助。

2. 理论基础与模型建构

Mitchell（1969）认为社会网络是以企业为中心，与其行动相关者产生特别联系的集合。多数学者从网络结构视角研究，Burt（1992）提出结构洞理论并聚焦结构洞建立与数量开展研究。近几年，网络中心度、网络密度等社会网络特征对企业创新的影响也受到了关注（曹兴和李文，2017）。但从企业层面，强调企业主动选择主体、构建网络治理的研究还有所欠缺。企业创新是一个复杂过程，受到创新投入、政府补贴和外部融资等多种要素影响。关系治理能够加深社会网络主体间情感程度和互惠意愿，构建"传递信息的有效桥梁"，以此获得新奇和异质信息及资源（郭文钰等，2020）。但过度依赖社会网络会引发诸多风险，包括财务约束、技术锁定、资源冗余和机会主义行为（McFadyen & Cannella，2004），降低企业自主研发能力，忽略对新产品和市场探索。由此可见，企业如何选择关系治理主体和模式至关重要。

社会网络理论将影响企业创新绩效的利益相关者主体纳入同一分析框架，为探讨多重关系治理要素对创新绩效协同影响奠定理论基础。Anderson 等（1994）认为顾客、供应商和政府等机构是与企业资源交互重要主体。同样 Peng 和 Luo（2000）也提出社会网络关系包括与供应商、顾客及投资者等建立的商业关系以及政府关系。其中，通过顾客关系治理强化双方认同和信任，提高顾客参与企业创新活动意愿；通过政府关系治理可以获取政府补贴和政策信息，提高研发投资和创新意愿，有效保护创新产品产权（赵奇伟和李露琦，2020）；稳定的投资者关系能与企业共享财务信息，为创新提供丰厚资金支持（李心丹等，2007）。同时，企业是否能对社会网络资源进行有效转化和吸收与内部治理程度有关（王永健等，2016）。

综上所述，顾客、政府和投资者关系治理以及企业内部治理对企业创新绩效有重要影响，学者对于影响机制进行探讨并取得一定成果，然而现有文献多针对单一关系治理层面进行线性研究，未考虑多种关系治理协同效应，导致目前关系治理对创新绩效影响存在不一致性。同时，在研究中多采用问卷调查方式，利用量表进行描述，对关系治理度量存在较强主观性。

因此，本文以社会网络视角切入，通过定性比较分析法对顾客、政府和投资者关系治理及企业内部治理进行组态匹配。结合理论视角法、问题导向法和文献归纳法（张明和杜运周，2019）选择商业信用、专用性投资、政治关联、产权性质、股东变动及内部控制作为条件变量，对关系治理进行客观、准确的量化描述，构建研究模型（见图 1）。通过分析变量之间复杂交互影响和"殊途同归"多元路径，找寻达到高水平创新绩效关系治理模式，为企业通过关系治理构建协同治理、互惠互利的社会网络，提高创新绩效提供借鉴。

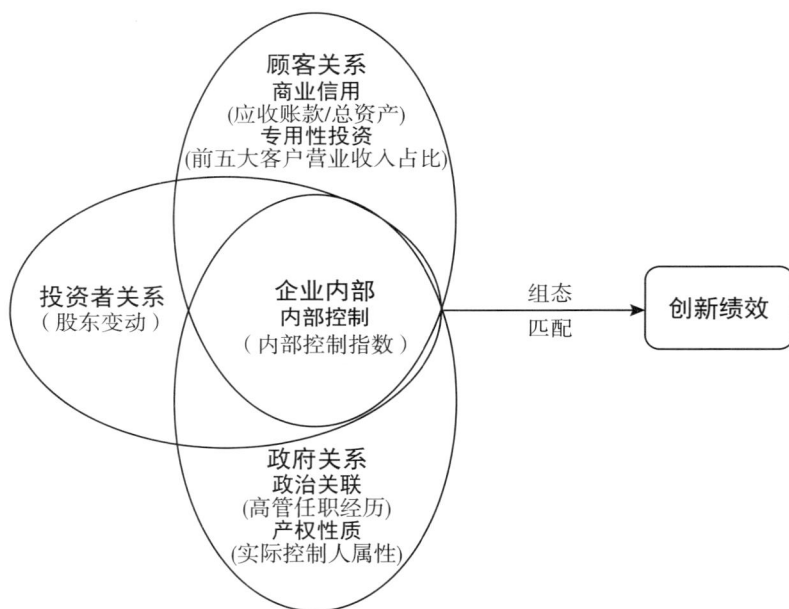

图 1　理论框架

2.1　顾客关系治理

本文参照贾军和魏雅青（2019）对于顾客关系治理的描述，从结构和过程两维度选取商业信用和专用性投资进行度量。顾客关系治理能够增强顾客购买意愿和满意度，提高企业收入；同时，使顾客更多地参与企业创新活动，提升创新绩效。

2.1.1　商业信用

提高商业信用能在企业与顾客之间建立更为紧密的感情、更强的互惠意愿和更大的关系强度。从替代性融资角度来看，当企业给予顾客较高商业信用时，能有效缓解顾客融资约束，扩大生产和提升技术，增加创新绩效及收入（Li et al., 2016），进而顾客在与企业的合作创新中能投入更多资源，提高创新绩效。

从交易动机来看，商业信用提高会使企业"应收账款"项目增加，支持创新活动的研发投入会因此减少，降低企业创新绩效。因此，通过商业信用方式对顾客关系进行治理对企业创新绩效影响存在不确定性，需要结合其他关系治理方式共同探究。

2.1.2　专用性投资

Williamson（1985）提出专用性投资是企业为了某一特定交易而投入的资产，可以分为物质专用性投资和知识专用性投资，能有效反映关系治理效果（于茂荐和孙元欣，2020）。专用性投资能增强企业与顾客双方信任，构建长期合作行为，在新产品创造活动中提高决策效率及新产品价值。同时，共享信息及资源以加深合作，提高企业创新绩效。

然而，专用性投资具有鲜明的"价值性、稀缺性、专用性"特征，如果企业与顾客终止资产投入的特定交易，这部分投资将被锁定并转化为企业沉没成本，为企业带来损失。因此，专用性投资对企业创新绩效也具有正向和负向影响（Chang & Qian, 2015），需要结合其他治理方式进行研究。

2.2　政府关系治理

企业和政府关系体现在两方面，一是高层管理者是否有政府任职经历或担任重要代表，二是基于所有权与政府产生的本质关联，因此对于政府关系治理当从以上两方面入手（Maung et al., 2016; Yao et al., 2018）。以往研究认为，政府关系治理与企业创新绩效存在着倒 U 形关系（Wu, 2011）。通常情况下，企业与政府间情感会向社会网络中其他主体传递正面信息，比如官员的题字、合影表示对于企业长期经营和盈利的肯定。

2.2.1　政治关联

政治关联是企业与政府之间形成的一种隐性关系。首先，政治关联能使企业融资活动进行得更加便利，从而加大创新投入。其次，企业可以利用政治关联获取独特、稀缺和有价值的关键性研发资源，通过整合后投入研发活动，提高创新绩效。

但政治关联也会为企业带来负向影响。首先，政治关联虽然能够提供高质量市场信息与政策信息，但企业也会因此受到干预，影响企业创新活动开展（杨战胜和俞峰，2014）。其次，对政府过于依赖会导致自主创新能力下降，降低企业创新成果产出。因此，企业在进行政治关联治理时，需要结合其他方式综合考虑。

2.2.2　产权性质

本文在研究中区分了国有企业与非国有企业。首先，政府掌握大部分创新资源，国有企业更容易获得研发费用拨付以及人才调配。其次，国有企业能享受税收优惠，以低于市场水平的利率获取银行贷款和其他财务资源，进而投入创新，提高创新绩效。最后，多数国有企业研发活动贴近政府的政策方向，创新产品更容易被接受并进入市场，但是创新范围也因此受到限制。

2.3　投资者关系治理

如何对投资者关系进行治理是衡量企业关键主体治理效果的重要维度，以此增强公司透明度、知名度和对投资者吸引力（Abousamak & Shahwan，2018；Mihail et al.，2021）。在投资者关系治理过程中，企业会披露企业信息并和投资者进行密切沟通，加深双方信任程度，以此加强投资者对企业了解和认同，提高投资者满意度和忠诚度，获得积极正面评价并提高声誉，实现创新绩效提升和价值最大化。相比个人投资者，机构投资者会通过长期投资干预企业选择，影响研发投入和创新绩效（张济建等，2017）。

2.4　内部治理

内部控制是重要的内部治理机制，是企业治理的基础（池国华等，2021；邓春梅等，2019）。本文选取内部控制衡量内部治理，内部控制包括流程控制、管理控制和合同控制等。首先，有效内控可以在企业给予顾客较高商业信用时确保准确、及时的现金回流（邓春梅等，2019）。其次，高水平内部控制能有效提升资金运转效率，缓解企业融资约束，加大研发投入。最后，有效内控能提高企业管理效率和资源利用率，对社会网络资源进行有效转化，弱化资源冗余对企业创新绩效所带来的负向影响。

3.　研究设计

3.1　研究方法选择

美国社会学家 Ragin 最早提出模糊集定性比较分析法（fsQCA），相比传统方法着重分析自变量对因变量的边际"净效应"，fsQCA 能更好地解释自变量相互依赖、相互影响的复杂因果关系。近些年来，fsQCA 进入了快速应用时代，被广泛应用在包括管理学研究的各个领域中，同时也适用于"中观层面""大样本"分析，在本研究中，以 97 家企业为研究案例，符合 fsQCA 对于样本的要求。

同时，从社会网络视角来看，企业不可避免会嵌入网络，和其他主体建立关联，社会网络中各主体相互依存，各种关系交互影响，采用 fsQCA 方法分析能在一定程度上缓解聚焦单一关系治理对创新绩效影响分析的片面性。本文数据处理过程中考虑（0，1）的二分隶属和更加精准的部分隶属，因此选择 fsQCA 这种兼具定量和定性属性的方法进行研究更为合理。

3.2 案例样本选择与数据来源

案例样本来自 1990 年至今在 A 股上市，且隶属于证监会 2012 年版行业分类中信息传输、软件和信息技术服务业企业，在剔除 ST 及变量数据缺失企业后选择 97 家典型企业进行研究，以 2018 年为研究期间。其中应收账款、总资产、股东变动情况等摘自国泰安数据库统计数据，企业专利数据由国家知识产权局官方检索平台逐一检索，政治关联、产权性质、专用性投资情况摘自年度财务报表，企业内部控制指数摘自"迪博·中国上市公司内部控制指数"数据库。97 家企业的案例数量基本上可以覆盖应有情况，企业具有相似行业背景，具有可比性；同时，企业拥有不同的外部社会网络关系，案例间具有差异，以此保证研究有效性。

在行业选择上，以信息传输、软件和信息技术服务业为样本。区别于传统企业以制造产品为中心且生产周期长的模式，信息传输、软件和信息技术服务业作为新兴产业围绕信息生产、加工等开展业务，依靠社会网络中新技术和新知识快速流动进行创新，因此关系治理对创新绩效影响在此行业体现得更为显著。同时，从行业整体外部环境来看，在"5G"等通信技术迅速发展下，信息传输、软件及信息技术服务业是需要加快提升创新水平的重点行业，找到提升企业创新绩效方法对企业以及国家科技发展都意义重大。综上，选择信息传输、软件和信息技术服务业，研究如何通过关系治理提高企业创新绩效更有意义。

3.3 条件变量选择与测量

fsQCA 研究方法中，条件变量选择以组合解释为指导依据。首先，在变量选择上视角全面，覆盖顾客、政府、投资者关系治理和企业内部治理。其次，在选择过程中采用补充性策略，即利于创新绩效的条件变量和不利于创新绩效的条件变量相结合。同时，这些条件变量都包含于以往学者重点研究的主流影响创新绩效因素中，这样条件变量组合能够产生混合影响的、优质的和复杂的多条等效路径。

采用"应收账款/年末总资产"来度量商业信用（贾军和魏雅青，2019），比值越高表示为顾客提供商业信用越高。以董事长或总经理是否在党委、人大任职或是在政府机构曾经任职为指标度量政治关联。以前五大客户营业收入占总营业收入比例度量专用性投资（于茂荐和孙元欣，2012）。以实际控制人属性度量产权性质。以迪博·中国上市公司内部控制指数度量内部控制（池国华等，2021）。以前十大股东在研究期间波动率衡量投资者关系（李心丹等，2007）。以企业在研究期间申请并被授权专利总数衡量创新绩效，且将申请并被授权专利总数数据进行处理，将原始数值中最大值赋值为 1，其他原始值与最大值的比值确定其相对值，产生 ［0，1］ 之间的创新绩效值。样本数据描述性统计见表 1。

表 1 变量描述性统计分析

条件和结果	描述性统计			
	均值	标准差	最大值	最小值
创新绩效	0.10	0.19	1	0.01
商业信用	0.21	0.11	0.47	0.003
专用性投资	30.63	21.06	95.63	1.47
政治关联	0.10	0.30	1	0
产权性质	0.21	0.40	1	0
股东变动	1.46	1.34	8.44	0.04
内部控制	647.04	62.88	740.28	378.67

3.4 变量校准

在 fsQCA 分析中，清晰集因果条件和模糊集因果条件可以一起被包括在模糊集分析中，校准后数据能够被直接解释，而未校准数据只能显示案例相对位置。本文选择直接校准法，根据理论知识及实际情况，选择 3 个定性转折点为完全隶属、完全不隶属两个阈值以及中间点，校准后的值处于 0 到 1 之间。

对于政治关联，企业董事长或总经理是否在党委、人大任职或是在政府机构曾经任职赋值为 1，没有此情况赋值为 0；对于产权性质，企业为国有企业赋值为 1，非国有企业赋值为 0；在其余条件变量和结果变量 3 个锚点选择上，本文参考国内外学者校准方式，采用上 4 分位数，上、下 4 分位数的均值和下 4 分位数作为锚点进行校准（Fiss，2011；程建青等，2019）。因为前十大股东波动越大表示投资者关系越不稳定，股东变动校准值采用下 4 分位数为 95% 隶属校准点。各变量的校准锚点如表 2 所示。

表 2 各变量校准锚点

条件和结果	校 准		
	完全隶属	中间点	完全不隶属
创新绩效	0.08	0.04	0.01
商业信用	0.31	0.22	0.14
专用性投资	39.35	27.21	15.07
政治关联	1	/	0

续表

条件和结果	校　准		
	完全隶属	中间点	完全不隶属
产权性质	1	/	0
股东变动	0.52	1.23	1.93
内部控制	683.91	652.28	620.65

4. 结果分析

4.1　单个条件的必要条件分析

在进行模糊集真值表程序分析之前，需要检查必要条件。通过 fsQCA3.0 软件对所有条件变量和条件变量的非集进行必要性分析，当一致性水平大于 0.9 时，可认为是结果发生的必要条件。由表3可知，政治关联缺乏是导致低水平创新绩效的必要条件，但通常不应把必要性条件剔除，后续真值表分析程序中必要条件经常在简约解中被剔除（里豪克斯，2017）。其余各个单项前因条件影响高水平创新绩效的必要性均未超过标准，说明各个前因条件并不能较好地、单一地对高水平创新绩效进行解释。

表3　　　　　　　　　　　　　　　　　　必要条件分析

条件变量	高水平创新绩效		低水平创新绩效	
	一致性	覆盖度	一致性	覆盖度
商业信用	0.462	0.416	0.556	0.695
~商业信用	0.661	0.517	0.532	0.579
专用性投资	0.574	0.517	0.473	0.592
~专用性投资	0.547	0.427	0.614	0.667
政治关联	0.117	0.473	0.093	0.527
~政治关联	0.883	0.412	0.907*	0.588
产权性质	0.229	0.464	0.190	0.536
~产权性质	0.771	0.407	0.810	0.593
股东变动	0.574	0.448	0.590	0.641
~股东变动	0.541	0.487	0.492	0.616
内部控制	0.611	0.467	0.568	0.604
~内部控制	0.482	0.446	0.499	0.641

4.2　条件组态充分性分析

如表 4 所示，通过模糊集定性比较分析（一致性门槛值为 0.8，案例频数门槛值为 1），产生高水平创新绩效的组态（路径）有 5 条。一致性表示与完全子集相似程度，覆盖度评估的是前因条件切题性。单个组态和总体解的一致性均超过 0.8，说明覆盖 43.3% 案例的 5 个组态可以作为高水平创新绩效的充分条件。同样，如表 5 所示，对低水平创新绩效展开分析。产生低水平创新绩效的组态（路径）有 6 条，总体解的一致性为 0.836，覆盖度为 0.421，这 6 条组态也构成了低水平创新绩效的充分条件。

大多数研究推荐使用中间解，因为它纳入了与理论和实际知识一致的"逻辑余项"，所以利用中间解来解释更有说服力，进而根据简约解和中间解来区分组态的核心条件和边缘条件。在本文中参考 Ragin 等的表述方式，条件变量存在时以●表示，条件变量缺乏时以⊗表示。其中，大圈代表核心条件，小圈代表边缘条件，空格表示条件变量并不重要（既可以出现，也可以不出现）。本文选取条件变量对创新绩效影响尚未有一致结论，在 fsQCA 程序分析产生中间解时对条件变量选择"存在"或"缺乏"。在标准分析中，高水平创新绩效质蕴涵项选择为～商业信用＊政治关联＊～股东变动；低水平创新绩效质蕴涵项选择为～专用性投资＊产权性质＊～内部控制以及～商业信用＊政治关联＊股东变动。

表 4　　　　　　　　　　　　　　　**高水平创新绩效组态分析**

条件变量	高水平创新绩效				
	H1	H2	H3	H4	H5
商业信用	⊗	⊗	⊗	●	●
专用性投资	●	⊗	●	●	●
政治关联	⊗	●	⊗	⊗	⊗
产权性质	⊗	⊗	⊗	●	●
股东变动	⊗	⊗			●
内部控制			●	●	●
一致性	0.824	0.932	0.816	0.966	0.897
覆盖度	0.167	0.064	0.182	0.090	0.071
唯一覆盖度	0.072	0.064	0.086	0.045	0.025
解的一致性	0.862				
解的覆盖度	0.433				

表5	低水平创新绩效组态分析					
条件变量	低水平创新绩效					
	H6	H7	H8	H9	H10	H11
商业信用		•	●	⊗	●	⊗
专用性投资	⊗	⊗	●		⊗	•
政治关联	⊗	⊗	⊗	⊗	•	●
产权性质		●		●	⊗	⊗
股东变动	⊗	⊗	●	•	⊗	●
内部控制	●		⊗	●	⊗	⊗
一致性	0.791	0.900	0.836	0.906	0.800	0.851
覆盖度	0.222	0.051	0.118	0.087	0.010	0.013
唯一覆盖度	0.170	0.014	0.089	0.065	0.009	0.011
解的一致性	0.836					
解的覆盖度	0.421					

4.2.1　高水平创新绩效条件组态充分性分析

（1）专用性投资投入型。以单个条件横向对比来看，H1和H3组态前因构型中"专用性投资"均作为核心条件出现，符合这样组态的企业往往采用"专用性投资投入"模式对顾客关系进行治理。

H1组态核心条件构型是~商业信用 * 专用性投资 * ~产权性质 * ~股东变动。首先，基于资源基础论，企业是资源的集合，而创新需要差异性资源。专有性投资使双方共享资源增多从而创建深入交流机会，提高合作价值和新产品开发绩效（Chen et al.，2017）。其次，基于专用性投资建立沟通渠道，降低了信息搜索成本。来自重要顾客的需求信息为企业研发人员提供新的思路和方向，激发企业原有信息利用和价值增长，减少企业在创新活动中大范围多次尝试，有效提升创新成果转化率。图2展示了H1组态对应的解释案例①，案例企业前五大客户占年度总营业收入比例均超过1/3，其中星辉互动娱乐股份有限公司前五大客户营业收入占比超过一半，企业以顾客为重要外部治理主体，与优质客户形成稳定合作关系，在交易和合作中投入诸多资源，通过信息沟通深度挖掘客户需求，在顾客反馈参与中共同提升创新绩效。

H3组态核心条件构型是~商业信用 * 专用性投资 * ~产权性质 * 内部控制，企业进行专用性投资同时拥有高水平内部控制质量。图3展示了H3组态对应的解释案例，包括飞天诚信科技股份有限公司、高新兴科技集团股份有限公司、安徽皖通科技股份有限公司等。其中飞天诚信科技股份有限公司内控指数达到692.84，前五大客户营业收入占比超过一半，作为国内银行客户数较多的智能网络身份认证产品提供商，研究期内专利产出百余件。

---

①　鉴于企业全称文字较多，为清晰展示，在图2至图9中采用公司简称。

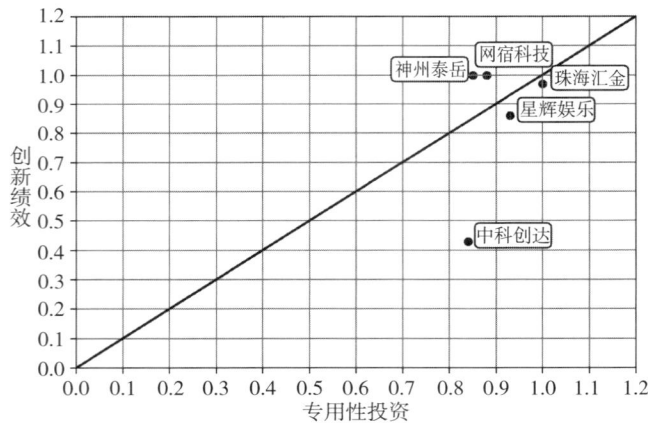

图 2　条件组态 1 的解释案例

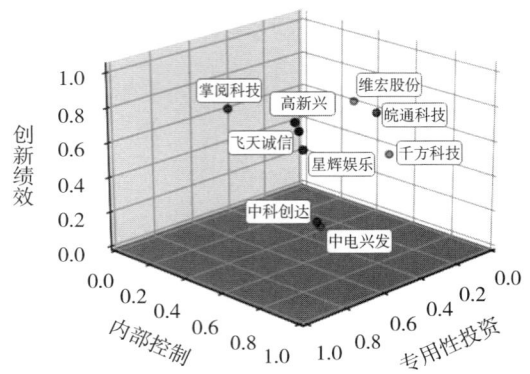

图 3　条件组态 3 的解释案例

（2）政治关联构建型。H2 组态是"政治关联构建型"的代表组态，其核心条件构型是～商业信用＊政治关联＊～股东变动，此类型企业在外部关系治理中更注重培养紧密的政府关系，通过企业高管任职与政府建立联结。在中国现行制度背景下，政府干预程度较高，政治关联能为企业带来有利于创新的政策信息，使企业研发方向符合政策环境，在专利和创新成果保护机制不健全情况下，有效维护创新成果。再者，在"大众创业、万众创新"环境下，政府资助政策不断完善和推进，政府补贴成为重要创新活动资金支持来源，拥有政治关联的企业往往能提高企业商誉，获得政府肯定和支持，拥有更充足资金投入创新活动。其中，不同政治关联情况提供资源具有差异，级别和影响力越高，越能提供有效、稀缺资源。如图 4 所示，H2 组态对应企业样本包括深圳市捷顺科技实业股份有限公司、厦门市美亚柏科信息股份有限公司和金卡智能集团股份有限公司。研究期间公司董事长分别担任深圳市第六届人大代表、福建省十二届政协委员和浙江省第十三届人大代表。政治关联能提高企业政治合法性，在企业用地、税收政策、创新产品应用等方面提供便利。深圳市捷顺科技实业股份有限公司以建设运营面向政府端的城市级智慧停车综合管理平台为主营业务，大力开展 ToG业务；厦门市美亚柏科信息股份有限公司电子数据取证业务先后为北京奥运会、上海世博会和 G20杭州峰会等重要活动服务；金卡智能研发的智能燃气表助力政府智慧城市建设政策实施。H2 组态覆盖案例在政府关系治理中取得良好效果，迎合政策需求开展产品研发，创新绩效保持较高水平。

（3）国有企业—内部控制支持型。H4 和 H5 组态中"产权性质"和"内部控制"均作为核心条件出现，国有企业身份和高质量内部控制为企业关系治理效果提升提供支持。

H4 组态核心条件构型是商业信用＊专用性投资＊产权性质＊内部控制，选择商业信用和专用性投资两种方式进行顾客关系治理。利用商业信用方式进行顾客关系治理会存在"货已发出，钱未到账"的阶段，而专用性投资治理方式会让企业在一定程度上受到顾客需求和议价等限制，国有企业身份和较高内控质量能减弱治理方式选择带来的负向影响，保障关系治理过程有效性。其一，国有企业身份提供雄厚资金支持，多数国有企业成立时间较长，长期经营的经验和盈利留存减少资金短缺出现概率。同时，国有企业身份能获得更多融资机会及税收优惠，为顾客关系治理提供资金支持。其二，有效内控是企业规范运作的体现，使应收账款按时收回，弥补商业信用长时间占用资金的缺

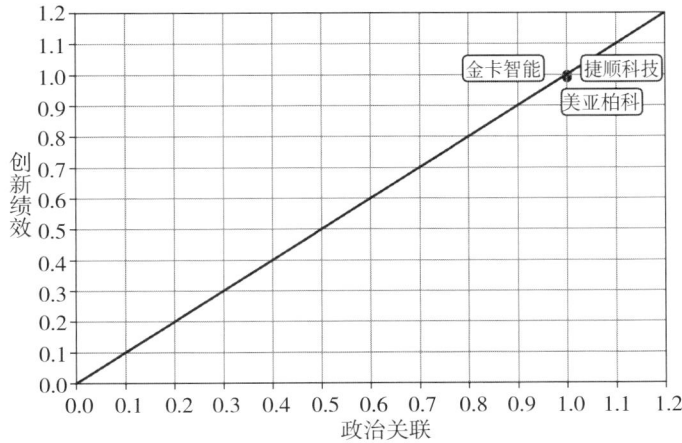

图 4　条件组态 2 的解释案例

点。此外，高水平内控能准确对企业风险进行评估，合理应对顾客关系治理中机会主义行为，保障创新资源充分投入。H4 组态包含的企业样本为吉林吉大通信设计院股份有限公司和国电南瑞科技股份有限公司等，案例企业内控质量均较好，企业年度财务报告完整且审计出具无保留意见。在这样的顾客关系治理方式下，吉林吉大通信设计院股份有限公司在致力于为三大运营商提供服务的同时不断开拓非运营商业务；国电南瑞科技股份有限公司秉承"以客户为中心"的理念，前五大客户销售额占比超过 60% 且公司应收账款与年末总资产比例超过 30%，根据客户订单需求进行研发，在与顾客紧密交互中不断提升创新绩效。

H5 组态核心条件构型是商业信用＊产权性质＊股东变动＊内部控制，此组态企业同样拥有国有企业身份和较高内控质量，利用商业信用对顾客关系进行治理，并注重投资者关系治理。首先，国有企业身份意味着其实际控制人为国家或间接受到国家管控，投资者稳定帮助企业实现"最先一公里"的产品研发，提供充足现金流。其次，国有企业能够以更快速度获得政策信息，创新产品契合国家所需，提高企业创新成果转化和市场应用效率，助力"最后一公里"创新产品应用的完成。H5 组态典型案例包括湖南科创信息技术股份有限公司、远光软件股份有限公司等①。

4.2.2　低水平创新绩效条件组态充分性分析

（1）专用性投资缺乏型。H6 和 H7 组态中"～专用性投资"均作为核心条件出现，企业未采取有效方式对顾客关系进行治理，对外部关系治理不够重视。

其中 H6 组态核心条件构型是～专用性投资＊～政治关联＊～股东变动＊内部控制，虽然企业有较高质量内部控制，但没有对外部关系进行有效治理是其低水平创新绩效主要原因。随着创新复杂化发展，资金和实力雄厚的企业也无法仅依靠企业自身资源进行封闭式创新，"独自研发、独自生

---

①　由于组态 4 和组态 5 的核心条件多于 3 个（包含 3 个），条件组态解释案例图需要四维及更高维度空间，无法清晰直观展示，故未列出。

产、独自获利"时代已经过去。熊彼特提出创新是"生产要素的新组合"，开展创新活动需要综合性知识、技术以及人员。在社会网络中，各方主体作为创新产品需求者，同时是创新所需要素提供者，对社会网络关系进行治理才能创造"独特社会网络"，成为企业无法复刻的资源优势。相比之下，对社会网络关系缺乏治理的企业知识专属度较高，无法与网络中主体实现知识交流和资源交互，在创新活动中难以突破瓶颈。同时，与顾客、政府和投资者疏远的关系不利于构建情感联结，信任和互惠的缺失会降低在合作中共同解决问题和创造创新产品概率，企业研发活动受到限制，企业年度内部控制指数较高，但创新产出相对较低。H6 组态对应案例包括新大陆数字技术股份有限公司、云南南天电子信息产业股份有限公司和深圳市银之杰科技股份有限公司等，由于导致低水平创新绩效的H6 组态中包含～专用性投资 * ～政治关联 * ～股东变动 3 个核心条件缺乏，需要四维空间才能清晰展示案例，故未列出案例图。

　　H7 组态核心条件构型是～专用性投资 * 产权性质，此组态案例企业虽然是国有企业，但同样缺乏对于顾客、投资者和其他主体的关系治理，国有企业身份也可能限制企业决策和创新活动开展范围，导致低水平创新绩效结果。图 5 展示了 H7 组态对应案例企业，企业专用性投资水平处于较低水平。

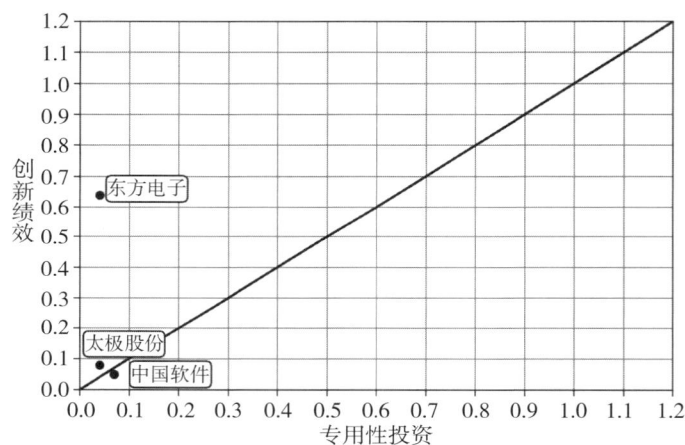

图 5　条件组态 7 的解释案例

　　（2）商业信用欠缺型。H9 和 H11 组态中"～商业信用"均作为核心条件出现，企业对顾客提供商业信用相对较低，导致了低水平创新绩效的结果。

　　H9 组态核心条件构型是～商业信用 * 产权性质 * 内部控制，此组态案例企业为国有企业且内部控制质量较高，但顾客关系治理程度不够。关系治理强调在反复交互过程中建立信任和融洽关系，以此加强互惠意愿。低水平商业信用使企业流失稳定客户，降低顾客满意度和市场认可度，创新产品流向市场过程中受到阻碍，进一步降低企业创新绩效，图 6 展示了 H9 组态解释案例情况。

　　H11 组态核心条件构型是～商业信用 * 政治关联 * 股东变动，此类型企业在顾客治理方面有所欠缺。此外，政治关联会限制企业研发内容，投资者也会参与企业具体决策，存在阻碍企业创新发展可能性。如图 7 所示，H11 代表企业为杭州电魂网络科技股份有限公司，企业提供商业信用水平较低，专利产出相对较低。

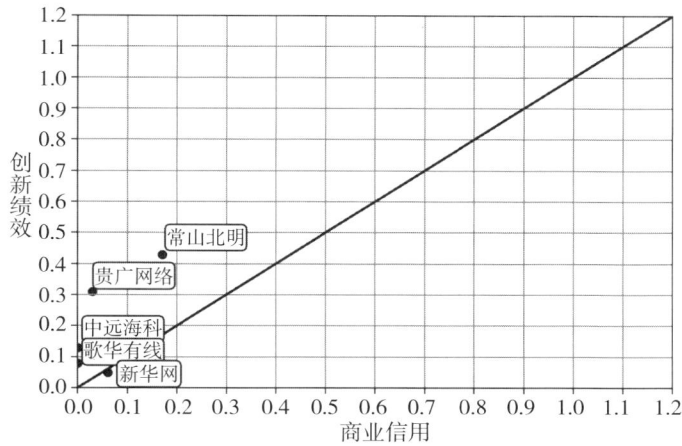

图 6　条件组态 9 的解释案例

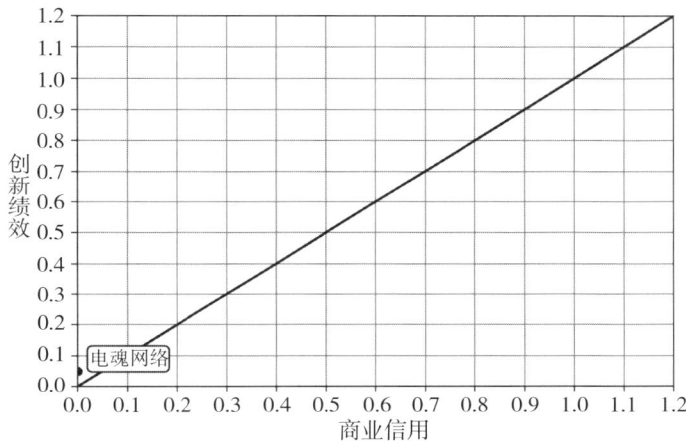

图 7　条件组态 11 的解释案例

（3）内部控制缺陷型。H8 和 H10 组态中"～内部控制"均作为核心条件出现，企业内部控制相对存在缺陷，无法为关系治理效果实现提供支持，导致企业创新绩效相对较低。

其中 H8 组态核心条件构型是商业信用 * 专用性投资 * 股东变动 * ～内部控制，此类型企业通过商业信用和专用性投资对顾客关系进行治理，并注重投资者关系，但内部控制低水平和不恰当的治理方式组合是导致低水平创新绩效产生的原因。Granovetter（1985）将关系强度区分为强关系和弱关系两种，通过有效关系治理能与各主体达到强关系联结，但处于中心位置的企业会过度陷入社会网络关系，在信息交流和资源交换中出现"锁定效应"。顾客和投资者作为企业利益相关者，在关系治理中多涉及交易场景，在没有担保及有效运转情况下，财务信息披露及大量资金占用都会给企业带来财务风险，由于资金缺乏影响正常运转，创新所需资源供给减少，导致创新绩效降低。同时，企业通过关系治理处于核心位置虽然能够获得更多信息和知识，但强关系带来的社会网络资源存在冗余性，如果不能高效转化为企业所需也会大大降低最终创新产出效率。如图 8 所示，H8 对应案例企业内部控制处于较低水平。

H10 组态核心条件构型是商业信用＊~股东变动＊~内部控制，此类型企业通过商业信用提升顾客关系，但导致低水平创新绩效。内部控制效率低会导致应收货款拖延，从而由应收账款转为坏账，资金流动速度减缓使其无法高效地投入创新活动。再者，内控质量低会导致信息收集、传递的时效性和准确性下降，研发人员无法将顾客关系资源有效利用转化为创新绩效。如图 9 所示，H10 组态代表为荣科科技股份有限公司，企业应收账款与总资产比例超过 1/3，但内部控制质量较低为610.44，创新绩效产出相对处于较低水平。

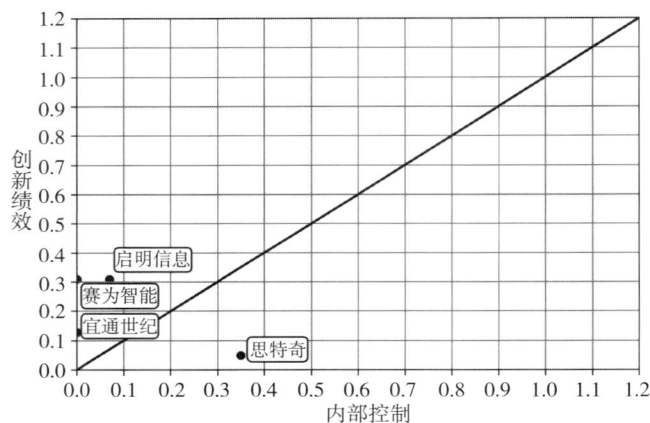

图 8　条件组态 8 的解释案例

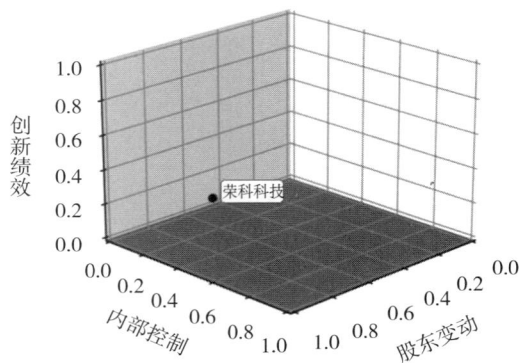

图 9　条件组态 10 的解释案例

4.3　稳健性检验

为保证结果可靠性，在 fsQCA 分析中需要进行稳健性检验。多数学者会采用改变一致性阈值来进行稳健性检验（吴琴等，2019）。本文将一致性阈值由 0.80 提高 0.03 至 0.83，如表 6 所示，改变一致性阈值后，新组态仍为 5 条且呈现为之前组态的子集状态（张明等，2020），路径大致相同。

表 6　　　　　　　　　　　　　　　　**调整阈值后高水平创新绩效组态分析**

条件变量	高水平创新绩效				
	H1	H2	H3	H4	H5
商业信用	⊗	⊗	⊗	●	●
专用性投资	●	⊗	●	●	●
政治关联	⊗	●	⊗	⊗	⊗
产权性质	⊗	⊗	⊗	●	●
股东变动	⊗	⊗	●	●	●
内部控制	⊗	⊗	●	●	●
一致性	0.853	0.932	0.850	0.966	0.897

续表

条件变量	高水平创新绩效				
	H1	H2	H3	H4	H5
覆盖度	0.114	0.064	0.129	0.090	0.071
唯一覆盖度	0.085	0.064	0.100	0.045	0.025
解的一致性	0.880				
解的覆盖度	0.393				

同时，本文参考戴维奇（2020）的方法，不仅对高水平创新绩效前因变量构型进行分析，同时对低水平创新绩效前因变量构型进行对比补充分析，以增强可信程度。如表 7 所示，调整阈值后，低水平创新绩效组态减少至 5 条且为原组态子集，导致轻微变化的原因是一致性阈值提高减少了最小化分析的案例及组态数量，但总体路径未有实质性改变，本文研究结论仍稳健。

表 7　　　　　　　　　　　　　调整阈值后低水平创新绩效组态分析

条件变量	低水平创新绩效				
	H6	H7	H8	H9	H10
商业信用	⊗	●	●	⊗	⊗
专用性投资	⊗	⊗	●		•
政治关联	⊗	⊗	⊗	⊗	●
产权性质	⊗	●		●	⊗
股东变动	⊗	⊗	●	●	●
内部控制	●		⊗	●	⊗
一致性	0.895	0.900	0.836	0.906	0.862
覆盖度	0.118	0.051	0.118	0.087	0.013
唯一覆盖度	0.110	0.046	0.092	0.069	0.013
解的一致性	0.876				
解的覆盖度	0.357				

5. 结论与展望

5.1　研究结论与贡献

本文在社会网络视角下，以 97 家信息传输、软件和信息技术服务企业为样本，通过模糊集定性比较分析法整合内外部 6 个条件变量，探讨顾客、政府和投资者关系治理及内部治理组合对创新绩效产生混合影响效应，研究产生了 5 条高水平创新绩效和 6 条低水平创新绩效组态。商业信用、专用性投资、政治关联、产权性质、股东变动和内部控制这些变量之间存在着交互影响，不能单独和充分解释对创新绩效的影响。高水平创新绩效组态具有显著"殊途同归"特征，企业可以选择单一关系进行治理，与其他企业保持弱关系；或是在内部治理有效等前提下，与特定外部主体保持强关系都能提高创新绩效。企业提升创新绩效并非单一路径，只要企业根据实际情况对治理方式进行正确选择和组合，就能有效提高创新绩效。

研究结论蕴含的贡献在于，从社会网络视角对多重外部关系治理和内部治理进行研究，整合六大条件变量探究，有别于以往文献局限于单一关系治理对企业影响的内在机制（高孟立，2017；迟铭等，2020），研究聚焦变量之间交互影响和匹配路径，深入剖析关系治理方式间联动作用机制，进一步深化关系治理理论研究。与此同时，不同于关系治理量表测量方式，借鉴以往对于关系治理定义，运用公开二手数据，从多维角度对关系治理进行准确化、系统化和全面化度量，提高数据来源严谨性和结论可靠度，运用 fsQCA 对影响创新绩效组态深入解读，实现对原有分析方法的有效补充，为复杂关系治理研究提供参考。

5.2　对策建议与展望

根据关系治理影响创新绩效路径为企业提出几点建议：第一，企业要与顾客、政府和投资者建立良好关系，为企业带来更多交换信息的机会和通路，提升资源质量，提高创新绩效。第二，在与顾客签订销售订单或进行专用资产投资时，要在合同中标明双方的权利与义务，这样可以在法律权利或其他机构监督下，在一定程度上减少顾客机会主义，保护企业利益。第三，在关系治理过程中要注重关系间配合，提高企业内部控制质量，避免资源冗余，达到协同效果。关系治理任意组合方式不能对创新绩效产生正向影响，要在关系管理能力范围内，选择和建立适合企业发展阶段的关系治理模式。第四，创新活动本身充满变化和风险。关系作为一种信任和承诺，是动态、多变的，固定关系治理模式不会一直适用于企业，应随着企业生命周期发展和战略规划进行调整，提高企业创新绩效，同时规避因关系治理为企业带来的风险。

本研究也有一定局限性。第一，在研究模型中并没有完全覆盖企业所面临的所有外部关系，比如与科研机构、高校等其他社会网络主体的关系。第二，关系更多的是人的一种感知，可能会随着时间变化呈现变化和周期性，后期可以在更长时间周期中进行深入研究，探寻其中规律。第三，研究样本缺乏多样化，会降低结果的说服力和普适性，本文目标样本为信息传输、软件和信息技术服务业，在未来研究中可以扩展到其他行业进行对比研究。

◎　参考文献

[1]［比］伯努瓦·里豪克斯，［美］查尔斯·C. 拉金 . QCA 设计原理与应用：超越定性与定量研究的新方法［M］. 杜运周，李永发，等译 . 北京：机械工业出版社，2017.

[2] 曹兴，李文. 创新网络结构演化对技术生态位影响的实证分析 [J]. 科学学研究，2017，35（5）.

[3] 程建青，罗瑾琏，杜运周，等. 制度环境与心理认知何时激活创业？——一个基于 QCA 方法的研究 [J]. 科学学与科学技术管理，2019，40（2）.

[4] 池国华，郭芮佳，邹威. 高管超额在职消费不同治理机制间协调研究——基于政府审计与内部控制关系视角的实证分析 [J]. 中国软科学，2021（2）.

[5] 迟铭，毕新华，徐永顺. 治理机制对顾客参与价值共创行为的影响——虚拟品牌社区的实证研究 [J]. 经济管理，2020，42（2）.

[6] 戴维奇，黄婷婷，傅颖. 私营企业家的身份体系如何影响创业导向？——基于模糊集的定性比较分析 [J]. 科学学与科学技术管理，2020，41（3）.

[7] 邓春梅，高然，晏雨薇，等. 内部控制质量对企业运营目标的影响：来自应收账款内部控制缺陷的证据 [J]. 中央财经大学学报，2019（4）.

[8] 冯华，李君翊. 组织间依赖和关系治理机制对绩效的效果评估——基于机会主义行为的调节作用 [J]. 南开管理评论，2019，22（3）.

[9] 高良谋，马文甲. 开放式创新：内涵、框架与中国情境 [J]. 管理世界，2014（6）.

[10] 高孟立. 合作创新中机会主义行为的相互性及治理机制研究 [J]. 科学学研究，2017，35（9）.

[11] 郭文钰，杨建君，李丹. 企业关系对企业绩效的影响研究——资源冗余与环境不确定性的调节效应 [J]. 科学学与科学技术管理，2020，41（2）.

[12] 贾军，魏雅青. 产品市场竞争、客户关系治理与企业创新关系研究——基于行业竞争程度与企业市场地位的双重考量 [J]. 软科学，2019，33（12）.

[13] 李心丹，肖斌卿，张兵，等. 投资者关系管理能提升上市公司价值吗？——基于中国 A 股上市公司投资者关系管理调查的实证研究 [J]. 管理世界，2007（9）.

[14] 彭珍珍，顾颖，张洁. 动态环境下联盟竞合、治理机制与创新绩效的关系研究 [J]. 管理世界，2020，36（3）.

[15] 王清晓. 契约与关系共同治理的供应链知识协同机制 [J]. 科学学研究，2016，34（10）.

[16] 王永健，谢卫红，王田绘，等. 强弱关系与突破式创新关系研究——吸收能力的中介作用和环境动态性的调节效应 [J]. 管理评论，2016，28（10）.

[17] 吴琴，张骁，王乾，等. 创业导向、战略柔性及国际化程度影响企业绩效的组态分析 [J]. 管理学报，2019，16（11）.

[18] 杨战胜，俞峰. 政治关联对企业创新影响的机理研究 [J]. 南开经济研究，2014（6）.

[19] 于茂荐，孙元欣. 基于关系契约的专用性投资治理模式选择博弈分析 [J]. 运筹与管理，2020，29（11）.

[20] 于茂荐，孙元欣. 专用性投资对企业绩效影响研究——产业技术投入的调节效应 [J]. 科学学研究，2012，30（9）.

[21] 袁建国，后青松，程晨. 企业政治资源的诅咒效应——基于政治关联与企业技术创新的考察 [J]. 管理世界，2015（1）.

［22］张济建，苏慧，王培 . 产品市场竞争、机构投资者持股与企业 R&D 投入关系研究 ［J］. 管理评论，2017，29 （11）.

［23］张明，杜运周 . 组织与管理研究中 QCA 方法的应用：定位、策略和方向 ［J］. 管理学报，2019，16 （9）.

［24］张明，蓝海林，陈伟宏，等 . 殊途同归不同效：战略变革前因组态及其绩效研究 ［J］. 管理世界，2020，36 （9）.

［25］赵奇伟，李露琦 . 制度环境质量变动下政治关联对企业技术创新的影响——基于数字新媒体行业民营上市公司的实证考察 ［J］. 珞珈管理评论，2020 （4）.

［26］Abousamak, A., Shahwan, T. M. Governance mechanisms and earnings management practices：Evidence from Egypt ［J］. International Journal of Corporate Governance, 2018, 9 （3）.

［27］Anderson, J. C., Håkansson, H., Johanson, J. Dyadic business relationships within a business network context ［J］. Journal of Marketing, 1994, 58 （4）.

［28］Burt, S. Structural holes：The social structure of competition ［M］. Cambridge, MA：Harvard University Press, 1992.

［29］Chang, C. Y., Qian, Y. An econometric analysis of holdup problems in construction projects ［J］. Journal of Construction Engineering and Management, 2015, 141 （6）.

［30］Chen, P. Y., Chen, K. Y., Wu, L. Y. The impact of trust and commitment on value creation in asymmetric buyer-seller relationships：The mediation effect of specific asset investments ［J］. Journal of Business & Industrial Marketing, 2017, 32, （3）.

［31］Fiss, P. C. Building better causal theories：A fuzzy set approach to typologies in organization research ［J］. Academy of Management Journal, 2011, 54 （2）.

［32］Granovetter, M. Economic action and social structure：The problem of embeddedness ［J］. American Journal of Sociology, 1985, 91 （3）.

［33］Hoetker, G. P., Mellewigt, T. Choice and performance of governance mechanisms：Matching alliance governance to asset type ［J］. Strategic Management Journal, 2008, 30 （10）.

［34］Li, D., Lu, Y., Ng, T., Yang, J. Does trade credit boost firm performance? ［J］. Economic Development and Cultural Change, 2016, 64 （3）.

［35］Maung, M., Wilson, C., Tang, X. Political connections and industrial pollution：Evidence based on state ownership and environmental levies in China ［J］. Journal of Business Ethics, 2016, 138 （4）.

［36］McFadyen, M. A., Cannella, A. A. Social capital and knowledge creation：Diminishing returns of the number and strength of exchange relationships ［J］. Academy of Management Journal, 2004, 47 （5）.

［37］Mihail, B. A., Dumitrescu, D., Serban, D., et al. The role of investor relations and good corporate governance on firm performance in the case of the companies listed on the Bucharest stock exchange ［J］. Journal of Risk and Financial Management, 2021, 14 （12）.

［38］Mitchell, J. C. The concept and use of social network in social network in urban situations ［M］. Manchester, U. K.：Manchester University Press, 1969.

［39］ Peng, M. W., Luo, Y. Managerial ties and firm performance in a transition economy: The nature of a micro-macro link ［J］. Academy of Management Journal, 2000, 43 （3）.

［40］ Williamson, O. E. The economic institutions of capitalism: Firms, markets and relational contracting ［M］. New York, NY: Free Press, 1985.

［41］ Wu, J. Asymmetric roles of business ties and political ties in product innovation ［J］. Journal of Business Research, 2011, 64 （11）.

［42］ Yang, Z., Su, C., Fam, K. S. Dealing with institutional distances in international marketing channels: Governance strategies that engender legitimacy and efficiency ［J］. Journal of Marketing, 2013, 76 （2）.

［43］ Yao, M., Song, C., Song, Z. State ownership, political connections and entry barriers: Evidence from China ［J］. Applied Economics Letters. 2018, 25 （17）.

How Relationship Governance Affects Firm Innovation Performance？
—Based on a Fuzzy-Set Qualitative Comparative Analysis

Zang Wei[1] Wang Xinyi[2] Xu Lei[3]

（1, 2, 3 School of Economics and Management, Beijing University of Technology, Beijing, 100124）

Abstract: In an open innovation environment, firms are often embedded in social networks. How to maximize the acquisition and utilization of resources through relational governance to improve innovation performance is an urgent problem to be solved. This study applies the fuzzy set qualitative comparative analysis （fsQCA） method to 97 information transmission, software and information technology service firms. Based on the social network perspective, this study focuses on the external and internal governance of firms' relationships with customers, government and investors, and examines six aspects of relationship governance: commercial credit, dedicated investment, political affiliation, nature of ownership, shareholder changes and internal control. An empirical study was conducted to examine how relationship governance affects firms' innovation performance. Five high innovation performance paths and six low innovation performance paths with "multiple concurrent causalities" and "different routes to the same destination" are identified to provide a basis for the choice of relationship governance model.

Key words: Relationship governance; Innovation performance; Social Network; Fuzzy-set qualitative comparative analysis

专业主编：陈立敏

管理评论

2022 年卷第 3 辑（总第 42 辑）

Luojia Management Review

No. 3，2022（Sum. 42）

风险投资对企业创新的影响机制与异质性研究*

● 亢梅玲[1]　刘慧慧[2]　郭林晓[3]

（1，2，3　武汉大学经济与管理学院　武汉　430072）

【摘　要】 本文在理论分析的基础上研究了风险投资对企业创新活动的影响和作用机制。实证分析中，使用 1991—2020 年的 A 股上市公司财务数据，将之与风险投资事件数据和公司申请专利数据进行匹配，回归结果表明风险投资机构的进入会显著促进企业的创新活动，使用倾向得分匹配和工具变量方法解决内生性问题后，结果依然稳健。使用专利集中度、探索性专利和风险投资经验三个指标，验证了风险投资会通过为企业提供咨询等增值服务来提高企业的创新效率这一影响渠道。最后，本文还发现风险投资机构对企业创新的促进作用具有选择效应，分样本回归结果验证了风险投资机构进入对不同所有制性质和不同行业属性企业的创新活动的促进程度不同。

【关键词】 风险投资　企业创新　专利

中图分类号：F273.1　　　文献标识码：A

1. 引言

近年来，创新越来越受到学术界和政策决策者的关注，党的十九届五中全会更是将科技创新摆在了历史发展的新高度。全会提出，要坚持创新在我国现代化建设全局中的核心地位，把科技自立自强作为国家发展的战略支撑。初创企业一直是创新活动的主力军（Thurik et al.，2008），学术界有观点认为，风险投资特别适合支持初创公司的创新。首先，创新活动对于初创企业来说不确定性高，具有高风险高收益的特点，它需要企业将大量的资金投入到无形资产中，并且这种前期投资具有不可逆性，变现速度较慢，因此企业创新时需要寻求稳定的战略投资，风险投资机构拥有的优质资金刚好能满足这一要求。其次，新公司尽管拥有创新活力，但其往往缺乏市场和经营方面的专业知识

* 基金项目：国家社科基金"市场需求不确定性对异质性企业出口及其创新行为的影响研究"（项目批准号：18BGJ015）。

通讯作者：刘慧慧，E-mail：liuhuihui1006@ whu. edu. cn。

与经验（Gompers and Lerner，2001），而风险投资机构能提供管理决策上的咨询辅助，因而它们对于初创企业创新的重要性不言而喻。

相较于欧美发达国家，中国的风险投资行业起步较晚，但发展迅猛。1999 年中国政府发布《关于建立风险投资机制的若干意见》首次提出了基本的风险投资体系框架，标志着我国风险投资行业正式起步。2014 年以后，随着政府提出"大众创业，万众创新"，并出台一系列政策激发企业创新的积极性与社会投资活力，我国风险投资的金额加速增长，风险投资机构已经日益成为企业特别是初创企业重要的融资渠道。因此，研究风险投资对被投企业创新活动的影响，对更好地发挥风险投资保驾护航的作用，把握科技进步与风险投资的发展方向，贯彻落实创新驱动发展战略具有重要意义。

已有研究大部分认为风险投资可以促进企业的创新，然而，风险投资对创新的真正影响很难确定（Dessí and Yin，2012；Hall and Lerner，2010）。由于风险投资机构在投资前可能会对企业进行选择，无法确定是风险投资促进了企业的创新还是风险投资筛选出了创新能力更强或更具创新潜力的公司。本文立足于中国当前国情，选取 A 股上市公司作为样本，选择多种方法处理内生性问题后探索风险投资机构对企业创新活动的影响，有助于理清风险投资对创新的作用机理，为我国政府制定风险投资相关政策提供理论和实证的依据。

本文的边际贡献在于：

第一，本文多角度、多层次地度量了企业创新活动的数量与质量，采用企业的研发投入、专利申请总量和三种类型专利数以及专利被引用数量作为因变量，为风险投资机构对企业创新活动的促进作用提供了有力证据。

第二，以往文献所使用的倾向得分匹配法无法消除不可观测变量引起的内生性，所以本文除此之外还使用了工具变量法，更好地处理了内生性。

第三，以往文献往往关注风险投资机构向企业投入资金等有形资源的行为，而本文从风险投资机构投后管理工作的角度探究了风险投资对企业创新的影响机制，发现风险投资机构会通过为被投资公司提供创新决策的咨询服务来影响企业的创新活动，是对以往影响机制的扩展。

第四，现有文献大多考虑了风险投资机构的异质性，而少有考虑被投资企业的异质性。本文立足于异质性企业框架，按所有制性质和行业属性划分样本，发现风险投资机构对不同所有制性质和不同行业属性企业的创新活动的促进程度有所不同，即风险投资对企业创新的促进效应具有选择性。

本文结构如下：第二部分是文献综述，第三部分是研究假说，第四部分是研究设计，第五部分是实证分析，第六部分是结论和政策建议。

2. 文献综述

不同学者对于风险投资与企业创新关系的研究结论有所不同。大部分学者认为风险投资是企业重要的外部资金来源，并且能为其提供管理、咨询、指导等增值服务，这在一定程度上促进了企业创新能力与创新绩效的提高（Faria and Barbosa，2014；Ni et al.，2014；苟燕楠和董静，2014）。其中部分文献着重研究风险投资机构自身特征带来的异质性，比如陈思等（2017）发现被外资风险投资机构投资和被多家风险投资机构联合投资的企业创新能力提高得更多。陆瑶等（2017）则考虑的是联合投资持股时间、经验、类型、投资金额异质性对于企业创新的不同影响。也有部分研究认为风险投资并不能促进企业的创新。Wen 等（2018）发现只有当投资超过一定的金额时才能促进企业的创新，低于该门槛，反而会伤害被投企业的创新能力。类似地，温军和冯根福（2018）的研究表明风险投资存在攫取行为，被投资企业的创新能力在风险投资机构进入后表现为倒 U 形。不同学者对该问题的研究结论存在较大差异，一方面可能是因为内生性问题处理方法、创新衡量指标、数据维度等方面的差异，另一方面可能是因为不同风险投资市场处于不同的发展阶段、具有不同的成熟程度，再加上对内在机制把握不清使得研究结论受到样本选择的影响较大。

另外，有风险投资参与的企业和没有风险投资参与的企业在风险投资进入前就存在着差异，因此关于风险投资与企业创新的研究都面临着内生性问题，如何分离风险投资对企业创新的选择效应和增值效应一直是这方面研究的重点。大部分文献采用了倾向得分匹配法（齐绍洲等，2017；陆瑶等，2017），从全样本中匹配出各变量值相近的企业进行研究。除此之外，另一种使用较多的解决内生性的办法是工具变量法，Luong 等（2017）使用美国 2003 年通过的 JGTRRA 政策作为工具变量，这是一项对与美国有税收协定国家的公司的股息优惠政策，这增加了这些外国公司对风险投资机构的吸引力，他们发现这些公司在该政策后创新活动显著提高，从而证明了风险投资会促进企业的创新活动。另外，国内的吴超鹏等（2012）、张学勇和张叶青（2016）都依据 Cumming 和 Dai（2010）提出的风险投资的本地偏好使用风险投资所在省份的风险投资机构数作为工具变量。

从影响渠道来看，学者们主要是通过资源、咨询和信号这三个渠道论证 VC 对企业创新的促进作用。资源说即风险投资机构会直接给予被投资企业资金、物资等有形资源，使被投资企业有更多的资源用于创新活动。如 Bernstein 等（2016）发现风险投资给予被投资企业的资源使企业的创新能力得到提高。咨询角度是指风险投资机构在进入企业后，会参与投后管理工作，起到咨询的作用，这是一种知识、经验等无形力量的体现。一方面，风险投资机构会帮助企业制定研发决策，使企业的创新方向更加明确，创新效率获得整体上的提高（Lahr and Mina，2016）；另一方面，风险投资机构为了便于日后退出，往往更加注重创新成果的商业化，这使企业创新的商业化进程加快，对创新成果的利用能力也会提高（Cox Pahnke et al.，2015）。比如 Brav 等（2018）发现在风险投资机构进入后，被投资企业的创新决策会改变，使创新资源得到更好配置。信号说指风险投资机构在进入被投资企业后，会向外界释放信号，增强外界对该企业的信心，一方面便于企业获取外界贷款，使企业有更多的资金用于研发投入；另一方面有助于初创企业寻找战略合作伙伴，与战略伙伴资源互补，提高自身的创新效率（Chemmanur et al.，2011）。

总的来看，以往研究对该问题的讨论比较丰富，但存在着以下不足：

第一，在对创新的度量上具有局限性，目前大部分文献使用专利申请数、新产品数和研发投入等传统的创新度量方式，对创新效率和质量等维度的关注不够。而风险投资对企业创新的影响是多维度的，不仅体现在创新投入和创新产出上，还体现在创新效率和质量的提升上。

第二，已有文献往往忽视对风险投资与企业间关系的深度考量，仅关注风险投资对企业的投资行为，而较少关注风险投资对企业的持续性影响。然而一次风险投资事件不仅仅是简单的资源投入，也是风险投资与被投资企业之间双边关系的体现，VC 在投资目标公司之后，会持续地对被投资公司提供咨询等方面的帮助。

3. 理论与假设

对企业来说，创新具有较高风险与不确定性，需要大量稳定资金的支持（Hall，2002；安同良等，2009）；对风投机构来说，它对于风险有着较高的承受能力（Metrick and Yasuda，2021），出于对高额收益的追求，倾向于支持企业的创新研发（Kortum and Lerner，2001）。这样一来，风投机构为企业提供规模庞大并且期限较长的优质资金，有效降低了企业的融资成本（胡刘芬和周泽将，2018），提高企业的研发投入（黄艺翔和姚铮，2015；许昊等，2015），促进创新活动的增加。另外，已有文献研究表明，相对于其他投资者，风险投资会给被投企业带来一定的增值效应。具体表现在投资关系建立后，风投机构会积极参与企业的治理与监督（Campbell Ii and Frye，2009；Lerner，1995；张学勇和廖理，2011），依据专业能力和相关行业经验提供管理咨询（Cumming and Binti Johan，2007；李善民等，2019），甚至发挥"信号功能"为企业吸引更多的有形与无形资源（Megginson and Weiss，1991），企业的创新效率与绩效随之提高。

综上所述，本文提出以下假设：

H1：风险投资机构对于企业创新具有促进作用。

风险投资机构对企业创新的促进作用具有选择效应。在我国，企业异质性很多时候来自企业的所有制性质，企业所有制性质不同，则其管理模式和所面临的融资约束都有所不同。国企相对于非国企规模较大，在资源和政策上有国家的支持，但往往管理效率不高（刘瑞明，2013；张天华和张少华，2016）。当风险投资进入企业后，会同时在资源和咨询方面为企业提供帮助，因此国企和非国企的创新活动将有不同的反应。其次，企业的行业属性也是企业异质性的重要来源，不同行业企业创新强度、创新质量和创新的商业化模式都不同。高科技行业的企业相较于非高科技行业的企业往往更加注重创新，且在创新活动上具有竞争大、创新收益高的特点，也就是说在风险投资机构进入企业后，会更注重督促高科技行业的公司进行创新，以期退出时能获得更大的收益。因此，风投机构对企业创新的影响在高科技行业与非高科技行业将有所不同。

除了被投资企业的异质性外，本文还探讨了风险投资机构的异质性。参考 Pahnke 等（2015）的方法，本文将风险投资分为政府风险投资、企业风险投资、机构风险投资和联合风投，Pahnke 等（2015）认为不同类型的 VC 具有不同的制度逻辑，提供不同的咨询服务，从而对被投资企业创新活动的促进强度也会有所不同。专业的机构风险投资者往往致力于提供咨询服务，它们并不是简单地选择高质量的企业然后任其发展，而是将自己视为"有所作为"的新企业的共同创造者。而企业风险投资通常会与被投资企业保持距离，以避免因为对企业主导权的威胁而吓跑被投资企业。另外，企业风险投资的高管通常不在公司的董事会中占有一席之地，因此企业风险投资能提供的咨询服务将少于机构风险投资。政府风险投资与被投资公司之间所建立的则是一种距离遥远、影响力较小的关系。政府风险投资更关注公共利益，其资金更多是支持某个项目，而不是整个企业。而联合风投由于兼具了多个类型的风投机构的制度逻辑，可以提供给被投资企业较多的咨询服务。因此，就风险投资机构为被投资企业提供的咨询服务的多少而言，不同风险投资机构对被投资企业创新活动的促进强度将有所不同，机构风险投资和联合风险投资促进作用将大于企业风险投资，政府风险投资的促进强度则将最小。综上所述，本文提出以下 3 个假设：

H2.1：风险投资机构对企业创新的促进作用在不同所有制性质的企业间具有选择效应。

H2.2：风险投资机构对企业创新的促进作用在不同行业属性的企业间具有选择效应。

H2.3：不同性质的风险投资机构对企业创新的促进作用的强度不同。

4. 研究设计

4.1 数据来源与处理

本文数据来自 3 个数据库：CNRDS 数据库、国泰安数据库和中国专利数据库。

本文首先从 CNRDS 数据库和国泰安数据库中获取了 1991—2020 年在上交所和深交所上市的所有 A 股公司财务数据，剔除了 ST、PT 类公司和金融类公司，以及公司年龄小于 0、负债小于 0、无形资产小于 0 的样本，最终得到了涉及 3565 家企业、共计 40413 条目的非平衡面板数据。其次，本文从 CNRDS 数据库中获取了风险投资基金的投资事件数据，从中国专利数据库中获取了上市公司专利数据，用 0 值代替缺失。最后，将上市公司数据和风险投资事件数据以及公司申请专利数据进行匹配，形成研究所使用的面板数据。

4.2 基准模型设定与变量

为了研究风险投资进入对企业创新活动的影响，在此构建如下的计量模型来进行实证检验：

$$\mathrm{Innov}_{it} = \alpha_0 + \beta_1 \mathrm{vc}_{i,\,t-1} + \sum \delta_i x_{i,\,t-1} + \eta_t + \eta_{\mathrm{ind}} + \eta_{\mathrm{area}} + \varepsilon_{it} \tag{1}$$

其中 i，t 分别表示上市公司和年份，因变量 Innov_{it} 表示企业的创新活动，本文选取企业每年申请的专利总量、三种类别的专利数量和企业的研发投入作为企业创新活动的度量。同时，由于企业进行创新活动需要时间，本文对回归中的解释变量和控制变量均进行了一期滞后处理。解释变量 $\mathrm{vc}_{i,t-1}$ 表示上市公司 i 在年份 $t-1$ 是否有风险投资进入，$\sum \delta_i x_{i,\,t-1}$ 则表示回归中控制变量在年份 $t-1$ 的取值，包括企业规模（size）、企业年龄（age）、企业盈利能力（ROA）、有形资产比例（PPEperc）、资产负债率（Lev）等。η_t、η_{ind} 以及 η_{area} 则分别用来表示年份固定效应、行业固定效应和城市固定效应，所有回归标准误均在城市层面聚类。各变量的定义具体如表 1 所示：

表 1

变量类型	变量符号	变量名称	变量计量方法
因变量	R&D	研发投入	企业当年研发投入占营业收入的比重
	lpatent	创新产出	企业当年的专利申请总量加 1 再取自然对数
自变量	vc_{it}	风险投资	企业在被 VC 投资后的每年 vc_{it} 值均为 1，反之则为 0
个体控制变量	size	企业规模	企业当年资产总计的自然对数
	age	企业年龄	企业年龄取对数
	ROA	盈利能力	企业净利润和总资产之比
	Lev	杠杆率	企业负债总额除以该企业当年年末资产总额
行业控制变量	HHI	行业赫芬达尔指数	企业所属行业的赫芬达尔指数
	IndustryLerner	行业勒纳指数	个体营业收入/行业内营业收入合计×个体勒纳指数

4.3　描述性统计

本文主要变量的基本特征如表 2 所示。

表 2 　　　　　　　　　　**主要变量的描述性统计**

变量名	样本数	均值	标准差	最小值	最大值
lpatent	40413	1.08159	1.499833	0	9.431723
lpatent_i	39601	0.7421085	1.194088	0	8.884056
lpatent_u	39601	0.6745081	1.188183	0	8.52536
lpatent_d	39601	0.2659234	0.8006183	0	6.853299
R&D	22108	0.0427292	0.1348037	2.15E-07	18.87593
vc	40413	0.2658798	0.441806	0	1
size	40406	7.938206	1.372101	−2.973312	15.92244
$size^2$	40406	475.1068	61.19226	117.5533	884.3455
age	40413	14.73518	6.952989	0	64
age^2	40413	265.4685	239.5624	0	4096
ROA	40413	0.6321382	117.0082	−51.94684	23509.77
Lev	40402	0.5049603	5.268417	0.0017253	1013.196
PPEperc	40329	0.4390834	0.2097176	0.0000377	1.119007
HHI	40413	159.1877	144.1267	0.2316976	608.6217
IndustryLerner	38755	0.000203	0.002024	−0.121408	0.1806034

5. 风险投资对企业创新影响的实证分析

5.1 基准回归结果

本节将展示风险投资进入对企业创新活动的影响，选取是否有风险投资进入该公司作为解释变量，企业次年的研发资金投入和专利申请量作为主要被解释变量，用面板 OLS 控制三重固定效应的回归方法验证本文此前的猜想。

实证回归的结果如表 3 所示，其中列（1）、列（3）和列（5）展示的是当选取企业的研发投入作为因变量时的结果，控制了前文所述的个体控制变量和地区、行业固定效应，并且在城市层面进行标准误聚类，列（3）相对于列（1）增加了年份固定效应，列（5）相对于列（3）增加了行业层面的控制变量赫芬达尔指数（HHI）和勒纳指数（IndustryLerner）。从表中结果可以看出，回归的结果相当稳健，风险投资进入指标 vc 始终均与企业创新指标 R&D 显著正相关，说明风险投资进入企业后，确实促进了该企业的创新活动，故而假设 H1 得证。从列（5）来看，vc 的系数为 0.00536，在 10% 水平下显著，这说明即使控制了最严格的其他可观测影响因素，风险投资的进入使企业研发投入占比平均提高了 0.5%。

进一步，偶数列考察了风险投资进入对企业创新成果的影响，结果同样证明了假设 H1，即风险投资机构进入企业后正向影响企业的创新活动。从控制条件最严格的列（6）来看，vc 的系数为 0.143，在 1% 的置信水平下显著，表示风险投资的进入使企业专利申请量平均增加了 14.3%。陈思等（2017）使用 2006—2011 年的上市公司作为样本，以专利申请总量作为因变量回归，得到风险投资指标的系数为 0.122，说明当我们使用更长年限的样本时，估计出风险投资对企业创新的促进效应有所增加。

表 3   风险投资对 **R&D** 强度和专利申请的影响

因变量	（1） $R\&D_{t+1}$	（2） $lpatent_{t+1}$	（3） $R\&D_{t+1}$	（4） $lpatent_{t+1}$	（5） $R\&D_{t+1}$	（6） $lpatent_{t+1}$
vc	0.0105 *** （3.330）	0.204 *** （3.226）	0.00540 * （1.955）	0.150 *** （2.883）	0.00536 * （1.943）	0.143 *** （2.757）
size	0.0257 ** （1.992）	−1.233 *** （−5.679）	0.0214 * （1.818）	−1.353 *** （−5.634）	0.0199 （1.606）	−1.326 *** （−5.311）
$size^2$	−0.00057 ** （−2.138）	0.0339 *** （6.497）	−0.00054 ** （−2.102）	0.0358 *** （6.185）	−0.000505 * （−1.859）	0.0353 *** （5.873）

续表

	（1）	（2）	（3）	（4）	（5）	（6）
age	0.000803*	0.0559***	−0.0010***	0.00181	−0.0010***	0.00300
	（1.902）	（4.274）	（−3.459）	（0.115）	（−3.415）	（0.176）
age²	−1.87e−05*	−0.0016***	9.79e−06	−0.000564	9.64e−06	−0.000558
	（−1.836）	（−3.804）	（1.279）	（−1.565）	（1.257）	（−2.453）
ROA	−0.000164	0.0119	−3.15e−05	0.00673	−5.53e−05	0.00904
	（−0.529）	（0.665）	（−0.136）	（0.423）	（−0.242）	（0.469）
Lev	−0.0429***	−0.00249**	−0.0359***	−0.0026***	−0.0360***	−0.0023***
	（−6.498）	（−2.432）	（−5.898）	（−2.683）	（−5.863）	（−2.716）
PPEperc	0.00740*	−0.542***	0.00825**	−0.393***	0.00864**	−0.426***
	（1.787）	（−6.307）	（1.974）	（−4.591）	（2.016）	（−4.876）
HHI					−0.00389	−0.00200
					（−1.513）	（−0.131）
IndustryLerner					−0.463	1.173
					（−1.154）	（0.220）
行业固定效应	是	是	是	是	是	是
地区固定效应	是	是	是	是	是	是
年份固定效应	无	无	是	是	是	是
N	19538	35302	19538	35302	19537	33853
R^2	0.053	0.353	0.056	0.374	0.056	0.371

注：Robust t-statistics in parentheses. ***表示 $p<0.01$，**表示 $p<0.05$，* 表示 $p<0.1$。

5.2　稳健性检验

首先，本文使用三种类型专利申请量和专利被引用数分别作为企业创新活动的衡量指标来进行稳健性检验。实证结果如表4所示，其中列（1）至列（6）的回归中因变量分别为次年企业申请的发明专利数、实用新型专利数和外观设计专利数。而列（7）和列（8）因变量为次年企业申请专利的被引用量，其他设置与基准回归一致。从回归结果来看，列（1）至列（4）中风险投资进入指标 vc 的系数显著为正，表明风险投资进入和企业的发明专利、实用新型专利申请数量之间存在显著正相关关系。列（5）和列（6）中风险投资指标 vc 的系数虽然为正，但并不显著。最后列（7）和列（8）中风险投资指标 vc 的系数为0.138 和 0.126，且在5%的置信水平下显著，表明风险投资进入会带来创新质量的提升。

综上可以发现风险投资进入，对企业三种专利类型申请数的影响程度按从大到小排序依次为发明、实用新型、外观设计，同时显著性也依次下降。这可能是由于风险投资在进入一家企业后，会改变这家企业的创新决策，使其更多地进行发明专利类的创新，而相对较少地进行实用新型和外观设计方面的创新，专利的质量也有所提高。

表 4   风险投资对三种类型专利申请数和专利引用数的影响

	（1）	（2）	（3）	（4）	（5）	（6）	（7）	（8）
因变量	$lpatent\_i_{t+1}$	$lpatent\_i_{t+1}$	$lpatent\_u_{t+1}$	$lpatent\_u_{t+1}$	$lpatent\_d_{t+1}$	$lpatent\_d_{t+1}$	lcite	lcite
vc	0.107 ** （2.509）	0.101 ** （2.381）	0.0752 * （1.885）	0.0698 * （1.760）	0.00605 （0.172）	0.00382 （0.109）	0.138 ** （2.15）	0.126 ** （1.98）
个体控制变量	有	有	有	有	有	有	有	有
行业控制变量	无	有	无	有	无	有	无	有
行业固定效应	是	是	是	是	是	是	是	是
地区固定效应	是	是	是	是	是	是	是	是
年份固定效应	是	是	是	是	是	是	是	是
N	34824	33437	34824	33437	34824	33437	35293	33846
R^2	0.331	0.328	0.366	0.366	0.216	0.218	0.506	0.502

注：Robust t-statistics in parentheses. ***表示 $p<0.01$，**表示 $p<0.05$，* 表示 $p<0.1$。

另外，本文还采取了更换计量模型的方法进行稳健性检验。负二项回归主要用于具有聚集性的随机分布，适用于企业的创新活动，因此本文采用了负二项模型来重复第一节的基准检验，回归的结果如表 5 所示。可以看到列（1）到列（6）中风险投资指标 vc 的系数均为正，且在 1% 的置信水平下显著，与基准检验的结果一致，说明基准检验中证明的假设 H1"风险投资机构对于企业创新具有促进作用"具有一定稳健性。

表 5   风险投资对 **R&D** 强度和专利申请的影响（负二项回归）

	（1）	（2）	（3）	（4）	（5）	（6）
因变量	$R\&D_{t+1}$	$patent_{t+1}$	$R\&D_{t+1}$	$patent_{t+1}$	$R\&D_{t+1}$	$patent_{t+1}$
vc	0.1876 *** （12.87）	0.2772 *** （12.31）	0.0511 *** （3.43）	0.1717 *** （7.25）	0.0508 *** （3.41）	0.1721 *** （7.26）
个体控制变量	有	有	有	有	有	有
行业控制变量	无	无	无	无	有	有
行业固定效应	是	是	是	是	是	是
地区固定效应	是	是	是	是	是	是
年份固定效应	无	无	是	是	是	是
N	19523	33710	19523	33710	19523	33710

注：Robust t-statistics in parentheses. ***表示 $p<0.01$，**表示 $p<0.05$，* 表示 $p<0.1$。

5.3　内生性解决

正如前文所述，由于内生性的存在，仅靠基准检验的结果无法验证风险投资进入后企业创新活动的增加究竟是因为风险投资筛选出了创新能力更强或更具创新潜力的公司还是风险投资对企业的帮助使其创新活动增加。因此，本文在这一节将采用倾向得分匹配法和工具变量法来解决内生性问题。

5.3.1　倾向得分匹配法

倾向得分匹配法可以用于解决基于可观测变量而产生的样本选择上的偏差。参考温军和冯根福（2018）及齐绍洲等（2017）的相关研究，本文将所有前述个体控制变量、企业的研发投入 rd0 和专利申请量 patent0 纳入分析。在确定了计算倾向得分的变量后，使用 logit 模型计算风险投资进入某家企业的可能性，即倾向得分。根据计算出的倾向得分，使用最邻近匹配法、核匹配法和半径匹配法对企业进行了 1 对 1 的匹配。

经过最邻近匹配法匹配后的偏差变化情况见表 6，从中可以看出，经过匹配之后，实验组和对照组变量之间的平均偏差都得到了不同程度的缩减，同时，匹配后处理组和对照组在这些指标上的平均偏差不再显著，总体来说，匹配通过了平衡性检验。

表 6　　　　　　　　　　　经过最邻匹配处理后的控制组和处理组的偏差变化情况

变量指标	U（匹配前）	均值		偏差变化		t-test	
	M（匹配后）	处理组	控制组	偏差值	缩减率（%）	t	$p > \lvert t \rvert$
Lev	U	0.26186	0.24197	12.5		2.83	0.005
	M	0.26197	0.25639	3.5	72	0.82	0.415
ROA	U	0.07282	0.07531	−7.7		−1.73	0.084
	M	0.07288	0.07454	−5.1	33.1	−1.22	0.224
PPEperc	U	0.25723	0.25283	2.7		0.61	0.54
	M	0.25713	0.2485	5.3	−96.2	1.22	0.224
size	U	7.3316	7.2051	13.7		3.09	0.002
	M	7.3315	7.286	4.9	64	1.22	0.223
$size^2$	U	448.03	442.75	12.9		2.91	0.004
	M	448.02	445.94	5.1	60.5	1.28	0.202
age	U	13.564	12.869	12.3		2.79	0.005
	M	13.56	13.667	−1.9	84.7	−0.45	0.651
age^2	U	214.44	198.86	7.2		1.63	0.104
	M	214.34	215.74	−0.6	91	−0.17	0.867

续表

变量指标	U（匹配前）	均值		偏差变化		t-test	
	M（匹配后）	处理组	控制组	偏差值	缩减率（%）	t	$p>\|t\|$
rd0	U	0.0558	0.04777	17.4		3.93	0
	M	0.05545	0.05687	−3.1	82.4	−0.64	0.523
patent0	U	16.264	19.73	−4.7		−1.07	0.285
	M	16.279	18.732	−3.3	29.2	−1.08	0.281

注：表中的各种偏差是按照 $(x_t - x_c)/\sigma_t$ 计算的，x_t 和 x_c 分别为处理组和控制组的相关变量均值，σ_t 为处理组的相关变量标准误。缩减率是初始偏差的绝对值和经各种方法处理后的偏差的绝对值的百分比变化。

匹配完成后，本文选取企业申请的专利总数作为企业创新活动的指标，使用匹配上的样本重复第一节的基准检验。回归的结果展示在表 7 中。更换不同控制变量和固定效应的结果均显示 vc 显著为正，表明在控制了风险投资对企业选择效应的情况下，风险投资进入和企业创新活动之间依然存在显著的正相关关系。列（4）到列（6）为使用负二项模型回归得到的结果，可以看到风险投资指标 vc 也均显著为正，表明结果稳健。除了使用最邻近匹配法外，本文还使用核匹配法和半径匹配法对结果进行了检验，结果与最邻近匹配法得到的结果一致，在此不再赘述。

将该结果与基准回归结果比对可以发现，使用 PSM 样本进行回归得到的结果绝对值更小，这说明前述的内生性放大了风险投资进入行为和企业创新活动之间的正向关系，即风险投资的确会选择创新强度更大的企业进行投资，但排除了这种选择效应后，风险投资的进入也会促进企业的创新活动。

表 7　　　　　　　　　　　　**风险投资对企业专利申请总数的影响（PSM-DID）**

	（1）	（2）	（3）	（4）	（5）	（6）
回归方式	OLS 回归			负二项回归		
因变量	$lpatent_{t+1}$	$lpatent_{t+1}$	$lpatent_{t+1}$	$patent_{t+1}$	$patent_{t+1}$	$patent_{t+1}$
vc	0.0752*	0.1027**	0.0973**	0.1222***	0.1155***	0.1156***
	（1.80）	（2.15）	（2.05）	（4.43）	（3.97）	（3.97）
个体控制变量	有	有	有	有	有	有
行业控制变量	无	无	有	无	无	有
行业固定效应	是	是	是	是	是	是
地区固定效应	是	是	是	是	是	是
年份固定效应	无	是	是	是	是	是
N	16244	16244	15803	16244	16244	15803
R^2	0.3650	0.3905	0.3856			

注：Robust t-statistics in parentheses. ***表示 $p<0.01$，**表示 $p<0.05$，*表示 $p<0.1$。

此外，本文还参考石大千等（2018）采取随机虚构处理组的方法对上述结果进行了安慰剂检验，具体做法如下：在全样本数据中，共有 3525 家上市企业，其中有 922 家企业接受过风险投资，因此在安慰剂检验中，本文随机选取 922 家企业作为处理组，剩余企业则作为控制组，进行回归，观察伪风险投资虚拟变量的系数是否显著为正，如此重复 500 次，得到了 500 个伪风险投资虚拟变量的估计系数、标准误和 p 值，如图 1 所示，曲线是估计系数的核密度分布，蓝色圆点是估计系数对应的 p 值，垂直虚线是真实估计值 0.0973，水平虚线是显著性水平 0.042。从图中可以看出，估计系数大多集中在零点附近，大多数估计值的 p 值大于 0.1（在 10% 的水平上不显著），这表明本文的估计结果不太可能是偶然得到的。

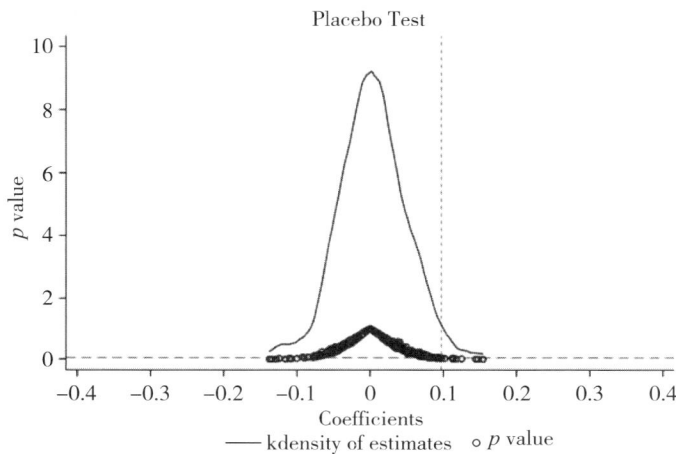

图 1　安慰剂检验回归结果分布图

5.3.2　工具变量法

本文使用的第二种解决内生性问题的方法是工具变量法，该方法要求工具变量和解释变量相关，并仅通过解释变量来影响被解释变量。对于本文来说，工具变量应仅影响风险资金进入企业的可能性，并由此影响企业的创新活动。因此，本文选取了三个工具变量：

（1）高管金融背景，变量数据来自国泰安数据库（CSMAR），如果上市公司的高管曾在金融机构任职过，则值设为 1，反之则为 0。若高管有金融背景，则该上市公司与金融机构的联系更加密切，会更吸引风险投资机构的投资，而高管的金融背景并不会直接影响企业的创新活动（本文下述的外生性检验证明了这一推断）。

（2）参考吴超鹏等（2012）、Cumming 和 Dai（2010）的研究，本文选取上市公司所在省份当年的风险投资公司数作为工具变量。他们发现风险投资机构在选择投资标的时存在本地偏差（home bias），即风险投资机构考虑到监管和获取信息的便利性，会更倾向于投资本地的企业，因此本文选取的工具变量会影响该城市上市公司被投资的可能性，而不太可能直接影响企业的创新活动（本文下述的外生性检验证明了这一推断）。

（3）最后本文还参考动态面板模型，选取了风险投资指标的滞后一期作为工具变量。

使用工具变量回归的结果展示在表 8 中，列（1）到列（4）均同时使用三种工具变量，其中列（1）使用次年企业申请的专利总量作为因变量，列（2）到列（4）则分别使用企业申请的发明专利、实用新型和外观设计这三种类型专利数量作为因变量，可以看到结果与前文的回归结果一致，除外观设计不显著外，在其他回归中风险投资指标的系数均显著为正，说明在使用了工具变量后，风险投资对企业创新的促进作用依然稳健。

本文还对工具变量的可靠性进行了检验，根据表 8 所示工具变量回归第一阶段的 F 值拒绝了原假设并且 Hansen J 检验的 p 值都不显著，即本文所使用的三个工具变量都不是弱工具变量且都是外生的。

表 8　　　　　　　　　　　　　　　　　工具变量回归

	（1）	（2）	（3）	（4）
因变量	lpatent$_{t+1}$	lpatent_i_{t+1}	lpatent_u_{t+1}	lpatent_d_{t+1}
vc	0.1322*	0.1141*	0.1248**	0.0553
	（1.71）	（1.73）	（1.98）	（1.25）
个体控制变量	有	有	有	有
行业控制变量	有	有	有	有
地区固定效应	是	是	有	有
行业固定效应	是	是	有	有
时间固定效应	是	是	是	是
F 统计值	32.55	20.20	39.47	76.36
Hansen J 检验 p 值	3.089 （0.2134）	3.928 （0.1403）	2.876 （0.2374）	3.514 （0.1726）
N	30627	30329	30329	30329
R^2	0.1134	0.1160	0.1137	0.0171

注：Robust t-statistics in parentheses. ***表示 $p<0.01$，**表示 $p<0.05$，* 表示 $p<0.1$。

5.4　影响机制分析

国内的学者更多地从资源和信号的角度探究风险投资机构如何促进企业的创新活动，鲜有研究关注风险投资对被投资企业创新决策和资源配置的影响，然而越来越多的文献表明风险投资机构在投资行为中更多是起到咨询作用，而不是简单的资金供给的作用。因此，本文将从咨询角度研究风险投资如何提高企业的创新效率，促进企业的创新活动。

本文参考 Brav 等（2018）和陈思等（2017）的研究，从下面两个角度验证咨询影响渠道：被投企业创新决策的变化和风险投资的投资经验。

5.4.1　创新决策的变化

风险投资机构在进入某家企业后，可以通过改变该企业的创新决策来实现其咨询功能。具体来说，创新决策的改变体现在督促企业实施更加集中的创新目标或者探索新技术上（Brav et al.，2018）。企业通过对创新资源的重新配置，将内部核心的创新能力分配到更为专业的技术领域，而根据知识资源基础的创新观，知识的结构与创新效率和创新绩效有关（俞荣建等，2018；Phelps et al.，2012）。Brav 等（2018）认为，企业在其核心技术专长内的创新活动驱动了专利的增加，同时对于寻求新知识的企业来说，创新生产率的提高更为显著。于是本文通过衡量企业专利集中度、探索性专利占比来衡量企业的创新决策的改变，验证风投机构通过咨询作用提高企业创新绩效这一影响渠道的存在性。

创新多样性指标由 Sørensen 和 Stuart（2000）提出，并由 Custódio 等（2019）进一步扩展，具体的计算方式为 1 减去不同技术类别的新申请的专利数量的赫芬达尔指数，即：$p\_div_{i,t} = 1 - \sum_{}^{N} (X_i/X)^2$，其中 X_i 表示 i 技术类别的专利数量，X 表示新申请的专利总数，该指标数值越大，表示该企业进行的创新活动具有越高的技术多样性或越低的技术集中度。回归的结果见表 9 的列（1）和列（2），列（2）相对于列（1）增加了行业层面的控制变量，可以看到风险投资指标 vc 的系数都显著为负，在 1% 的置信水平下显著，这说明风险投资进入后，次年被投资企业创新的多样性显著下降，与本文此前的分析一致，即风险投资进入企业后，企业的创新目标会更加集中，从而验证了风投机构为企业提供咨询服务的影响渠道。

对专利探索性的衡量使用开发性专利与探索性专利的比值（$\exp\_p_{i,t}$），它表示的是企业基于新知识而不是现有知识进行创新的强度。如果一项专利至少有 80% 的引用是新知识（即引用的并非该公司申请的专利也并非该公司在过去 5 年申请专利时所引用的专利），则该专利属于探索性专利，否则为开发性专利。回归结果如表 9 中列（3）和列（4）所示。可以看到风险投资指标 vc 的系数符合我们的预期，显著为正，即风险投资进入被投资企业后，企业创新决策发生变化，倾向于利用新知识进行探索，佐证了风投的咨询功能使得企业创新效率提高这一影响渠道。

5.4.2　风险投资的投资经验

投资经验更丰富的风险投资可以给予被投资的企业更多咨询方面的帮助，从而更大程度促进企业的创新。而投资经验更加丰富的 VC 并不一定意味着能为被投企业提供更多的资金支持，因此若拥有更丰富经验的 VC 对于企业创新促进作用更大，则能在一定程度上证明咨询渠道的存在。我们参考陈思等（2017）的文章，定义风险投资的投资经验指标 vc_exp 为 VC 在投资该上市公司的同年是否投资了其他公司，如果 VC 在同年投资了其他公司，则指标 vc_exp 的值设为 1，反之则设为 0。

本文将该指标作为自变量进行了回归，表 9 中的列（5）和列（6）展示了这一指标的回归结果。vc_exp 的系数显著为正，说明经验丰富的风险投资会更大程度地促进企业的创新，有力地佐证了风险投资通过为被投资公司提供创新决策的咨询服务来影响企业的创新活动。

表 9   影响机制分析

	（1）	（2）	（3）	（4）	（5）	（6）
自变量			$X = vc$			$X = vc\_exp$
因变量	p_div_{t+1}	p_div_{t+1}	exp_p_{t+1}	exp_p_{t+1}	$lpatent_{t+1}$	$lpatent_{t+1}$
X	-0.0255^{***} (-3.234)	-0.0252^{***} (-3.173)	0.0010^{*} (1.90)	0.0010^{*} (1.760)	0.1232^{***} (3.45)	0.1186^{***} (3.29)
个体控制变量	有	有	有	有	有	有
行业控制变量	无	有	无	有	无	有
行业固定效应	是	是	是	是	有	是
地区固定效应	是	是	是	是	是	是
年份固定效应	是	是	是	是	是	是
城市层面聚类	有	有	有	有	有	有
N	11480	11415	35303	33854	10169	9850
R^2	0.270	0.260	0.0139	0.0134	0.4432	0.4424

注：Robust t-statistics in parentheses. ***表示 $p<0.01$，**表示 $p<0.05$，* 表示 $p<0.1$。

5.5 异质性分析

5.5.1 企业所有制性质

这一部分将分析国企和非国企在风险投资机构进入后，创新活动不同的变化。本文分别使用国有企业样本和非国有企业样本进行回归，结果展示在表 10 中。可以看到列（1）到列（4）的回归中风险投资指标 vc 的系数均显著为正，说明不管是国有企业还是非国有企业，在风险投资机构进入后，创新活动的强度都有了显著的提升。比较列（2）和列（4），可以发现风险投资机构进入后，国有企业的创新活动相较于非国有企业增加得更多。故假设 H2.1 得证，即风险投资机构对企业创新的促进作用在不同所有制性质的企业间具有选择效应。正如上文所分析的，风险投资机构在进入一家企业后，会在资源和咨询方面对该企业提供帮助，而国有企业相对于非国有企业，资金方面更占优势，管理效率上却相对不足，因此国有企业更能从投后咨询服务中受益。这一部分的结果从侧面证明了风险投资会通过为被投资企业提供创新决策的咨询服务来影响企业的创新活动，说明风险投资机构进入企业后，更重要的作用是提供咨询服务，它的投后管理工作能提高企业的创新活动。

表 10　　　　　　　　　　　　　　异质性分析——企业所有制性质

	（1）	（2）	（3）	（4）
	国有企业		非国有企业	
因变量	lpatent$_{t+1}$	lpatent$_{t+1}$	lpatent$_{t+1}$	lpatent$_{t+}$
vc	0.150* （1.871）	0.150* （1.861）	0.128* （1.939）	0.117* （1.750）
个体控制变量	有	有	有	有
行业控制变量	无	有	无	有
行业固定效应	是	是	是	是
地区固定效应	是	是	是	是
年份固定效应	是	是	是	是
N	12444	12432	21467	20033
R^2	0.458	0.458	0.389	0.379

注：Robust t-statistics in parentheses. ***表示 $p<0.01$，**表示 $p<0.05$，* 表示 $p<0.1$。

5.5.2　行业属性

这一部分将分析高科技行业公司和非高科技行业公司在风险投资机构进入后，创新活动的不同变化。本文分别使用高科技行业公司样本和非高科技行业公司样本进行回归，结果展示在表 11 中。可以看到列（1）到列（4）的回归中风险投资指标 vc 的系数均显著为正，说明不管是高科技行业公司还是非高科技行业公司，在风险投资机构进入后，创新活动的强度都有了显著的提升。比较两个样本的回归结果可以发现，风险投资机构进入后，高科技行业公司的创新活动相较于非高科技行业公司提高得更多。这可能是由高科技公司的行业特点决定的，高科技行业创新的价值往往更大，风险投资机构为了获得更大的收益，在进入高科技行业公司后，往往会更加注重增强企业的创新活动，故而假设 H2.2 得证，即风险投资机构对企业创新的促进作用在不同行业属性的企业间具有选择效应。该结论有助于更好地理解风投机构对于被投资企业创新的影响，对于促成风投机构与被投资企业的最佳匹配具有一定的实践意义。相关政府部门应当正确引导风投机构对高科技公司的投资并加以支持，尤其对于高科技企业应该提供相应指导，提高公司信息透明度，避免信息不对称，以吸引更多风投机构的进入。

表 11　　　　　　　　　　　　　　异质性分析——企业行业属性

	（1）	（2）	（3）	（4）
	高科技企业		非高科技企业	
因变量	lpatent$_{t+1}$	lpatent$_{t+1}$	lpatent$_{t+1}$	lpatent$_{t+1}$
vc	0.198** （2.122）	0.192** （2.030）	0.138** （2.021）	0.130* （1.927）

续表

	（1）	（2）	（3）	（4）
	高科技企业		非高科技企业	
个体控制变量	有	有	有	有
行业控制变量	无	有	无	有
行业固定效应	是	是	是	是
地区固定效应	是	是	是	是
年份固定效应	是	是	是	是
N	7622	7377	27670	26468
R^2	0.359	0.358	0.414	0.412

注：Robust t-statistics in parentheses. ***表示 $p<0.01$，**表示 $p<0.05$，* 表示 $p<0.1$。

5.5.3　风险投资机构性质

参考 Pahnke 等（2015），本文将风险投资机构分为政府风险投资、企业风险投资、机构风险投资和联合风险投资，不同类型的风险投资机构具有不同的制度逻辑，从而提供给被投资企业不同的咨询服务，对被投资企业创新活动的促进强度也会有所不同。表 12 展示了实证回归的结果，可以看到列（1）到列（8）中风险投资指标的系数均显著为正，且机构风险投资和联合风险投资的系数值大于企业风险投资，最小的则是政府风险投资的系数，与我们的预期一致，因此假设 H2.3 得证，即不同性质的风险投资机构对企业创新的促进作用的强度不同。这一结果在一定程度上验证了风险投资机构进入企业后，更重要的作用是提供咨询服务。如前文所述，基于风投机构自身性质的差异性，它们所能发挥的咨询作用大小也有所不同：机构风险投资和联合风险投资作用强度大于企业风险投资，政府风险投资的强度最小。这与不同类型风投机构对企业创新影响的差异一致，侧面说明提供咨询服务是重要的影响渠道。这一异质性发现有利于我们更好地认识不同风投机构的投资行为，从而在实践中帮助不同性质的风险投资机构实现与被投资企业高效益的组合。对于投资双方来说，建立投资与被投资关系时既要考虑自身利益能否得到满足，又要了解对方需求，权衡对方需求与自身能力特点是否相符合，这样才能建立具有价值、持久稳定的合作关系，很大程度上缓解合作过程中的摩擦，达到双赢的目的。

表 12　　　　　　　　　　　　　　**异质性分析——风险投资机构性质**

	（1）	（2）	（3）	（4）	（5）	（6）	（7）	（8）
	政府风险投资		企业风险投资		机构风险投资		联合风险投资	
因变量	lpatent$_{t+1}$	lpatent$_{t+1}$	lpatent$_{t+1}$	lpatent$_{t+1}$	lpatent$_{t+1}$	lpatent$_{t+1}$	lpatent$_{t+1}$	lpatent$_{t+1}$
vc	0.24***	0.151**	0.257**	0.165**	0.311***	0.194***	0.293***	0.185***
	（3.06）	（2.38）	（3.30）	（2.58）	（3.66）	（2.86）	（3.88）	（3.21）

续表

	（1）	（2）	（3）	（4）	（5）	（6）	（7）	（8）
	政府风险投资		企业风险投资		机构风险投资		联合风险投资	
个体控制变量	有	有	有	有	有	有	有	有
行业控制变量	有	有	有	有	有	有	有	有
行业固定效应	是	是	是	是	是	是	是	是
地区固定效应	是	是	是	是	是	是	是	是
年份固定效应	无	是	无	是	无	是	无	是
N	26492	26492	26108	26108	22588	22588	23667	23667
R^2	0.3649	0.3845	0.3576	0.3760	0.3678	0.3863	0.3665	0.3846

注：Robust t-statistics in parentheses. ***表示 $p<0.01$，**表示 $p<0.05$，*表示 $p<0.1$。

6. 结论与政策建议

创新近来受到学术界和政策决策者的关注，而风险投资机构被认为是推动公司成立和创新的重要力量，国家近年来也推行了很多针对风险投资机构的优惠政策。因此，本文立足于当前国情，探讨风险投资机构进入企业后是否促进了企业的创新活动以及风险投资机构如何促进企业的创新活动，旨在为我国的风险投资政策提供一定的参考。

首先，本文选取了 1991—2020 年在上交所和深交所首次公开发行的所有 A 股公司，使用企业的研发投入资金和专利申请数量作为因变量，风险投资进入作为自变量进行 OLS 回归，结果显示风险投资会显著促进企业的创新活动。其次，本文使用了倾向得分匹配和工具变量法来解决内生性问题，结果证明，在控制了内生性后，上述作用依然存在。再次，本文探究了风险投资机构进入企业后如何影响企业的创新活动，通过专利集中度、探索性专利和风险投资的投资经验指标验证了风险投资会通过咨询途径来促进企业创新。最后，本文按照所有制性质和行业属性分样本回归验证了风险投资对企业创新的促进作用具有选择效应，不同性质的风险投资机构对企业创新活动的促进程度也不同。

从本文的结果来看，政府应积极发挥扶持和引导作用，继续促进风险投资行业的发展，通过参股风险投资机构、给予风险投资机构融资便利等方式，激发民间资本风险投资领域的活力。在促成风险投资机构与被投企业达成投资关系方面，政府应该支持风投机构对国有企业与高科技行业公司的投资，以最大限度发挥风投对创新的促进作用。为了使咨询渠道畅通地发挥作用，不同性质的风投机构都应该积极参与被投企业的投后管理工作，利用自身经验指导被投企业更好地进行资源配置，提升创新绩效；企业则应建立完善的信息披露体系，相对消除投资双方的信息不对称问题，降低风投的管理成本，更充分地利用风投的咨询功能，更应充分配合风投机构的投后管理工作，合理配置公司的创新资源，避免"短期逐利"等现象的发生，使风投更好地服务于公司的长期发展。

◎ 参考文献

[1] 安同良，周绍东，皮建才. R&D补贴对中国企业自主创新的激励效应[J]. 经济研究，2009(10).

[2] 陈思，何文龙，张然. 风险投资与企业创新：影响和潜在机制[J]. 管理世界，2017(1).

[3] 成果，陶小马，金旭晔. 政府背景风险投资对创新的甄选与培育效果——不同区域环境视角的检验[J]. 科技进步与对策，2020，37(12).

[4] 苟燕楠，董静. 风险投资背景对企业技术创新的影响研究[J]. 科研管理，2014(2).

[5] 胡刘芬，周泽将. 风险投资机构持股能够缓解企业后续融资约束吗？——来自中国上市公司的经验证据[J]. 经济管理，2018(7).

[6] 黄艺翔，姚铮. 风险投资对上市公司研发投入的影响——基于政府专项研发补助的视角[J]. 科学学研究，2015(5).

[7] 李善民，杨继彬，钟君煜. 风险投资具有咨询功能吗？——异地风投在异地并购中的功能研究[J]. 管理世界，2019(12).

[8] 刘瑞明. 中国的国有企业效率：一个文献综述[J]. 世界经济，2013(11).

[9] 陆瑶，张叶青，贾睿，李健航. "辛迪加"风险投资与企业创新[J]. 金融研究，2017(6).

[10] 齐绍洲，张倩，王班班. 新能源企业创新的市场化激励——基于风险投资和企业专利数据的研究[J]. 中国工业经济，2017(12).

[11] 石大千，丁海，卫平，刘建江. 智慧城市建设能否降低环境污染[J]. 中国工业经济，2018(6).

[12] 宋灿，侯欣裕. 股权网络结构对企业创新的影响：基于知识溢出效应的理论分析与实证检验[J]. 现代财经(天津财经大学学报)，2021，41(11).

[13] 温军，冯根福. 风险投资与企业创新："增值"与"攫取"的权衡视角[J]. 经济研究，2018(2).

[14] 吴超鹏，吴世农，程静雅，王璐. 风险投资对上市公司投融资行为影响的实证研究[J]. 经济研究，2012(1).

[15] 熊家财，唐丹云. 国企民营化改制会影响企业创新吗？——来自渐进双重差分模型的经验证据[J]. 宏观质量研究，2020，8(3).

[16] 许昊，万迪昉，徐晋. 风险投资背景、持股比例与初创企业研发投入[J]. 科学学研究，2015(10).

[17] 徐伟，吴悦，冯文芳. 混合所有制改革有利于促进国有企业创新吗？——基于分类治理视角[J]. 济南大学学报(社会科学版)，2020，30(3).

[18] 俞荣建，胡峰，陈力田，项丽瑶. 知识多样性、知识网络结构与新兴技术创新绩效——基于发明专利数据的NBD模型检验[J]. 商业经济与管理，2018(10).

[19] 张天华，张少华. 偏向性政策、资源配置与国有企业效率[J]. 经济研究，2016(2).

[20] 张伟科. 风险投资介入与企业创新：基于PSM模型的经验证据[J]. 科技进步与对策，2020，37(2).

[21] 张学勇，廖理. 风险投资背景与公司IPO：市场表现与内在机理[J]. 经济研究，2011(6).

[22] 张学勇，张叶青. 风险投资、创新能力与公司 IPO 的市场表现[J]. 经济研究，2016(10).

[23] Bernstein, S., X. Giroud, and R. R. Townsend. The impact of venture capital monitoring[J]. The Journal of Finance, 2016, 71(4).

[24] Brav, A., W. Jiang, and S. Ma. How does hedge fund activism reshape corporate innovation? [J]. Journal of Financial Economics, 2018, 130(2).

[25] Campbell Ii, T. L., and M. B. Frye. Venture capitalist monitoring: Evidence from governance structures[J]. The Quarterly Review of Economics and Finance, 2009, 49(2).

[26] Chemmanur, T. J., K. Krishnan, and D. K. Nandy. How does venture capital financing improve efficiency in private firms? A look beneath the surface[J]. The Review of Financial Studies, 2011, 24(12).

[27] Cox Pahnke, E., R. Mcdonald, and D. Wang. Exposed: Venture capital, competitor ties, and entrepreneurial innovation[J]. Academy of Management Journal, 2015, 58(5).

[28] Cumming, D., and N. Dai. Local bias in venture capital investments[J]. Journal of Empirical Finance, 2010, 17(3).

[29] Cumming, D., and S. A. Binti Johan. Advice and monitoring in venture finance[J]. Financial Markets and Portfolio Management, 2007, 21(1).

[30] Custódio, C., M. A. Ferreira, and P. Matos. Do general managerial skills spur innovation? [J]. Management Science, 2019, 65(2).

[31] Dessí, R., and N. Yin. The impact of venture capital on innovation[A]. Oxford Handbook of Venture Capital[M]. Oxford University Press, 2012.

[32] Faria, A. P., and N. Barbosa. Does venture capital really foster innovation? [J]. Economics Letters, 2014, 122(2).

[33] Gompers, P., and J. Lerner. The venture capital revolution[J]. Journal of Economic Perspectives, 2001, 15(2).

[34] Hall, B. H. The financing of research and development[J]. Oxford Review of Economic Policy, 2002, 18(1).

[35] Hall, B. H., and J. Lerner. The financing of R&D and innovation[A]. Hall, B. H., Rosenberg, N. Handbook of the Economics of Innovation[M]. North-Holland, 2010.

[36] Kortum, S., and J. Lerner. Does venture capital spur innovation? [M]. Emerald Group Publishing Limited, 2001.

[37] Lahr, H., and A. Mina. Venture capital investments and the technological performance of portfolio firms[J]. Research Policy, 2016, 45(1).

[38] Lerner, J. Venture capitalists and the oversight of private firms[J]. The Journal of Finance, 1995, 50(1).

[39] Luong, H., F. Moshirian, and L. Nguyen. How do foreign institutional investors enhance firm innovation? [J]. Journal of Financial and Quantitative Analysis, 2017, 52(4).

[40] Megginson, W. L., and K. A. Weiss. Venture capitalist certification in initial public offerings[J]. The Journal of Finance, 1991, 46(3).

[41] Metrick, A., and A. Yasuda. Venture capital and the finance of innovation[M]. John Wiley & Sons, 2021.

[42] Ni, H., T. Luan, and Y. Cao. Can venture capital trigger innovation? New evidence from China[J]. International Journal of Technology Management, 2014, 65(1-4).

[43] Pahnke, E. C., R. Katila, and K. M. Eisenhardt. Who takes you to the dance? How partners' institutional logics influence innovation in young firms[J]. Administrative Science Quarterly, 2015, 60(4).

[44] Phelps, C., R. Heidl, and A. Wadhwa. Knowledge, networks, and knowledge networks: A review and research agenda[J]. Journal of Management, 2012, 38(4).

[45] Sørensen, J. B., and T. E. Stuart. Aging, obsolescence, and organizational innovation[J]. Administrative Science Quarterly, 2000, 45(1).

[46] Thurik, A. R., M. A. Carree, and A. Van Stel. Does self-employment reduce unemployment? [J]. Journal of Business Venturing, 2008, 23(6).

[47] Wen, J., D. Yang, and G. F. Feng. Venture capital and innovation in China: The non-linear evidence[J]. Structural Change and Economic Dynamics, 2018, 46(SEP.).

Research on the Mechanism and Heterogeneity of Venture Capital on Enterprise Innovation

Kang Meiling[1]　Liu Huihui[2]　Guo Linxiao[3]

(1, 2, 3　Economics and Management School, Wuhan University, Wuhan, 430072)

Abstract: On the basis of theoretical analysis, this paper studies the impact and mechanism of venture capital on enterprise innovation activities. In the empirical analysis, this paper uses the financial data of A-share listed companies from 1991 to 2020 to match it with venture capital event data and company patent application data. The regression shows that the entry of venture capital institutions will significantly promote the innovation activities of enterprises. Then, using propensity score matching and instrumental variable to solve the endogenous problem, the result is still robust. Using two indicators of patent concentration and venture capital experience, we verify that venture capital will improve the innovation efficiency by providing value-added services such as consulting. Finally, this paper also finds that venture capital institutions have a selective effect on the promotion of enterprise innovation, and verifies that the entry of venture capital institutions promotes the innovation activities of enterprises with different ownership and different industry.

Key words: Venture capital; Enterprise innovation; Patent

专业主编：陈立敏

珞珈 管理评论

2022 年卷第 3 辑（总第 42 辑）

Luojia Management Review

No. 3，2022（Sum. 42）

无理取闹还是事出有因？
直播带货方式对顾客言语攻击行为影响研究*

● 谢志鹏[1]　张　月[2]　秦环宇[3]　赵　晶[4]

（1，2　华中师范大学经济与工商管理学院　武汉　430079；

3　中国科学技术大学管理学院　合肥　230026；4　武汉大学经济与管理学院　武汉　430072）

【摘　要】直播带货已经成为有效的促销手段之一。现有直播带货的相关研究主要关注主播和产品层面因素，甚少涉及观众负面行为管理。直播间中观众无端的言语冒犯不仅影响主播的业绩表现，更会影响其他观众对产品的态度。根据心理抗拒理论，探讨了直播带货方式对顾客言语攻击行为的影响机制。通过三组实验，发现相比聚焦类直播带货方式，零散类直播带货方式会促使顾客与品牌间感知到更高程度公共关系和更低程度交易关系，可以提高顾客对言语攻击行为的管理。此外，还发现主播专业度在直播带货方式对顾客言语攻击行为的影响中起正向调节作用。在聚焦类直播中，主播专业度越高，顾客言语攻击行为的倾向越高；在零散类直播中，主播专业度越高，顾客言语攻击行为的倾向越低。该结论在丰富直播营销和品牌关系研究内容的基础上，为企业精准设计直播带货内容提供有益指导，有效预防直播带货中有损企业形象的事件发生。

【关键词】直播带货方式　顾客感知关系　顾客言语攻击行为　主播专业度

中图分类号：C93　　　　　文献标识码：A

1. 引言

随着社交新零售的盛行，越来越多企业开始从战略视角对渠道创新和品牌传播的方式进行审视。直播带货作为疫情形势下的无接触销售渠道，展现出了强大的社会效应和营销价值，受到了众多品牌的追捧（彭宇泓等，2021）。已有直播带货平台主要分为三种：电商平台，如拼多多、淘宝等；短

---

* 基金项目：国家自然科学基金青年项目"大家都喜欢'笑脸'吗？产品表情对消费者的影响研究"（项目批准号：71702189）。

通讯作者：张月，E-mail：1365884918@ qq. com。

视频平台，如抖音、快手等；社交媒体平台，如微博、腾讯直播等。短视频与社交媒体平台的带货对主播本身要求较高，观众鉴于主播的个人吸引力而观看直播。而电商平台销售属性更为深刻，更加强调品牌概念，带货效果依赖于品牌本身的影响力、直播间的折扣及带货方式。作为组织与顾客最直接的沟通者，电商主播的带货方式会极大地影响顾客态度。淘宝主播成成和小骨因为"逗比+卖货"这种插科打诨式的直播带货方式深受观众喜爱，早期的"佳琦直播间"中经常充斥着锅碗瓢盆声和狗叫声，这种"人间烟火气"吸引了一大批粉丝群体。然而，全职主播林楠兢兢业业直播带货却被素不相识的观众恶语攻击①，在淘宝直播间中，不乏非理性顾客恶语攻击主播"捞快钱""割韭菜"……这些无端的言语攻击不仅导致直播间秩序混乱，甚至会影响普通观众对品牌的印象。在品牌未犯错时，观众又为何会在直播间对主播进行言语攻击？是顾客无理取闹还是事出有因？现有文献并未给出解释。

直播带货由于具有较高的营销与理论价值，受到学者们的广泛关注。如郑军等（2021）提出，直播带货通过激发顾客社会临场感而提升其冲动购买意愿，Wongkitrungrueng 和 Assarut（2020）提出在线直播能够建立顾客与卖家之间信任，进而提高销售额和客户忠诚度。然而，鲜有研究关注到直播间顾客言语攻击行为。在直播中，主播是整个组织中最重要的沟通者，其沟通策略直接影响整体营销方向和顾客态度。因此，本文运用心理抗拒理论探讨了顾客言语攻击行为的深层机制：心理抗拒理论指出，顾客不愿受到有意识的影响，希望保持自主性。当顾客认为正在被说教时，会觉得某些类型的选择正在被剥夺，于是会采取行动进行反抗（Shoenberger et al.，2021；Brehm & Brehm，1981）。研究发现，直接、高效的沟通方式会造成顾客交流的压力，感到被劝服和引导，产生心理抗拒，而相比之下，轻松的沟通能在客户的获得和保持上有更好的效果（Hauser et al.，2002）。在营销中添加与产品无关的信息会降低交易程度感知，突出商业沟通的零散性，这种沟通的零散性能为顾客创造出如同真实社交环境一般的缓和感（Huang & Zhou，2016）。

基于此，本文提出，根据直播带货的内容组织形式将直播带货方式分为聚焦类和零散类。此外，以往研究关注了品牌犯错时顾客的负面行为，较少探究在品牌未犯错时顾客言语攻击行为的心理机制。本文利用心理抗拒理论对不同直播带货方式下顾客的言语攻击行为差异作出了解释。通过三组分离实验，验证了主播直播带货方式通过赋予顾客不同类型感知关系来影响其顾客言语攻击行为。聚焦类直播带货方式的硬推销机制会提升交易关系感知，促使顾客感到自由缺失从而导致心理抗拒，进而引发谩骂等言语攻击行为；零散类直播带货方式会提升顾客公共关系感知，进而提升顾客对自身负面行为管理程度，降低顾客言语攻击水平。而当主播专业度越高时，这种效应越明显。本文聚焦于直播带货中顾客的负面行为，进一步拓展了顾客言语攻击行为理论研究，并对企业直播带货提出切实可行的建议：对电商直播平台来说，从短期来看，以交易和说服为基础的聚焦类直播带货方式有助于达成销售目标，而从长远来看，以内容和关系为基础的零散类直播带货方式有助于留住客户。

---

① 我当主播这一年：连续直播 7 小时，被骂长得丑，最高时薪 100 元［EB/OL］. https：//xw.qq.com/cmsid/20210806A06XQC00，2021.

2. 文献综述与研究假设

2.1　直播带货方式

　　直播带货因为能为顾客提供全面、真实和即时的产品信息并创造一种社会临场感而饱受市场青睐。在电商直播中，主播的沟通方式是影响销售结果最重要的维度之一。Notarantonio 等（1990）将销售人员沟通方式分为主导和开放两个维度，并指出占主导地位的销售人员对顾客回应得更慢、顺从程度更低；开放式沟通的销售人员显得更加健谈、坦率，甚至透露自己的个人信息等与销售无关的话题，而沟通方式越开放，给顾客留下的印象越好。Dion 和 Notarantoni（1992）从精确性和友好性两个方面探讨了销售人员沟通方式，其研究发现精确性有助于顾客了解产品，而友好性有助于获取并保持顾客关注和信任，并以一种有说服力的方式将产品与买家的需求相匹配，达到销售目的。Nowak 等（2000）在研究指出，人际沟通具有一定的零散性，即交谈目的以及内容的不集中，这种不集中虽然会带来沟通效率的降低，但能缓和顾客的交流压力，降低顾客对品牌沟通的抗拒心理。因此，研究者根据主播在带货过程中进行人际沟通的零散性程度，将直播带货方式分为聚焦类和零散类。聚焦类直播带货方式是指以交易和说服为导向，直播内容紧紧围绕产品展开而不做多余阐述，交流过程与销售目的紧密相连，这样的带货方式效率高，节奏快。零散类直播带货方式是指以内容和关系为导向，主播直播内容分散、节奏慢，并会引入一些不相关话题，针对顾客兴趣做出响应，但不可避免造成带货效率低下。

　　综上所述，主播直接和强势的带货方式虽然销售效率较高（Hauser et al.，2002），但使顾客感知交易目的性太强，认为主播在"捞快钱"，造成顾客产生抗拒心理，导致对主播的言语攻击行为，本研究在后续探讨了直播带货方式对顾客负面行为的影响机制。

2.2　顾客言语攻击行为

　　顾客言语攻击行为是指在与顾客沟通过程中，由于顾客对主播不尊重、厌烦、蔑视，甚至使用侵犯性言语，而造成主播心理或情绪上不适的伤害行为（Tepper，2000）。在直播中，交易通常是在主播对顾客的基础上启动、维护和终止的，主播的沟通方式会极大地影响顾客行为。在一些电商直播平台，主播按部就班带货被恶语攻击，而看似随意散漫的带货却能收获顾客好感，这一切源于怎样的心理机制？Brehm 和 Brehm（1981）的心理抗拒理论对这种心理进行了解释：顾客希望保持自主性，会将外界有意识的影响看作对自己自由的威胁。Deci 和 Ryan（1985）对顾客自治需求的研究发现，顾客不喜欢来自商业劝说的压力，过多的商业沟通（如产品效用陈述）会引发顾客抗拒心理。Wellman 和 Geers（2009）的研究进一步指出，抗拒心理甚至能够在顾客无意识的情况下，直接影响他们的态度以及行为，当顾客感到自由缺失时，他们更有可能采取行动进行反抗。顾客在交易中感知到压力时会显著降低情绪管理能力，甚至做出冲动或出格的事（Dormann & Zapf，2004）。而相较之下，顾客会倾向于那些让他们感到自由的选择（Brehm，1989）。销售中的不相关信息和轻松的口吻能够降低消费者与品牌交流时的压力，不会让消费者感到被引导，从而体验到充分的交流以及感知自由程度（汪涛等，2014）。而顾客在购买中享有更大的自主权时，警觉程度与抗拒程度更低，因而减少言语攻击行为（Grandey et al.，2007）。

由于聚焦类直播带货方式具有硬推销的倾向，主播商业沟通目的较为集中，这种说服性信息会使顾客感到自由缺失，产生拒绝信息的情绪或主张，激发愤怒的感觉（Dillard & Shen，2005），导致更高的言语攻击行为倾向；而在零散类直播方式中，主播沟通的零散性及引入的不相关信息能缓和顾客在购物中的压力，不会让顾客感到被引导和劝服，从而提升购物过程中的自主性，故言语攻击行为水平较低。因而本研究提出以下假设：

H1：相比零散类直播带货方式，聚焦类直播带货方式导致顾客言语攻击行为的倾向更高。

2.3　顾客感知关系

已有研究发现，销售人员的沟通风格会影响销售任务，开放有效的沟通方式可以获得并保持潜在客户的注意和信任（Schindler & Bickart，2012）。Gummesson 等（2002）也在研究中指出，沟通的零散性有利于维持顾客与品牌的长期关系，为品牌带来一定的优势。相较而言，聚焦类直播方式与顾客进行直接、高效的沟通会造成顾客的心理压力，并且导致心理抗拒（Hauser et al.，2002）。Hassanein 等（2006）在研究中发现，在顾客与商家在线沟通过程中添加代言人等的不相关图片或信息，能为顾客带来社会存在感（social presence），这种品牌与顾客间通过沟通而获得的"熟人"关系能有效降低顾客感知风险，提升顾客对负面情绪的管理程度。

在营销实践中，顾客对与营销人员之间的关系感知分为两种：公共关系和交易关系（Heyman & Ariely，2004）。在公共关系中，顾客不把卖家视为产品提供者，而是把他们视为可以信任和关心的朋友（Grayson，2007），希望卖家真正地照顾他们，像朋友或家人那样理解他们的需求（Leung et al.，2020）；在交易关系中，顾客将卖家严格地视为业务合作伙伴，并期望该员工提供物有所值的服务，关心付出与所得是否成比例（Liu et al.，2012）。Raval 等（2007）发现，以公共关系为导向的社会营销策略可以实现持久和可持续的结果，建立与顾客的长期联系，在面临组织危机时提升顾客对自我行为的控制能力。Kim 和 Rhee（2011）提出，与组织形成良好关系的顾客更容易忽视组织错误，并通过参与有利于组织的沟通行为来支持组织。相反，交易关系为短期销售导向，甚至会导致顾客认为主播"捞快钱"。此外，交易关系会直接导致更低的社会支持，并影响顾客的感知风险（Miller et al.，2017），进而降低对自身负面行为的管理程度。当顾客期望与员工建立亲密的关系，而员工却以一种正式而严肃的形象出现时，顾客会感到关系范式冲突，表现出愤怒的情绪并出现一定的攻击倾向（Bishop et al.，2005）。

因此，在零散类直播带货方式中，主播不把销售当作唯一目的、创造与产品无关的话题、加强与顾客的互动、营造愉悦的购物氛围、拉近与顾客的关系，能提升公共关系感知（Tomiuk，2009），这种关系旨在建立与顾客的长期联系，提升顾客对自身行为的管理程度；在聚焦类直播带货方式中，主播把直播当成一种任务来完成，很少在意别的因素，除了产品展示和相关信息介绍外，与顾客没有过多交流，因而顾客会感到自由缺失，这种机械回应顾客、缺乏互动的方式会导致客户变得不耐烦（Sliter & Jones，2016），进而导致更高的言语攻击水平。鉴于此，本研究做出如下假设：

H2：顾客感知关系在直播带货方式和顾客言语攻击行为之间起中介作用。

2.4 主播专业度

互联网的发展不仅改变了传统的销售方式，也促使顾客更加成熟和理性，这种变化迫使销售人员具有更高的专业度，成为知识经纪人（Verbeke et al.，2011）。专业度是指个体拥有的关于产品或服务的知识、能力或资格（Goldsmith et al.，2000）。主播拥有的专业知识会影响顾客信任，合理利用销售人员的技能和专业知识有助于顾客关系管理（Guenzi & Georges，2010）。在专业服务环境中，顾客对销售人员角色行为的感知会影响决策过程。当顾客认为主播值得信赖、拥有令人满意的专业水平并乐于与之互动，会提高对主播的信任，减少购物感知风险，并做出积极反应，保持这种亲密关系（Kaski et al.，2018），进而降低言语攻击行为水平。而根据心理抗拒理论，当信息被认为是强加给接收者时，可能会引发对自由的威胁（Fransen et al.，2015）。在聚焦类直播带货方式中，使用威权式的信息策略会导致顾客感到被引导和劝服，产生心理抗拒，促使顾客采取回避行为、偏见处理（Fransen et al.，2015）和愤怒的情绪（Dillard & Shen，2005）等寻求恢复这种自由。

综上，聚焦类直播带货方式会造成顾客感知到购物中的压力以及更低的自由度，而主播专业知识促使顾客感到地位威胁，认为受到了主播的说教，而导致更高程度言语攻击水平；而零散类直播带货方式会拉近顾客与主播感知距离，促使顾客将主播感知为熟人，主播专业度高会增加顾客的信任，提升对负面行为管理程度，进而降低言语攻击水平。因此，提出假设：

H3：在聚焦类直播中，主播专业度越高，顾客言语攻击行为的倾向越高；

H4：在零散类直播中，主播专业度越高，顾客言语攻击行为的倾向越低。

本文的研究模型见图1。

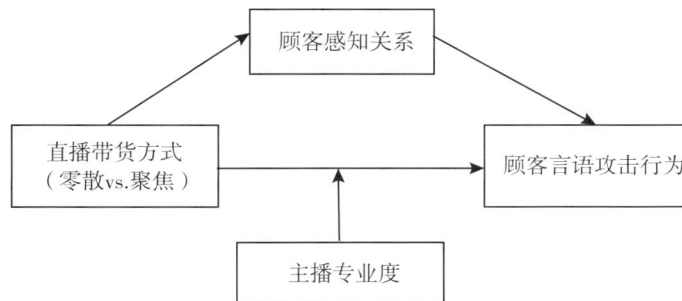

图 1 研究模型

3. 研究方法

3.1 预实验

为确保不同类型直播带货讲稿能被顾客显著感知，同时保证研究情景的稳定，研究者采用预实验的方法检验被试对聚焦、零散类直播带货稿的整体感知。预实验步骤如下：

研究者随机挑选了 40 名受访者，并对其中 30 名经常观看直播带货（每周观看直播次数 ≥3）的受访者进行深度访谈。受访者全部为某大学本科生和研究生，年龄为 20 ~ 31 岁（$M_{年龄}$ = 22，SD = 1.08，$N_{女性}$ = 17）。访谈目的是关注顾客所感知的两种不同类型的带货方式。为确保结果的信度和效度，受访者在接受访谈前均表示经常观看直播或对直播较为了解，并能显著感知到不同主播带货方式的差异，与本文研究主体相符。此外，研究者还统计了所有受访者对聚焦和零散两种不同带货方式的理解，大部分受访者（n = 27）认为"零散类直播方式就是可以和主播聊天"（主播谈及与产品本身不相关的话题）。另外被提及的特点有：零散类直播带货方式效率低（n = 8），让人感觉轻松、愉快（n = 19），回答顾客提问（n = 24），聚焦类直播带货方式效率高（n = 21），也有人认为销售话语过于集中会促使受访者关注商业信息而感到抗拒（n = 17），忽略顾客需求（n = 12）。研究者另随机选择了 5 名额外受访者（均为某大学研究生，年龄 22 ~ 25 岁），以确定结论的饱和度。最后，研究者询问所有参与者对"零散类直播带货方式主要特征是会掺杂与产品本身的不相关信息"以及"在带货中加入不相关信息会让人感到轻松"这两条陈述的看法，所有参与者均表示赞同。由此可见，聚焦和零散是两种被顾客显著感知到的带货方式，区别主要在于直播中是否添加不相关信息。

随后，研究者对实验一、二、三的直播带货稿（详见实验部分）进行了零散性操纵检验，利用李克特七分量表测量被试"您感觉直播带货稿与带货目的相关的程度"。结果显示被试对三组直播带货稿均能感受到明显差异（实验一：$M_{聚焦}$ = 5.27，SD = 1.16 vs. $M_{零散}$ = 2.53，SD = 1.19，F（1，29）= 0.06，p < 0.05；实验二：$M_{聚焦}$ = 5.33，SD = 1.05 vs. $M_{零散}$ = 2.87，SD = 1.34，F（1，29）= 0.79，p < 0.05；实验三：$M_{聚焦}$ = 5.07，SD = 1.16 vs. $M_{零散}$ = 2.80，SD = 1.15，F（1，29）= 0.01，p < 0.05）。为了进一步探索不同直播带货方式对顾客态度倾向的影响机制，研究者用 3 组实验分别检验了直播带货方式对顾客言语攻击行为影响效应中的关键变量。

3.2 实验一

3.2.1 实验设计

实验目的：采用文字刺激的方式，使用两类直播带货讲稿来表现带货方式的聚焦和零散，检验不同直播风格对观众攻击行为倾向的影响。

（1）被试选择。实验一采用线上和线下相结合的方式进行。研究者随机抽选，共邀请到 190 名被试参与实验（35% 为男性，平均年龄为 22 岁），均为本科生、研究生。其中 120 名被试在实验室中进行实验，70 名被试为某购物群随机抽选。在实验中，研究者在被试回答问题前后询问了他们的环境和情绪状况，剔除受到环境干扰及从未观看过直播的 7 份问卷，最终获得有效样本 183 份。所有被试被随机分配为两组（$N_{零散} = 92$，$N_{聚焦} = 91$），随后，每组分别看不同版本的直播带货稿。实验结束后，每位被试可以得到一定数额的红包。

（2）刺激物设计和实验流程。据微热点数据统计，服饰鞋包在直播带货领域最受欢迎，因此，实验一选取"双面呢大衣"这种较为热门的产品。为排除被试对品牌名称态度造成的影响，本研究根据 Hagtvedt（2011）的研究方式，采用"希纷"这一虚拟品牌，品牌名称设计遵循了两个基本原则：第一，"希纷"品牌名称是虚拟的，不会给被试造成任何有关品牌的联想；第二，"希纷"品牌名称没有承载太多与品牌感知相关的信息，不会给被试造成任何情感偏好。问卷开始前，每位被试被要求回答"是否听说过希纷这个品牌名称"，所有被试都表示没有听说过。随后研究者参考 Hagtvedt 等（2008）的态度量表来检验被试对品牌名称的感知，包括四个项目：青睐/不青睐、正面/负面、好/坏、让人开心/让人不开心，最后结果基本符合研究者的预期（$M = 3.09$，$SD = 1.42$）。此外，为保证被试受到直播带货稿以外的情感刺激的可能性降至最低，在实验的开始和结束时，研究者均通过 Hagtvedt（2011）的情感维度量表来对被试的情感维度进行测量。聚焦类所有被试的前后情感变化呈现出显著性差异（$M_{前} = 4.15$，$M_{后} = 3.76$，$t = 3.84$，$p < 0.05$），而零散类被试的前后情感变化没有显著性差异（$M_{前} = 4.04$，$M_{后} = 3.95$，$t = 2.96$，$p > 0.05$）。由于自变量为不同带货方式，因变量为顾客言语攻击行为倾向，故在聚焦类直播带货方式中被试情感发生变化表明实验有效合理。

结合市场上直播带货方式，基于 Nowak 等（2000）的沟通风格文献，研究者设计了两种（零散 vs. 聚焦）直播风格描述。聚焦类直播带货稿目的明确，沟通内容与产品紧密结合；而零散类直接带货稿则包含"过年""陪伴家人"等不相关信息。实验仅使用文字刺激，没有给出任何的图像或声音提示，随后，研究者用 Mackie 等（2000）的冒犯倾向量表来检验被试对不同带货方式的反应。量表包括三个问项：想抱怨主播程度；对主播感到抵触的程度；想和主播争论的程度。最后使用独立样本 T 检验，分析不同直播带货方式对顾客言语攻击行为倾向的影响。

3.2.2　数据分析和结论

在实验一中研究者发现，相比零散类直播方式，聚焦类直播方式会导致更高程度的被试言语攻击行为倾向（$M_{聚焦} = 4.63$，$SD = 1.23$ vs. $M_{零散} = 2.90$，$SD = 1.11$，$F_{(1, 183)} = 0.24$，$p < 0.05$），如图 2 所示，验证了模型的主效应，即相比零散类直播带货方式，聚焦类直播带货方式导致顾客言语攻击行为的倾向更高。

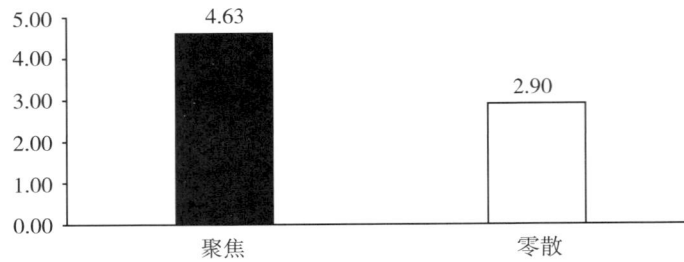

图 2　实验一结果

3.3　实验二

3.3.1　实验设计

实验目的：验证主播专业度的调节作用。为了探究直播带货方式对顾客言语攻击行为的适用情景，本研究引入了主播专业度作为调节变量。

（1）被试选择。实验二在中国某大学实验室中进行。研究者随机抽取了 400 名被试参与了实验，（39% 为男性，平均年龄为 24 岁）。被试主要包括该大学本科生、研究生、博士生及部分教师。考虑到被试的环境状况及情绪因素，研究者在实验前后对被试的情绪状况进行了测量，剔除 9 份不完整或对直播完全不了解的问卷，最终获得研究样本 $N = 391$。所有被试被随机分配为两组（$N_{高专业度} = 192$，$N_{低专业度} = 199$），随后，每组被分为独立两组看不同版本的带货稿。实验结束后每位被试可得到价值一定金额的礼品。

（2）刺激物设计和实验流程。根据产品使用情境，可以将产品分为公开产品和私人产品（Cheema & Kaikati，2010），顾客在购买或使用公开产品时，会顾及他人的反应，他人会成为购买的参照群体；而在购买私人产品时，更注重自身对产品的使用感。相较外套这种较为外显的产品来说，保温杯的性能和个人使用感更为重要，因此实验二选取保温杯这种较为便宜和私人的产品。考虑到品牌名称可能会直接影响被试对待品牌的态度，本研究根据 Hagtvedt（2011）的研究方式，采用"龙辉"这一虚拟品牌。命名规则同前面的实验，其余实验流程均与先前实验一致。

实验采取了 2（聚焦 vs. 零散）×2（低专业度 vs. 高专业度）的组间设计。被试被要求阅读品牌文字陈述，并回答一系列的问题。结合市场上直播带货方式，基于 Nowak 等（2000）的沟通风格文献，设计四种（零散 vs. 聚焦×专业 vs. 非专业）直播风格描述。聚焦类的直播带货稿全程围绕保温杯展开，沟通内容与产品本身紧密结合；而零散类的直播带货稿则包含"皮肤""新闻"等不相关信息。为保证操作的纯度，实验仅采用文字刺激的方式，没有其他任何图像、Logo 或声音等提示。根据主播提到的关于保温杯的知识造成被试对主播高低专业度的感知。随后，研究者使用 Ohanian（1990）对专业度测量的量表来检验被试对主播专业度的感知，被试要求通过 Likert7 分量表对感知主播专业度进行打分（1~7 数字越大表示专业度越高）。主要包括：主播对保温杯的介绍给人专业的感觉；主播具备较为充分的保温杯相关知识；主播在保温杯领域具有较高权威；主播在保温杯行业具有较强的专业能力。结果证实被试对主播专业度感知显著（零散类直播带货方式中：$M_{低专业度}$ = 1.94，SD = 1.11，$M_{高专业度}$ = 3.34，SD = 1.28，$F(1, 194)$ = 2.23，$p < 0.01$；聚焦类直播带货方式中：$M_{低专业度}$ = 2.70，SD = 1.02，$M_{高专业度}$ = 4.08，SD = 1.15，$F(1, 193)$ = 0.08，$p < 0.01$）。接下来，研究者用 Mackie 等（2000）的冒犯倾向量表来检验被试对不同带货方式的反应。量表包括三个问项：想抱怨主播的程度、对主播感到抵触的程度、想和主播争论的程度。

3.3.2　数据分析和结论

实验结果见图3。主播专业度水平较低时，零散类与聚焦类带货方式中顾客言语攻击行为具有显著差异（$M_{零散}$ = 3.83，SD = 1.14 vs. $M_{聚焦}$ = 4.39，SD = 0.99，$F(1, 197)$ = 1.81，$p < 0.01$）。主播专业度水平较高时，两者之间差异更为显著（$M_{零散}$ = 3.19，SD = 1.09 vs. $M_{聚焦}$ = 4.93，SD = 1.24，$F(1, 190)$ = 0.50，$p < 0.01$）。直播带货方式与主播专业度的交互项对顾客言语攻击行为预测显著（Resample：5000 Model1，95%CI：0.15 ~ 0.47，不包含0）。

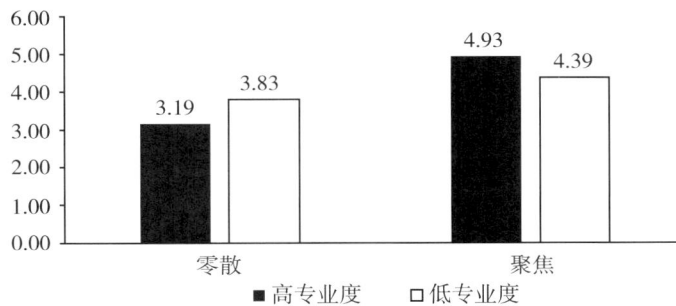

图 3　实验二结果

3.4　实验三

3.4.1　实验设计

实验目的：验证顾客感知关系的中介作用和主播专业度对主效应的调节作用。此外，实验三将实验二中偏重实用属性的保温杯换成偏重享乐属性的项链，以此排除产品类型的干扰。

（1）被试选择。实验三采用线上实验室方式进行。为防止自我选择偏见（Bellman & Varan，2012），研究者利用线上实验室的在线随机抽取样本功能，以保证样本的代表性和整体性。研究者共邀请了250名被试参与实验，均在某 APP 线上会议室进行，剔除10名受环境干扰或从未观看直播的被试，实际参与人数240人（47%为男性，平均年龄为25岁）。所有被试被随机分配到两组（$N_{高专业度}$ = 124，$N_{低专业度}$ = 116），随后，每组被分为独立两组看不同版本的带货稿。实验结束后每位被试可得到价值一定金额的礼品。

（2）刺激物设计和实验流程。为排除不同观看情境对顾客言语攻击行为的干扰，实验三设定所有观看直播的顾客心情都处于负面的情境中。假定情境为"某天下午您心情很差，随便点进了一个直播间观看直播，以排解自己郁闷的心情"，"该主播曾因为摆拍占用公共场所并驱赶路人引发网络热议"，以此来探讨不同直播方式影响顾客言语攻击行为的内在机制。本实验中，研究者使用"Lanity"作为虚拟品牌名称，命名规则同前面的实验，其余实验流程均与先前实验一致。

实验采取了 2（聚焦 vs. 零散）×2（低专业度 vs. 高专业度）的组间设计。被试被要求阅读品牌文字陈述，并回答一系列的问题。结合市场上直播带货方式，基于 Nowak 等（2000）的沟通风格文献，设计 4 种（零散 vs. 聚焦×专业 vs. 非专业）直播风格描述。聚焦类直播带货稿全程围绕项链展开，沟通内容与产品本身紧密结合；而零散类直播带货稿则包含"追剧""锻炼"等不相关信息。为保证操作的纯度，实验仅采用文字刺激的方式，没有其他任何图像、Logo 或声音等提示。根据主播提到的关于项链的知识造成被试对主播高低专业度的感知。随后，研究者使用 Ohanian（1990）对专业度测量的量表来检验被试对主播专业度的感知，结果证实被试对主播专业度感知显著（零散类直播带货方式中：$M_{低专业度} = 3.44$，SD = 0.87，$M_{高专业度} = 5.37$，SD = 0.50，$F（1, 123）= 15.28$，$p < 0.01$；聚焦类直播带货方式中：$M_{低专业度} = 2.96$，SD = 0.74，$M_{高专业度} = 5.19$，SD = 0.57，$F（1, 113）= 4.00$，$p < 0.01$）。

在感知关系的测量上，本研究采用了 Kim 等（2016）制定的量表。被试被要求通过 Likert 7 分量表回答以下问题（1 表示完全不赞同，7 表示完全赞同）："主播关心像我这样的人的需求""主播不把销售项链作为唯一目的"这两个问题测量公共关系感知；"主播只关心我们是否购买产品""主播销售项链目的性很强"这两个问题测量交易关系感知。随后，使用 Mackie 等（2000）的冒犯倾向量表来检验被试对不同直播带货方式的反应。

3.4.2 数据分析和结论

实验结果见图 4，再一次证实了主播专业度的调节效应。主播专业度水平较低时，零散类与聚焦类带货方式中顾客言语攻击行为具有显著差异（$M_{零散} = 3.45$，SD = 0.90 vs. $M_{聚焦} = 5.08$，SD = 0.62，$F（1, 116）= 6.76$，$p < 0.01$）。主播专业度水平较高时，两者之间差异更为显著（$M_{零散} = 2.52$，SD = 0.69 vs. $M_{聚焦} = 5.51$，SD = 0.63，$F（1, 124）= 0.56$，$p < 0.01$）。直播带货方式与主播专业度的交互项对顾客言语攻击行为预测显著（Resample：5000 Model1，95%CI：0.17~0.49，不包含 0）。

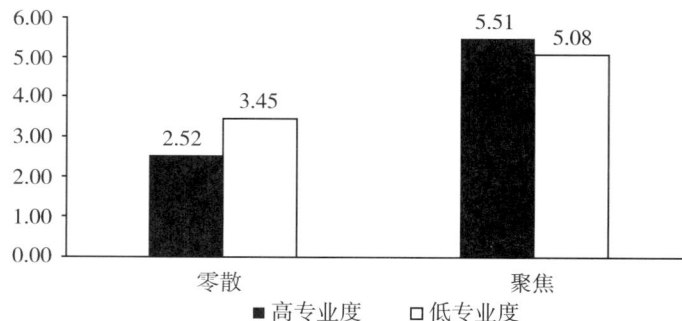

图 4　实验三结果

接下来，研究者采用了 Hayes（2012）编制的 SPSS 宏中的模型 5，对有调节的中介效应进行了检验，针对直播方式对顾客言语攻击行为倾向的影响，顾客感知关系中介作用检验：公共关系（Resample：5000 Model5，95%CI：0.11～0.44，不包含 0），交易关系（Resample：5000 Model5，95%CI：0.16～0.47，不包含 0），证明公共关系和交易关系的中介作用。

4. 结论

4.1 研究结论

随着直播带货场次越来越频繁、时间越来越长，如何合理利用直播带动销量和增加顾客黏性成为热点问题，而对直播间顾客负面行为却缺乏应有的关注。基于此，本文从心理抗拒理论出发，通过三组实验，研究了直播带货方式对顾客言语攻击行为的影响，得到以下结论：

首先，直播带货方式（聚焦类/零散类）会影响顾客言语攻击行为。电商直播在发展中已经摒弃了仅对产品的宣传推广，现在的直播还具有相应的娱乐和社交属性。顾客不再单纯将主播视为服务提供者，而希望主播不只关注自己的销售任务，更能针对顾客需求做出回应。然而，聚焦类直播带货方式会让顾客感到被引导和劝服，产生自由缺失和心理抗拒，进而使顾客采取言语攻击等行为进行反抗。

其次，顾客感知关系在直播带货方式和顾客言语攻击行为之间起中介作用。具体而言，零散类（相对于聚焦类）直播带货方式会使顾客对品牌感知到更高程度公共关系和更低程度交易关系，进而提高顾客对负面行为的管理程度，减少顾客言语攻击行为。

最后，主播专业度对上述效应起到调节作用。聚焦类直播带货方式会造成顾客感到商业劝说的压力，主播高专业度会导致顾客认为受到了主播说教，产生抵触情绪，采取言语攻击等行为；而零散类直播带货方式能够提升顾客感知自由程度，促使顾客将主播感知为熟人，主播专业度高会增加顾客的信任，提升对负面行为管理程度，降低言语攻击水平。

本研究为直播营销以及品牌关系研究提供了新的视角，丰富了顾客攻击行为理论，也为企业直播带货方式提供了切实可行的指导意见。

4.2 理论贡献

本文的理论贡献主要在以下方面：

首先，本文关注了电商直播中品牌未犯错时顾客的言语攻击行为。现有文献主要集中于直播带货的正面效应，并未对直播间频繁出现的顾客言语攻击行为进行解释。此外，在关于顾客负面行为的研究中，过往文献主要聚焦于品牌犯错时顾客线下的攻击行为。例如，顾客在服务失败情况下会导致抱怨和愤怒情绪（Balaji et al.，2015），员工的不文明表现会引发一定的顾客言语攻击行为

（Walker et al.，2017），而这种负面行为一般事出有因。在品牌未犯错时，顾客又为何在直播间"无理取闹"呢？基于此，本研究将电商直播间顾客言语攻击行为作为因变量，具有一定的新颖性和创新性。

其次，本文提出将顾客感知关系作为中介，研究直播带货方式对顾客言语攻击行为的影响。Heyman 和 Ariely（2004）提出交易中存在的两种关系，并对两种关系中顾客的行为特征进行了归纳，但并未具体解释感知关系的影响因素。本文提出，直播带货中的不相关信息会导致顾客感知关系差异，进而影响其行为。区别于以往将主播专业度作为自变量对顾客购买意愿的研究，本文将主播专业度作为调节变量，深入分析了在不同直播带货方式下主播专业度的权变影响，对直播带货相关研究进行了有益的拓展。

最后，本研究利用心理抗拒理论，解释了顾客言语攻击行为的内在机制。Brehm（1989）在对顾客购物决策环境中压力以及自由感知等要素的研究中发现，相对那些目的性强、以灌输为目的的沟通模式，消费者更偏好自由的交谈。聚焦类直播带货方式节奏快，目的性强，这种"捞快钱""割韭菜"的行径会促使顾客感到自由缺失，导致心理抗拒，继而引发负面情绪和言语攻击行为。这一结论有助于拓展心理抗拒理论相关研究，并为后续顾客言语攻击行为应对策略提供了新的启示。

4.3 管理启示

本文的研究结论对采用直播带货的企业也具有一定的参考价值。

首先，利用直播带货的企业应加强对直播带货方式的关注，提前预防顾客言语攻击行为的产生。不同的直播带货方式会对直播间顾客的负面行为产生不同影响，直播带货方式不能任由主播根据个人风格习惯和偏好来决定，而是要结合产品类型、直播平台差异、直播带货主要目的和主播特质等因素，综合考虑采用聚焦型还是零散型直播方式。恰当的直播方式选择能够提前预防顾客言语攻击行为的产生，减少由直播带货带来的企业形象维护成本。

其次，企业应有针对性地选择和培训主播，提高主播在危机发生时的应对能力。直播中的顾客言语攻击行为容易引起直播间的冲突和对立，引发品牌危机，主播在应对言语攻击时能否继续保持既定直播方式，以及能否对观众言语攻击行为进行合适的处理尤为重要。采用直播带货的企业应该充分了解用户言语攻击心理，选择恰当风格的主播，并做好对主播相关知识的培训。

最后，主播也可以善用直播间顾客的言语攻击行为。尽管观众在直播间中的言语攻击行为可能会有损品牌或主播形象，但产生的矛盾也会引起一定的热度，吸引更多的非粉用户观看直播和进行评论，大量的活跃用户观看直播会影响顾客购买决策（Ang & Anaza，2018）。同时，主播对顾客负面行为的处理方式也可能成为品牌的营销热点。因此，主播应对顾客言语攻击行为的内容进行区分和引导，并在合适的时机取应对措施。

4.4 研究局限及未来展望

目前，有关直播带货的研究还不够深入细致。顾客在观看直播过程中会以自己的方式对主播进行解读，因此，把握顾客心理，合理运用直播方式对维护品牌形象、提升用户口碑具有重要意义。本文基于这一角度深入探讨了顾客言语攻击行为的影响机制，具有重要的理论和实践意义，但是也存在以下方面的不足：

首先，由于实验环境和能力有限，实验采取的刺激物的选取较为单一，研究仅限于电商直播平台。此后的研究实验可以直接采用视频观看的形式，或在社交媒体和短视频 APP 等不同平台上进行实验，来探讨不同带货方式对顾客负面行为的影响。

其次，本文未能对顾客特质加以区分。例如，对自大型顾客来说，高专业度的解说会引发顾客自尊威胁，进而采取言语攻击，而对于一般非专业观众来说，是否仍会具有同样效应有待商榷。

最后，未来研究可以进一步探讨自治程度和顾客感知风险等其他影响机制，也可进一步考虑，在不同直播带货方式下，顾客冲动性消费和后悔性消费等其他顾客行为的实际变化。

◎ 参考文献

[1] 彭宇泓，韩欢，郝辽钢，等 . 直播营销中关系纽带、顾客承诺对消费者在线购买意愿的影响研究 [J]. 管理学报，2021，18（1）.

[2] 郑军，刘丽云，张初兵 . 直播带货中冲动购买意愿的唤醒——基于整体社会临场感的有调节的中介模型 [J]. 珞珈管理评论，2021，38（3）.

[3] 汪涛，谢志鹏，崔楠 . 和品牌聊聊天——拟人化沟通对消费者品牌态度影响 [J]. 心理学报，2014，46（7）.

[4] Ang, T., Wei, S., Anaza, N. A. Live-streaming vs pre-recorded：How social viewing strategies impact consumers' viewing experiences and behavioral intentions [J]. European Journal of Marketing, 2018, 52（9-10）.

[5] Bishop, V., Korczynski, M., Cohen, L. The invisibility of violence：Constructing violence out of the job centre workplace in the UK [J]. Work, Employment and Society, 2005, 19（3）.

[6] Brehm, J. W. Psychological reactance：Theory and applications [J]. Advances in Consumer Research, 1989, 16（1）.

[7] Brehm, S. S., Brehm, J. W. Psychological reactance：A theory of freedom and control [M]. San Diego, CA：Academic Press, 1981.

[8] Cheema, A., Kaikati, A. M. The effect of need for uniqueness on word of mouth [J]. Journal of Marketing Research, 2010, 47（5）.

[9] Deci, E. L., Ryan, R. M. The "what" and "why" of goal pursuits：Human needs and the self-determination of behavior [J]. Psychological Inquiry, 2000, 11（4）.

[10] Dillard, J. P., Shen, L. On the nature of reactance and its role in persuasive health communication [J]. Communication Monographs, 2005, 72（2）.

[11] Dion, P. A., Notarantonio, E. M. Salesperson communication style：The neglected dimension in sales performance [J]. Journal of Business Communication, 1992, 29（1）.

［12］Dormann, C., Zapf, D. Customer-related social stressors and burnout ［J］. Journal of Occupational Health Psychology, 2004, 9 （1）.

［13］Fransen, M. L., Verlegh, P. W., Kirmani, A., et al. A typology of consumer strategies for resisting advertising, and a review of mechanisms for countering them ［J］. International Journal of Advertising, 2015, 34 （1）.

［14］Goldsmith, R. E., Lafferty, B. A., Newell, S. J. The impact of corporate credibility and celebrity credibility on consumer reaction to advertisements and brands ［J］. Advert, 2000, 29 （3）.

［15］Grandey, A. A., Kern, J. H., Frone, M. R. Verbal abuse from outsiders versus insiders: Comparing frequency, impact on emotional exhaustion, and the role of emotional labor ［J］. Journal of Occupational Health Psychology, 2007, 12 （5）.

［16］Grayson, K. Friendship versus business in marketing relationships ［J］. Journal of Marketing, 2007, 71 （4）.

［17］Guenzi, P., Georges, L. Interpersonal trust in commercial relationships: Antecedents and consequences of customer trust in the salesperson ［J］. Eur. J. Market, 2010, 44 （5）.

［18］Gummesson, E. Relationship marketing in the new economy ［J］. Journal of Relationship Marketing, 2002, 1 （1）.

［19］Hagtvedt, H., Hagtvedt, R., Patrick, V. M. The perception and evaluation of visual art ［J］. Empirical Studies of the Arts, 2008, 26 （2）.

［20］Hagtvedt, H. The impact of incomplete typeface logos on perceptions of the firm ［J］. Journal of Marketing, 2011, 75 （4）.

［21］Hassanein, K., Head, M. The impact of infusing social presence in the web interface: An investigation across product types ［J］. International Journal of Electronic Commerce, 2006, 10 （2）.

［22］Hauser, M. D., Chomsky, N., Fitch, W. T. The faculty of language: What is it, who has it, and how did it evolve? ［J］. Science, 2002, 298 （4）.

［23］Herhausen, Dennis, Stephen, L., et al. Detecting, preventing, and mitigating online firestorms in brand communities ［J］. Journal of Marketing, 2019, 83 （3）.

［24］Heyman, J., Ariely, D. Effort for payment a tale of two markets ［J］. Psychological Science, 2004, 15 （11）.

［25］Huang, J. S., Zhou, L. Negative effects of brand familiarity and brand relevance on effectiveness of viral advertisements ［J］. Social Behavior & Personality: An International Journal, 2016, 44 （7）.

［26］Kaski, T., Niemi, J., Pullins, E. Rapport building in authentic b2b sales interaction ［J］. Management, 2018, 69 （4）.

［27］Kim, J. -N., Rhee, Y. Strategic thinking about employee communication behavior （ECB） in public relations: Testing the models of megaphoning and scouting effects in Korea ［J］. Journal of Public Relations Research, 2011, 23 （3）.

［28］Leung, F. F., Kim, S., Tse, C. H. Highlighting effort versus talent in service employee performance:

Customer attributions and responses ［J］. Journal of Marketing, 2020, 84 (3).

［29］ Liu, S. H., Liao, H. L., Sung, Y. H., et al. Communal and exchange relationships and the effects of norms on internet participation ［J］. Social Behavior & Personality: An International Journal, 2012, 40 (6).

［30］ Miller, J. G., Akiyama, H., Kapadia, S. Cultural variation in communal versus exchange norms: Implications for social support ［J］. Journal of Personality & Social Psychology, 2017, 113 (1).

［31］ Notarantonio, E. M., Cohen, J. L. The effects of open and dominant communication styles on perceptions of the sales interaction ［J］. Journal of Business Communication, 1990, 27 (2).

［32］ Nowak, M. A., Plotkin, J. B., Jansen, V. A. The evolution of syntactic communication ［J］. Nature, 2000, 404 (2).

［33］ Ohanian, R. Construction and validation of a scale to measure celebrity endorsers' perceived expertise, trustworthiness, and attractiveness ［J］. Journal of Advertising, 1990, 19 (3).

［34］ Hayes, A. F. Process: A versatile computational tool for observed variable mediation, moderation, and conditional process modeling ［R］. Retrieved from http: //www. Afhayes. com/ public/ process2012. pdf.

［35］ Raval, D., Subramanian, B., Raval, B. Application of the relationship paradigm to social marketing ［J］. Competition Forum, 2007, 5 (1).

［36］ Schindler, R. M., Bickart, B. Perceived helpfulness of online consumer reviews: The role of message content and style ［J］. Journal of Consumer Behavior, 2012, 11 (3).

［37］ Shoenberger, H., Kim, E., Sun, Y. Advertising during COVID-19: Exploring perceived brand message authenticity and potential psychological reactance ［J］. Journal of Advertising, 2021, 50 (3).

［38］ Sliter, M., Jones, M. A qualitative and quantitative examination of the antecedents of customer incivility ［J］. Journal of Occupational Health Psychology, 2016, 21 (2).

［39］ Tepper, B. J. Consequences of abusive supervision ［J］. Academy of Management Journal, 2000, 43 (2).

［40］ Tomiuk, D., Pinsonneault, A. Applying relationship theories to web site design: Development and validation of a site-communality scale ［J］. Information Systems Journal, 2009, 19 (6).

［41］ Verbeke, W. J., Dietz, H., Verwaal, E. Drivers of sales performance: A contemporary meta-analysis. Have salespeople become knowledge brokers?　［J］. Journal of the Academy of Marketing Science, 2011, 39 (3).

［42］ Walker, D. D., Van, J. D., Skarlicki, D. P. Sticks and stones can break my bones but words can also hurt me: The relationship between customer verbal aggression and employee incivility ［J］. Journal of Applied Psychology, 2017, 102 (2).

［43］ Wellman, J. A., Geers, A. L. Rebel without a (conscious) cause: Priming a non-conscious goal for psychological reactance ［J］. Basic and Applied Social Psychology, 2009, 31 (1).

［44］ Wongkitrungrueng, A., Assarut, N. The role of live streaming in building consumer trust and engagement with social commerce sellers ［J］. Journal of Business Research, 2020, 117 (9).

Unreasonable or Justified?

Research on the Influence of Live Streaming Style on Customer Verbal Aggression Behavior

Xie Zhipeng[1] Zhang Yue[2] Qin Huanyu[3] Zhao Jing[4]

(1, 2 School of Economics and Business Administration, Central China Normal University, Wuhan, 430079;

3 School of Management, University of Science and Technology of China, Hefei, 230026;

4 Economics and Management School, Wuhan University, Wuhan, 430072)

Abstract: In recent years, live delivery has become one of the most effective promotion methods. However, customer verbal attack often happens in live broadcast rooms. Such gratuitous verbal offense will not only affect the performance of anchors, but also affect the general audience's attitude towards the product. Most of the existing studies on live streaming are focused on anchors and product-level factors, while the negative behavior management of audience is rarely involved. Based on the literature, this study divided live delivery into scattered type and focused type, and verified through three groups of experiments that compared with focused delivery, scattered live delivery will promote customers to perceive a higher degree of communal relations and a lower degree of exchange relationship between the brand and customers, thus improving customers' management of negative behaviors. The above effects were moderated by the professional degree of anchors. This paper not only provides a new perspective for the study of live marketing and brand relationship, but also provides theoretical guidance for the merchants who adopt live delivery.

Key words: Live streaming sales style; Customer perceived relationship; Customer verbal aggression; Anchor professionalism

专业主编：寿志钢

珞珈 管理评论
2022 年卷第 3 辑（总第 42 辑）

Luojia Management Review
No. 3，2022（Sum. 42）

"传情"还是"显能"？
地理标志农产品地区典型性与广告诉求方式的匹配：
效应、机理与边界研究*

● 王　丹[1]　张钢仁[2]　李艳军[3,4]

（1，2，3　华中农业大学经济管理学院　武汉　430070；
4　湖北农村发展研究中心　武汉　430070）

【摘　要】地理标志农产品的本质特征在于产品与产地的关联性，但不同的地理标志农产品，消费者对其产品与产地关系的联想即地区典型性存有差异。针对地区典型性不同的地理标志农产品，如何采用配套的广告诉求方式以提升品牌传播的有效性？为此，将广告诉求方式分为能力型、热情型和能力+热情型，探讨地区典型性与广告诉求方式对消费者态度的交互效应，以及这一效应发生的内在机制与边界条件。三个实验结果表明，当地理标志农产品的地区典型性高时，采用能力诉求更能引发消费者对产品的积极态度，感知诊断性在其中起中介作用；当地理标志农产品的地区典型性低时，采用热情诉求更能引发消费者对产品的积极态度，感知愉快在其中起中介作用；且能力+热情诉求对消费者产品态度提升的叠加效应不显著。此外，产品属性在地区典型性与广告诉求方式对消费者产品态度的交互作用中起调节作用。本研究既为地理标志农产品消费行为研究提供了新的视角，也对提升地理标志品牌价值，推动地理标志产业兴旺以及乡村振兴具有实践意义。

【关键词】地理标志农产品　地区典型性　广告诉求方式　产品属性　消费者态度
中图分类号：C939　　　　文献标识码：A

*　基金项目：中央高校基本科研业务费专项基金项目"湖北省地理标志农产品'走出去'路径与对策研究"（项目批准号：2662020JGPYX05）；国家自然科学基金面上项目"新《种子法》知识产权保护对种子企业技术创新行为的影响机理研究：外部性视角"（项目批准号：72173053）。
通讯作者：李艳军，E-mail：lyj@ mail. hzau. edu. cn。

1. 引言

地理标志产品①指产自特定地域，所具有的质量、声誉或其他特性本质上取决于该产地的自然因素和人文因素，经审核批准以地理名称进行命名的产品。它融合了乡村自然与人文、传统与现代，与特定区域自然环境和人文历史密切相连，具有独特的市场竞争优势和巨大的品牌价值（Moschini et al.，2008）。近年来，中央不断提出要大力发展乡村特色产业，倡导"一村一品""一县一业"。同时重视实施农业品牌提升行动，强化农产品地理标志和商标保护，加快形成以区域公用品牌、特色农产品品牌等为核心的农业品牌格局。由此看出，保护和发展地理标志产业已上升为国家战略，成为培育乡村发展新动能，促进乡村产业兴旺和乡村振兴的关键举措。

对于地理标志农产品而言，产品与产地的关联性是其核心要素和本质特征（王笑冰，2015）。我国幅员辽阔，不同区域间自然环境、人文历史差异性与相似性共存，因而同一品类的产品可能有多个适宜产地，出现了来自不同地区的同类地理标志农产品。仅就大米而言，上到东北三省、下到东南地区都有地理标志农产品，如"五常大米""龙门大米"等。客观上讲，这些地理标志农产品都与其产地有着紧密积极的联系。然而，由于刻板印象的存在，消费者对这些产品与其产地之间的联想度迥异，从而形成了不同的地区典型性②继而导致他们对产于不同地区的同一品类的地理标志农产品的态度存有差异。对于低地区典型性地理标志农产品，大多数还"养在深闺人未识"，且主要分布于欠发达地区。因此，这一状况对地理标志产业兴旺尤其是欠发达地区农产品地理标志品牌价值提升以及区域经济协调发展构成障碍。

为减少消费者因信息不对称或刻板印象而产生的选择困难或偏差，促进地理标志农产品销售与品牌传播，推动地理标志产业健康发展，各类主体通过广告、展销等策略为消费者提供有关产品特性等信息。在地理标志农产品的广告宣传中，有着重彰显其实力雄厚、品质卓越与能力突出等积极特征的能力诉求，也有着重传达其真诚友好、温暖体贴与关怀顾客等积极情感的热情诉求。那么，对于地区典型性高或低的地理标志农产品，在广告宣传时到底是"传情"还是"显能"？地区典型性不同的地理标志农产品，与之匹配的广告诉求方式是否存在差异？

目前，有关地理标志农产品消费行为的研究，大多从"产品"本身视角对其进行分类，探讨消费者对不同类别地理标志农产品的偏好及其影响因素。例如，青平等（2018）将地理标志产品分为资源优势聚集型和人文历史聚集型，研究其与不同广告诉求的交互作用，发现对于前者，采用功能型广告诉求更能促进消费者的行为忠诚；对于后者，采用价值型广告诉求更能促进消费者的情感忠诚。仝海芳等（2020）将地理标志产品分为初级农产品和加工农产品，研究其与不同根脉诉求的交互作用，即地脉诉求更有利于提高消费者对初级农产品的购买意愿；文脉诉求则更有利于提高消费

---

① 地理标志产品的定义出自原国家质量监督检验检疫总局 2005 年 5 月 16 日审议通过的《地理标志产品保护规定》第二条。

② 地区典型性的定义参照王海忠等（2013）研究中对于"国家典型性"的定义，即消费者对于某类产品与特定地区之间建立的积极联想。

者对加工农产品的购买意愿。但鲜有研究从消费者对"产品"与"产地"的联想感知即地区典型性视角出发，分析消费者对不同地区典型性地理标志农产品的态度及其影响因素、发生机理。

为此，本研究从"典型性"视角出发，以消费者对产品与产地的联想感知即"地区典型性"为依据，分析在消费者对产品与特定地区的积极联想程度不同的情境下，如何采取差异化广告策略，以激发消费者积极的产品态度进而提升农产品地理标志品牌价值尤其是低地区典型性农产品地理标志品牌价值。具体而言，探究地区典型性（高 vs. 低）与广告诉求方式（能力诉求 vs. 热情诉求 vs. 能力+热情诉求）对消费者地理标志农产品态度的交互作用，同时分析感知诊断性和感知愉央在此交互效应中的中介作用。此外，将产品属性（实用性 vs. 享乐性）引入研究框架，探究此交互效应发生作用的边界条件。本研究既在理论上为地理标志农产品消费行为与品牌研究提供了新的视角，也在实践上对提升农产品地理标志品牌价值，促进地理标志产业兴旺，推动乡村振兴以及区域经济协调发展具有一定指导意义。

2. 理论背景与研究假设

2.1 典型性及地区典型性

"典型性"理论提出，一个类别中被认为最典型的成员是那些与该类别的其他成员具有最多共同属性而与其他类别具有最少共同属性的成员（Rosch and Mervis，1975）。研究表明，一个刺激对象越具有对应类别的核心特征，它就越具有典型性（Loken and Ward，1990）。可见，典型性是指拥有重叠属性的程度。产品典型性指的是产品的特征与该类别中常见的特征重叠的程度，或者换句话说，就是产品被认为代表其产品类别的程度（Loken and Ward，1990）。例如，橙汁可能比石榴汁更能代表果汁，因此，橙汁被视为高典型性产品，而石榴汁被视为低典型性产品。已有文献确定了典型性感知的几个前因：一个是家族相似性，指的是一个类别成员与其他类别成员拥有共同属性的程度（Mervis and Rosch，1981）。另一个是实例化的频率，即经常遇到的产品选项被认为是该类别中更典型的产品（Loken and Ward，1990）。

Usunier 和 Cestre（2007）将"典型性"引入原产国的研究中，提出了"产品种族性"的概念，它反映了一般产品与特定原产国之间的刻板联系，是典型性的一种形式。王海忠等（2013）在其研究中进一步界定了"国家典型性"概念，它是指消费者会对某个国家和特定的产品之间建立积极联想。一般而言，不同的产品类别对于同一国家而言，其国家典型性有所不同，如"瑞士钟表"的国家典型性高于"瑞士汽车"；而同一产品类别对于不同国家而言，其国家典型性也不尽相同，如"法国葡萄酒"的国家典型性高于"美国葡萄酒"。这种产品与原产地之间的刻板印象或积极联想，不仅体现在国家层面，也体现在国家内部不同区域层面。如在我国，提到"牡丹"，人们就会想起"洛阳"，而少有人会想到"菏泽"，尽管后者也是牡丹的重要产地。为此，本文由"国家典型性"概念出发，将同一国家内消费者对于某类产品与特定地区之间建立的积极联想称为"地区典型性"。我国幅员辽阔，不同区域在自然环境、人文历史上差异与相似共存，因而会出现来自不同地区的同一品类地理标志农产品，如"赣南脐橙"与"邻水脐橙"。由于刻板印象的存在，消费者对来自不同地区的同类地理标志农产品所感知的产品与其产地之间的联想不同甚至差异很大，这导致了地理标志农产品地区典型性的差异。如相对于"邻水"与"脐橙"，"赣南"与"脐橙"的关联性较强，消费者会更容易建立起"赣南"与"脐橙"的特定联想。因此，"赣南脐橙"的地区典型性较高，而"邻水脐橙"的地区典型性较低。基于消费者刻板印象建立的地区典型性会影响消费者对地理标志农产品的认知进而影响其购买意愿等。

2.2 热情诉求与能力诉求

人们对他人和社会群体的判断与决策往往受到刻板印象的影响。在 Fiske 等（2002）提出的刻板印象内容模型（Stereotype Content Model，SCM）中，热情和能力是两个主要的维度。热情衡量的是他人的行为意图，也是与维持关系和社会功能相关的属性，如友好、乐于助人与真诚等；而能力衡量的是他人实现意图的能力，也是与实现目标和任务功能相关的属性，比如能力、智力与效率等（Fiske et al.，2007；Cuddy et al.，2008）。刻板印象内容模型中的热情和能力两个维度在人们的社会感知、社会判断和印象形成与管理中都发挥着重要作用（Judd et al.，2005；Fiske et al.，2007；Abele et al.，2008）。

对消费心理和行为的研究显示，越来越多的消费者赋予品牌或产品人格化特性，并将其与品牌的关系想象成与他人的关系（Fournier，1998）。基于此，Kervyn 等（2012）将刻板印象内容模型从社会心理学应用到消费者—品牌情境中，提出了品牌意图代理框架（Brands as Intentional Agents Framework，BIAF）。在这个框架中，人与品牌之间的关系是由社会感知的两个主要维度——意图（即热情）和能力（即能力）驱动的。消费者对品牌意图和能力的感知将引发不同的情绪，并产生不同的品牌行为（Kervyn et al.，2012）。因此，在培育品牌关系时，营销人员可以利用特定的广告诉求或元素来突出热情和能力（Peter and Ponzi，2018；Chang et al.，2019）。有研究按照广告所塑造的品牌或产品形象的不同将广告诉求分为热情诉求和能力诉求。热情诉求是指通过在广告信息中展现善意、温馨、和蔼与真诚等积极情感，让消费者感知到其热情；而能力诉求是指在广告信息中展示产品带来的自信、效率、智力与竞争力等积极特征，让消费者感知到其能力（朱振中等，2020）。本文也将采用这一定义展开研究。

基于意图（热情）和能力感知两维度的品牌意图代理框架，在营销和消费者行为的研究中得到了支持和讨论（Bennett and Hill，2012；周飞和沙振权，2017）。最近的研究也开始探讨广告诉求如何能够突出和利用这些刻板印象，以及在什么条件下热情诉求和能力诉求可能会起作用。研究显示，热情（诚意）诉求对于高诚意品牌来源国（庞隽和毕圣，2015），圆润的圆形广告形状（李巧等，2017），相依自我建构的消费者（朱振中等，2020）以及高解释水平下的奢侈品牌与低解释水平下的可持续品牌（Septianto et al.，2021）更有效；而能力诉求对于高能力品牌来源国（庞隽和毕圣，2015），尖锐的矩形广告形状（李巧等，2017），独立自我建构的消费者（朱振中等，2020）以及高解释水平下的可持续品牌与低解释水平下的奢侈品牌（Septianto et al.，2021）则更有效。综上所述，热情诉求与能力诉求的相对有效性在不同消费情境下存在差异。

2.3　地区典型性与广告诉求方式的交互效应

地区典型性不同的地理标志农产品所呈现的特征及在消费者心目中的印象存在差异。地区典型性高，意味着消费者普遍容易形成产品与产地之间的积极联想，这一定程度上说明该产品是与多数人相关联的，而多数人的选择是一种优质的信号（Chiu，2008），许多人喜欢或购买该产品的事实表明该产品应该是好的（Deval et al.，2012）。因此，相对于低地区典型性地理标志农产品，消费者对高地区典型性地理标志农产品有品质卓越、质量优良与实力强劲等印象和认知，这与能力诉求着重塑造的实力雄厚、品质卓越与能力突出的良好形象（李巧等，2017）相匹配，而消费者在能力维度上的良好判断会产生积极影响（Kolbl et al.，2020）。研究表明当消费者评估一个具有能力印象的品牌或产品时，使用能力诉求会产生更积极的态度与评价（Septianto et al.，2021）。因此，本研究预测，对高地区典型性地理标志农产品采用能力诉求将引发消费者更积极的产品态度。相反，地区典型性低，意味着消费者没有形成产品与产地之间的积极联想，也就是说，相对于高地区典型性地理标志农产品，消费者对低地区典型性地理标志农产品难以形成品质卓越、能力突出与实力强劲等印象和认知，如果采用能力诉求这一与消费者认知不匹配的信息将使其难以接受进而降低对产品的认可。相反，采用热情诉求来传达真诚友好、温暖体贴与关怀顾客的良好形象（李巧等，2017）将更可能导致消费者对产品的积极评价（Kolbl et al.，2020）。因为有研究表明，热情是在能力之前做出判断的，热情始终作为主要维度出现且在情感和行为反应中更有分量（Fiske et al.，2007）。因此，相对于能力诉求，对低地区典型性地理标志农产品采用热情诉求更能减少消费者因信息不对称而产生的不确定性（Erdem et al.，2006），从而获得消费者的积极态度。此外，鉴于能力诉求和热情诉求都会引发消费者对产品的积极评价，本研究预测，当两者叠加使用（能力+热情诉求）时将可能赢得消费者更积极的产品态度与评价。综上，提出如下假设：

H1：地区典型性与广告诉求方式对消费者的产品态度有显著的交互作用。

H1a：当地区典型性高时，相较于热情诉求，采用能力诉求会使消费者对地理标志农产品产生更积极的态度。

H1b：当地区典型性低时，相较于能力诉求，采用热情诉求会使消费者对地理标志农产品产生更积极的态度。

H1c：相较于热情诉求或能力诉求，采用能力+热情诉求会使消费者对地理标志农产品产生更积极的态度。

2.4　感知诊断性与感知愉快的中介作用

感知诊断性来源于信息系统领域。在电子商务情境研究中，Jiang 和 Benbasat（2004）使用了感知诊断性这一概念来表示消费者对网站传递相关产品信息的能力的感知，这些信息可以帮助他们理解和评价在线销售产品的质量和性能。在社会化商务情境研究中，梁妮等（2020）将感知诊断性定义为朋友推荐信源对消费者在进行产品质量评估时的有用程度。借鉴其定义，本研究中的感知诊断性是指广告诉求对消费者在进行地理标志农产品质量评估时的有用程度。感知愉快是消费者情绪的测度，也是对营销刺激的情感反应的基本要素之一（Vieira，2013），它代表了个体情感的积极或消极程度，反映了情感的本质（Mehrabian，1996）。当个体感觉良好、快乐、满足或高兴时，就会产生愉快感知（Holmqvist and Lunardo，2015）。梁妮等（2020）将感知愉快定义为面对朋友推荐不同信源产品时的愉快程度。借鉴其定义，本研究中的感知愉快是指消费者面对地理标志农产品不同的广告诉求时的愉快程度。

消费者对高地区典型性地理标志农产品有品质卓越、质量优良与实力强劲等印象和认知，这一认知与着重塑造品牌或产品实力雄厚、品质卓越与能力突出（李巧等，2017）的能力诉求相匹配，将有助于消费者熟悉、了解及评估其质量。因此，能力诉求在消费者对高地区典型性地理标志农产品进行质量评估时的有用程度更高，即感知诊断性更高。研究显示，感知诊断性越高则越有利于消费者进行判断和决策（Xu et al.，2014），同时会对消费者的产品评价（Jiang and Benbasat，2004）、购买态度（Yi et al.，2017）、购买意愿（梁妮等，2020）与购买行为（赵英男等，2020）等产生积极影响。因此，本研究预测当地理标志农产品的地区典型性较高时，采用能力诉求能够提高消费者的感知诊断性，从而导致更有利的产品评价与态度，增加其购买意愿等。与能力诉求相比，热情诉求传达的真诚友好、温暖体贴与关怀顾客的良好形象将诱发消费者积极的情感反应。有证据表明，热情诉求可以引发消费者的愉快感（Fiske et al.，2007；Cuddy et al.，2008），而朱振中等（2020）进一步发现热情诉求对相依自我建构的消费者同样会产生愉快感。因此，可以推测与低地区典型性地理标志农产品相匹配的热情诉求会使消费者的愉快程度更高，即感知愉快更高。此外，以往的研究表明，积极情感与消费者的意图、态度和满意度密切相关（Ahn and Kwon，2020；Bi et al.，2020）。更高的感知愉快将使消费者有更强的购买意愿（Hsieh et al.，2014）、更高的支付意愿（Lin，2016）与更大的分享意愿（Kumar et al.，2021）。因此，本研究预测当地理标志农产品的地区典型性较低时，采用热情诉求能提高消费者的感知愉快，从而导致更有利的产品评价与态度。综上，提出如下假设：

H2：感知诊断性和感知愉快会中介地区典型性与广告诉求方式之间的交互作用。

H2a：高地区典型性与能力诉求对消费者地理标志农产品积极态度的促进作用通过感知诊断性中介。

H2b：低地区典型性与热情诉求对消费者地理标志农产品积极态度的促进作用通过感知愉快中介。

2.5 产品属性的调节作用

消费者对不同广告诉求的偏好会受到产品属性的影响。实用性和享乐性是两种常见的产品属性，两者的区别主要在于产品特征的不同。产品的实用性以认知驱动、工具性及实际效用为主要特征，强调其功能价值；而享乐性以感官愉悦、情感体验和想象为主要特征，强调其享乐价值（Dhar and Wertenbroch，2000）。产品的享乐性和实用性并非绝对，一种产品可能同时拥有享乐性属性和实用性属性（黄敏学等，2021），只是以其中表现较为突出或优越的一种占主导（Chitturi et al., 2008）。综上，产品的实用性属性主要满足消费者基本需求或者功能利益；享乐性属性主要为消费者提供情感体验或象征价值。

有研究表明，实用性产品主要受益于能力描述，而享乐性产品则受益于热情描述（Peter and Ponzi, 2018）。对于实用性消费，消费者更为谨慎、理性和重视产品的客观效用（Babin et al., 1994）。此时，他们更看中的是品牌或产品带来的功能强大、质量突出等特征（Dhar and Wertenbroch, 2000），而能力诉求着重塑造的实力雄厚、品质卓越与能力突出的良好形象（李巧等，2017），满足了消费者对于产品功能与质量的基本需求。同时，与能力诉求相匹配的高典型性也与实用性购物体验更相关，因为它促进了消费者的评估和购买过程（Babin and Babin, 2001）。因此，在强调产品的实用性（vs. 享乐性）属性时，高地区典型性与能力诉求的匹配更能获得消费者的积极态度。相反，对于享乐性消费，消费者则变得更为感性，更重视产品所带来的主观感受（Babin et al., 1994）。此时，他们更看中的是品牌或产品带来的快乐体验与情感愉悦等特征（Dhar and Wertenbroch, 2000），而热情诉求着重传达的真诚友好、温暖体贴与关怀顾客的良好形象（李巧等，2017），满足了消费者对于产品情感与享乐的基本需求。同时，与热情诉求相匹配的低典型性也与更多享乐性购买体验有关，更接近消费者对新感觉、新体验以及多样性的需求（Scarpi et al., 2019）。因此，在强调产品的享乐性（vs. 实用性）属性时，低地区典型性与热情诉求的匹配更能获得消费者的积极态度。综上，提出如下假设：

H3：产品属性会调节地区典型性与广告诉求方式对消费者产品态度的交互作用。

H3a：相对强调产品的享乐性属性，当强调产品的实用性属性时，高地区典型性与能力诉求对消费者地理标志农产品态度的交互促进作用更强。

H3b：相对强调产品的实用性属性，当强调产品的享乐性属性时，低地区典型性与热情诉求对消费者地理标志农产品态度的交互促进作用更强。

综上，本文的总体研究框架如图1所示。

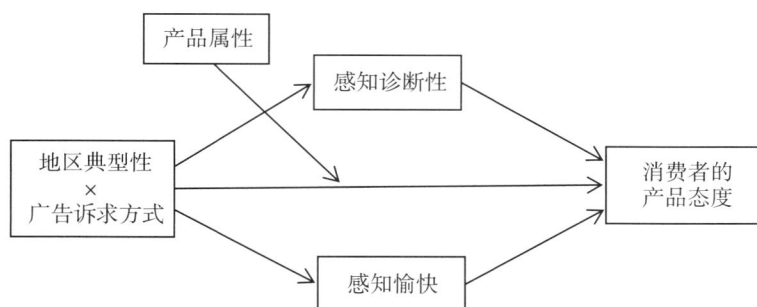

图1　研究框架

接下来本文将采用1个预实验和3个正式实验对上述假设进行验证。其中预实验是为3个正式实验选取合适的高/低地区典型性刺激产品。3个正式实验分别以不同的因变量（购买意愿、溢价支付意愿、推荐意愿）对消费者的产品态度进行测量以验证假设。实验一以购买意愿为因变量，验证地区典型性和广告诉求方式的交互效应；实验二以溢价支付意愿为因变量，验证感知诊断性和感知愉快在此交互效应中的中介效应；实验三以推荐意愿为因变量，验证产品属性（实用性 vs. 享乐性）对此交互效应的调节效应。

3. 研究设计与假设检验

3.1　预实验：不同地区典型性地理标志农产品的选择

预实验的主要目的是为正式实验选取合适的刺激产品。分别选取五常大米、金华火腿、阳澄湖大闸蟹作为高地区典型性地理标志农产品，选取肇源大米、盘县火腿、洪泽湖大闸蟹作为低地区典型性地理标志农产品。通过网络平台发放问卷 68 份，参与者随机填写高/低地区典型性两组问卷之一。根据地区典型性的定义设置了两条语项来测量参与者的地区典型性感知（1＝非常不同意，7＝非常同意）："当提到大米时，我会容易联想到五常（肇源）"；"我认为五常（肇源）大米的品质是好的"。

单因素方差分析结果显示，当提到大米时，相比肇源，参与者更容易联想到五常（$M_{肇源}$ = 3.647，SD = 1.649；$M_{五常}$ = 5.588，SD = 1.258；F（1，66）= 29.774，$p < 0.001$），而且参与者认为五常大米比肇源大米的品质更好（$M_{肇源}$ = 4.265，SD = 1.675；$M_{五常}$ = 5.824，SD = 0.968；F（1，66）= 22.065，$p < 0.001$）。这表明对于五常大米而言，消费者在产品与产地之间建立了积极联想，可被视为高地区典型性产品；相反，肇源大米则应被视为低地区典型性产品。同样，火腿（联想：$M_{盘县}$ = 2.667，SD = 1.586；$M_{金华}$ = 4.750，SD = 1.741；F（1，66）= 26.665，$p < 0.001$；品质：$M_{盘县}$ = 4.222，SD = 1.333；$M_{金华}$ = 5.563，SD = 1.076；F（1，66）= 20.475，$p < 0.001$）和大闸蟹（联想：$M_{洪泽湖}$ = 3.667，SD = 2.138；$M_{阳澄湖}$ = 6.063，SD = 1.045；F（1，66）= 33.104，$p < 0.001$；品质：$M_{洪泽湖}$ = 4.778，SD = 1.775；$M_{阳澄湖}$ = 6.063，SD = 0.982；F（1，66）= 13.173，$p < 0.001$）也显示了类似的结果。综上，本研究对于上述地理标志农产品的选取是合适的，可被用于正式实验。

3.2　实验一：地区典型性与广告诉求方式的交互效应

3.2.1　实验设计

本实验采用 2（地区典型性：高 vs. 低）×3（广告诉求方式：能力 vs. 热情 vs. 能力+热情）组间设计，主要目的是检验地区典型性与广告诉求方式对购买意愿的交互作用，即假设 H1、H1a、H1b、H1c。通过网络平台共发放实验问卷 376 份，参与者为普通消费者。剔除不认真作答的问卷后得到有效样本 330 份，其中女性为 162 人，占比 49.1%，参与者平均年龄为 27.34 岁。

本实验以大米为刺激产品，其中高地区典型性产品为五常大米，低地区典型性产品为肇源大米。

选择大米作为刺激产品，主要基于以下两点原因：第一，大米在日常生活中较为常见，参与者较为熟悉，购买率高，便于理解广告信息。第二，大米具有明显的高/低地区典型性之分，便于实验操纵。此外，本实验对广告诉求方式进行了操纵，能力诉求示例如下："晶莹透亮，芳香爽口，营养丰富，品质卓越；产地得天独厚的自然地理环境，孕育了正宗浓郁的米中极品；五常（肇源）大米，您理想的大米品牌选择"等；热情诉求示例如下："唇齿留香，惊觉味蕾，只为让您一见倾心；融入产地经久传承的美好寓意，追寻产地历史文化的温暖足迹；五常（肇源）大米，用心培育，给您幸福的滋味"等；能力+热情诉求示例如下："晶莹透亮，芳香爽口，营养丰富，品质卓越；产地得天独厚的自然环境，融入经久传承的美好寓意，孕育了正宗浓郁的米中极品，让人唇齿留香，一见倾心；五常（肇源）大米，理想的大米品牌，用心培育，带给您幸福快乐的滋味"等。

实验程序如下：参与者被随机分配到 6 种条件之一。首先，向参与者简单介绍该产品并展示其相应的广告宣传语（包括图片与文字）。接着，参与者需要回答关于能力诉求与热情诉求的操纵检验测项。分别采用四条语项进行测量（1 = 非常不相关，7 = 非常相关）：请表明以下特性与该广告中的五常（肇源）大米的关联程度，能力诉求："有能力的/有实力的/高品质的/有竞争力的"（α = 0.816；参考 Fiske et al.，2007；Gunturkun et al.，2020）；热情诉求："友好的/贴心的/温暖的/真诚的"（α = 0.850；参考 Fiske et al.，2007；Gunturkun et al.，2020）。然后，参与者回答了对该产品的购买意愿测项。采用三条语项进行测量（1 = 非常不同意，7 = 非常同意）："我会考虑购买该五常（肇源）大米"；"我很可能会购买该五常（肇源）大米"；"我对购买该五常（肇源）大米很感兴趣"（α = 0.823；参考 Steinhart et al.，2014；Belanche et al.，2021）。此外，参与者还回答了关于产品熟悉度和地区形象的测项，考虑到它们对购买意愿的潜在影响，将其作为控制变量纳入模型。最后收集了参与者的基本人口统计信息。

3.2.2　实验结果

（1）操纵检验。配对样本 T 检验结果显示，在能力诉求条件下，参与者对广告宣传语的能力感知更高（$M_{能力}$ = 5.900，SD = 0.713；$M_{热情}$ = 5.472，SD = 1.042；t（109）= 4.445，$p < 0.001$）；在热情诉求条件下，参与者对广告宣传语的热情感知更高（$M_{能力}$ = 5.618，SD = 1.051；$M_{热情}$ = 5.905，SD = 0.820；t（109）= 4.070，$p < 0.001$）；在能力+热情诉求条件下，参与者对广告宣传语的能力感知和热情感知都很高，且两者无显著差异（$M_{能力}$ = 5.848，SD = 0.750；$M_{热情}$ = 5.802，SD = 0.760；t（109）= 1.064，p = 0.290）。因此，本实验对广告诉求方式的操纵是成功的。

（2）交互效应检验。将地区典型性和广告诉求方式作为固定因子，以购买意愿作为因变量，并将性别、年龄、受教育程度、个人月消费、是否购买过、产品熟悉度以及地区形象作为控制变量，进行方差分析。结果显示，地区典型性对购买意愿的主效应是显著的（F（1，317）= 5.709，p = 0.017），地区典型性和广告诉求方式对购买意愿有显著的交互作用（F（2，317）= 10.201，$p < 0.001$），假设 H1 得到验证。进一步进行简单效应分析显示，对于高地区典型性，各广告诉求间存在显著差异（F（2，317）= 5.279，p = 0.006）。其中，能力诉求较热情诉求更能引发消费者的购买意愿（$M_{能力}$ = 5.789，SD = 0.724；$M_{热情}$ = 5.418，SD = 0.946；p = 0.009），能力+热情诉求较热情诉求也更能引发消费者的购买意愿（$M_{能力+热情}$ = 5.740，SD = 0.809；$M_{热情}$ = 5.418，SD = 0.946；p = 0.029），

而能力诉求与能力+热情诉求对消费者的购买意愿无显著差异（$p = 0.970$），H1a 得到验证。对于低地区典型性，各广告诉求间存在显著差异（F（2，317）$= 5.534$，$p = 0.004$）。其中，热情诉求较能力诉求更能引发消费者的购买意愿（$M_{能力} = 5.340$，SD $= 0.882$；$M_{热情} = 5.720$，SD $= 0.952$；$p = 0.008$），热情诉求较能力+热情诉求也更能引发消费者的购买意愿（$M_{能力+热情} = 5.380$，SD $= 0.949$；$M_{热情} = 5.720$，SD $= 0.952$；$p = 0.018$），而能力诉求与能力+热情诉求对消费者的购买意愿无显著差异（$p = 0.983$），H1b 得到验证。综上，H1c 并未得到验证。结果如图 2 所示。

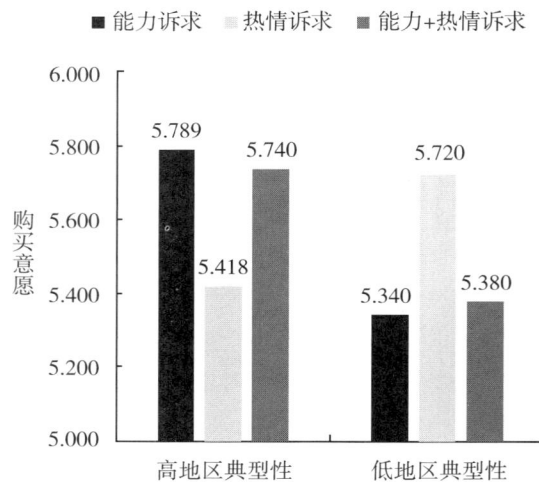

图 2　地区典型性和广告诉求方式的交互效应

3.2.3　结果讨论

实验一通过选取五常大米与肇源大米分别作为高/低地区典型性刺激产品，采用不同的广告诉求方式（能力诉求 vs. 热情诉求 vs. 能力+热情诉求）来引发消费者不同的购买意愿。具体来说，对于高地区典型性地理标志农产品，采用能力或能力+热情（vs. 热情）诉求更能提高消费者的购买意愿，但采用能力+热情诉求与仅采用能力诉求对消费者购买意愿的影响并不显著，这可能是因为当地区典型性高时，消费者对地理标志农产品有品质卓越、质量优良与实力强劲等印象和认知，此时，他们更看重的是与自己认知相匹配的能力诉求，而不在意有无热情诉求。因此，采用能力+热情诉求较单独的能力诉求并不能显著提高消费者的购买意愿。相反，对于低地区典型性地理标志农产品，采用热情（vs. 能力或能力+热情）诉求更能提高消费者的购买意愿。能力+热情诉求对消费者购买意愿的引发作用反而不如仅采用热情诉求，这可能是因为消费者对低地区典型性地理标志农产品没有形成品质卓越、质量优良与能力突出等印象与认知，包含能力诉求的广告策略可能与消费者的认知产生冲突，使消费者难以接受进而降低对产品的认可。据此，假设 H1、H1a、H1b 得到验证，H1c未得到验证。综上，对于不同地区典型性的地理标志农产品，均未出现广告诉求方式的叠加效应，因此，在后续实验中将不再考虑能力+热情这一广告诉求方式。

值得注意的是，虽然提高消费者的购买意愿一定程度上能提升地理标志农产品的品牌价值，但更重要在于提高地理标志农产品的价值感知（表现为消费者的溢价支付意愿）。因此，在实验二中，将溢价支付意愿作为因变量进行假设检验。同时，在实验一中使用初级农产品作为刺激产品，在实验二中将选取加工农产品（火腿）作为刺激产品，这将扩大此效应的外部效度。此外，实验二还将进行感知诊断性和感知愉快的中介效应检验。

3.3　实验二：感知诊断性和感知愉快的中介效应

3.3.1　实验设计

本实验采用 2（地区典型性：高 vs. 低）×2（广告诉求方式：能力 vs. 热情）组间设计，主要目的是检验感知诊断性和感知愉快在此交互效应中的中介作用，即假设 H2、H2a、H2b。通过网络平台共发放实验问卷 263 份，参与者为普通消费者。剔除不认真作答的问卷后得到有效样本 232 份，其中女性为 108 人，占比 46.6%，参与者平均年龄为 27.77 岁。

本实验以火腿为刺激产品，其中高地区典型性产品为金华火腿，低地区典型性产品为盘县火腿。选择火腿作为刺激产品，除了与实验一相同的两点原因外，主要是通过不同的产品类型（加工农产品）扩大此效应的外部效度。此外，本实验对广告诉求方式进行了操纵，能力诉求示例如下："色泽鲜艳，咸香可口，营养丰富，品质优良；产地独特的自然环境和经典的加工工艺，孕育了正宗卓越的美味鲜肉；金华（盘县）火腿，您理想的火腿品牌选择"等；热情诉求示例如下："唇齿留香，惊觉味蕾，让您告别一切烦恼；融入产地经久传承的美好寓意，追寻产地温暖阳光的红红火火；金华（盘县）火腿，用心精制，给您幸福快乐的味道"等。

实验程序如下：参与者被随机分配到 4 种条件之一。首先，向参与者简单介绍该产品并展示其相应的广告宣传语（包括图片与文字）。接着，参与者需要回答关于能力诉求与热情诉求的操纵检验测项（同实验一）。随后，参与者回答了对该产品的溢价支付意愿测项。采用三条语项进行测量（1＝非常不同意，7＝非常同意）："与同类产品相比，我愿意支付更高的价格购买该金华（盘县）火腿"；"该金华（盘县）火腿的价格稍微提高，我也愿意继续购买"；"即使同类产品价格稍微低一点，我也愿意购买该金华（盘县）火腿"（$\alpha = 0.920$；参考邵兵家和崔文昌，2016；Dwivedi et al.，2018）。然后，参与者回答了感知诊断性和感知愉快的测项。感知诊断性采用三条语项进行测量（1＝非常不同意，7＝非常同意）："该广告宣传语有助于我对金华（盘县）火腿的评估"；"该广告宣传语有助于我熟悉金华（盘县）火腿"；"该广告宣传语有助于我了解金华（盘县）火腿的质量"（$\alpha = 0.877$；参考 Jiang and Benbasat，2007；梁妮等，2020）；感知愉快采用五条语项进行测量（1＝非常不同意，7＝非常同意）："该广告宣传语让我感到愉快/高兴/满意/轻松/温暖"（$\alpha = 0.917$；参考 Yu，2014；梁妮等，2020）。最后收集了参与者的基本人口统计信息。

3.3.2　实验结果

（1）操纵检验。配对样本 T 检验结果显示，在能力诉求条件下，参与者对广告宣传语的能力感知更高（$M_{能力} = 6.020$，SD = 0.648；$M_{热情} = 5.461$，SD = 1.253；$t(114) = 5.460$，$p < 0.001$）；在热

情诉求条件下，参与者对广告宣传语的热情感知更高（$M_{能力} = 5.598$，SD $= 1.327$；$M_{热情} = 5.919$，SD $= 0.945$；t（116）$= 2.902$，$p = 0.004$）。因此，本实验对广告诉求方式的操纵是成功的。

（2）交互效应检验。将地区典型性和广告诉求方式作为固定因子，以溢价支付意愿作为因变量，并将性别、年龄、受教育程度、个人月消费以及是否购买过作为控制变量，进行方差分析。结果显示，地区典型性和广告诉求方式对溢价支付意愿有显著的交互作用（F（1，223）$= 18.697$，$p < 0.001$），假设 H1 再次得到验证。进一步进行简单效应分析显示，对于高地区典型性，能力诉求较热情诉求更能引发消费者的溢价支付意愿（$M_{能力} = 5.840$，SD $= 0.885$；$M_{热情} = 5.123$，SD $= 1.439$；F（1，223）$= 13.399$，$p < 0.001$），H1a 再次得到验证；对于低地区典型性，热情诉求较能力诉求更能引发消费者的溢价支付意愿（$M_{能力} = 5.284$，SD $= 1.263$；$M_{热情} = 5.779$，SD $= 1.155$；F（1，223）$= 6.081$，$p = 0.014$），H1b 再次得到验证。

（3）中介效应检验。使用 Hayes（2013）提出的被调节的中介模型，选择 PROCESS Model 8，在 95% 的置信区间下，样本量选择 5000 进行 Bootstrap 检验。将广告诉求方式作为自变量，地区典型性作为调节变量，同时将感知诊断性和感知愉快作为中介变量，将溢价支付意愿作为因变量，并将性别、年龄、受教育程度、个人月消费以及是否购买过作为控制变量放入模型。结果显示，地区典型性和广告诉求方式的交互显著影响消费者的感知诊断性（$\beta = 0.628$，SE $= 0.244$，$t = 2.576$，$p = 0.011$）和感知愉快（$\beta = 0.638$，SE $= 0.251$，$t = 2.543$，$p = 0.012$），感知诊断性（$\beta = 0.485$，SE $= 0.072$，$t = 6.760$，$p < 0.001$）和感知愉快（$\beta = 0.375$，SE $= 0.070$，$t = 5.370$，$p < 0.001$）又显著影响消费者的溢价支付意愿，且直接效应是显著的（$\beta = 0.669$，SE $= 0.210$，$t = 3.183$，$p = 0.002$），假设 H2 得到验证。此外，在高地区典型性下，感知诊断性的条件间接效应是显著的（$\beta = 0.382$；95% CI ［0.119，0.677］），但在低地区典型性下是不显著的（$\beta = 0.077$；95% CI ［-0.104，0.264］），H2a 得到验证；在低地区典型性下，感知愉快的条件间接效应是显著的（$\beta = -0.228$；95% CI ［-0.504，-0.058］），但在高地区典型性下是不显著的（$\beta = 0.011$；95% CI ［-0.120，0.214］），H2b 得到验证。结果如图 3 所示。

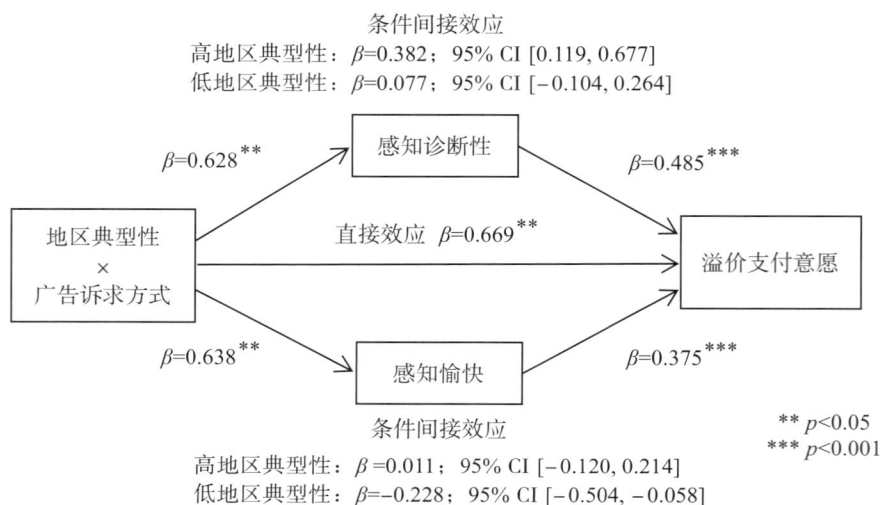

条件间接效应
高地区典型性：$\beta = 0.382$；95% CI [0.119, 0.677]
低地区典型性：$\beta = 0.077$；95% CI [-0.104, 0.264]

$\beta = 0.628^{**}$　感知诊断性　$\beta = 0.485^{***}$

地区典型性 × 广告诉求方式　直接效应 $\beta = 0.669^{**}$　溢价支付意愿

$\beta = 0.638^{**}$　感知愉快　$\beta = 0.375^{***}$

条件间接效应
高地区典型性：$\beta = 0.011$；95% CI [-0.120, 0.214]
低地区典型性：$\beta = -0.228$；95% CI [-0.504, -0.058]

$** p < 0.05$
$*** p < 0.001$

图 3　感知诊断性和感知愉快的中介效应

3.3.3　结果讨论

实验二通过选取金华火腿与盘县火腿分别作为高/低地区典型性刺激产品，采用不同的广告诉求方式（能力诉求 vs. 热情诉求）来引发消费者不同的心理机制进而产生溢价支付意愿。具体来说，对于高地区典型性地理标志农产品，采用能力（vs. 热情）诉求会引发消费者的感知诊断性进而提高其溢价支付意愿；相反，对于低地区典型性地理标志农产品，采用热情（vs. 能力）诉求会引发消费者的感知愉快进而提高其溢价支付意愿。因此，假设 H2、H2a、H2b 得到验证。

实验一和实验二分别证明了地区典型性与广告诉求的匹配会提高消费者的购买意愿和溢价支付意愿，但地理标志品牌价值的实现也有赖于消费者的口碑宣传。因此，在实验三中，将消费者的推荐意愿作为因变量进行假设检验。同时，将再次更换农产品，以大闸蟹作为刺激产品。此外，实验三还将进行产品属性的调节效应检验。

3.4　实验三：产品属性的调节效应

3.4.1　实验设计

本实验采用 2（地区典型性：高 vs. 低）×2（广告诉求方式：能力 vs. 热情）×2（产品属性：实用性 vs. 享乐性）组间设计，主要目的是检验产品属性在此交互效应中的调节作用，即假设 H3、H3a、H3b。通过网络平台共发放实验问卷 488 份，参与者为普通消费者。剔除不认真作答的问卷后得到有效样本 445 份，其中女性为 169 人，占比 38%，参与者平均年龄为 27.37 岁。

本实验以大闸蟹为刺激产品，其中高地区典型性产品为阳澄湖大闸蟹，低地区典型性产品为洪泽湖大闸蟹。选择大闸蟹作为刺激产品，除实验一和实验二中提到的原因外，主要在于大闸蟹同时具有实用性和享乐性，便于产品属性的操纵。产品属性的操纵示例如下，实用性："其功不独散，而能和血也，大闸蟹丰富的蛋白质及各种微量元素造就了极高的营养价值与药用功效，是滋养与修复人体的理想之选"等；享乐性："带霜烹紫蟹，煮酒烧红叶，浓浓秋意里，邀三两好友，品味鲜嫩可口，唇齿留香的极品闸蟹，来一场舌尖上的盛宴与精神上的享受"等。此外，本实验对广告诉求方式进行了操纵，能力诉求示例如下："体大膘肥，至臻美味，营养丰富，品质卓越；产地得天独厚的自然地理环境，孕育了正宗鲜活的蟹中极品；阳澄湖（洪泽湖）大闸蟹，值得选择的大闸蟹品牌"等；热情诉求示例如下："唇齿留香，惊觉味蕾，只为让您一见倾心；融入产地经久传承的美好寓意，追寻产地历史文化的温暖气息，阳澄湖（洪泽湖）大闸蟹，用心生产，给您幸福的滋味"等。

实验程序如下：参与者被随机分配到 8 种条件之一。首先，向参与者展示产品属性的操纵材料并要求其回答操纵检验测项。采用单条语项进行测量（1＝享乐性，7＝实用性）："您认为该阳澄湖（洪泽湖）大闸蟹更具有享乐性还是实用性"。接着，向参与者展示该产品相应的广告宣传语（包括图片与文字）并要求其回答关于能力诉求与热情诉求的操纵检验测项（同实验一）。随后，参与者回答了感知诊断性和感知愉快的测项（同实验二）以及对该产品的推荐意愿测项。采用三条语项进行测量（1＝非常不同意，7＝非常同意）："我会向亲朋好友推荐该阳澄湖（洪泽湖）大闸蟹"；"我会向亲朋好友分享关于该阳澄湖（洪泽湖）大闸蟹的信息"；"我会建议亲朋好友购买该阳澄湖（洪泽湖）大闸蟹"（$\alpha = 0.886$；参考张德鹏等，2019；Belanche et al.，2021）。最后收集了参与者的基本人口统计信息。

3.4.2　实验结果

（1）操纵检验。产品属性：单因素方差分析结果显示，享乐性条件下的均值小于实用性条件下的均值，且两者差异显著（$M_{享乐性} = 4.554$，SD = 2.220；$M_{实用性} = 5.883$，SD = 1.341；$F_{(1, 443)} = 58.537$，$p<0.001$）。广告诉求方式：配对样本 T 检验结果显示，在能力诉求条件下，参与者对广告宣传语的能力感知更高（$M_{能力} = 5.959$，SD = 0.822；$M_{热情} = 5.362$，SD = 1.319；$t_{(223)} = 8.317$，$p<0.001$）；在热情诉求条件下，参与者对广告宣传语的热情感知更高（$M_{能力} = 5.596$，SD = 1.175；$M_{热情} = 5.903$，SD = 0.987；$t_{(220)} = 5.936$，$p<0.001$）。因此，本实验对产品属性和广告诉求方式的操纵均是成功的。

（2）交互效应检验。将地区典型性和广告诉求方式作为固定因子，以推荐意愿作为因变量，并将性别、年龄、受教育程度、个人月消费以及是否购买过作为控制变量，进行方差分析。结果显示，地区典型性和广告诉求方式对推荐意愿有显著的交互作用（$F_{(1, 436)} = 21.560$，$p<0.001$），假设 H1 再次得到验证。进一步进行简单效应分析显示，对于高地区典型性，能力诉求较热情性诉求更能引发消费者的推荐意愿（$M_{能力} = 5.832$，SD = 1.018；$M_{热情} = 5.426$，SD = 1.122；$F_{(1, 436)} = 10.841$，$p = 0.001$），H1a 再次得到验证；对于低地区典型性，热情诉求较能力诉求更能引发消费者的推荐意愿（$M_{能力} = 5.526$，SD = 0.968；$M_{热情} = 5.928$，SD = 0.966；$F_{(1, 436)} = 10.695$，$p = 0.001$），H1b 再次得到验证。

（3）中介效应检验。使用 Hayes（2013）提出的被调节的中介模型，选择 PROCESS Model 8，在 95% 的置信区间下，样本量选择 5000 进行 Bootstrap 检验。将广告诉求方式作为自变量，地区典型性作为调节变量，同时将感知诊断性和感知愉快作为中介变量，将推荐意愿作为因变量，并将性别、年龄、受教育程度、个人月消费以及是否购买过作为控制变量放入模型。结果显示，地区典型性和广告诉求方式的交互显著影响消费者的感知诊断性（$\beta = 0.860$，SE = 0.171，$t = 5.025$，$p<0.001$）和感知愉快（$\beta = 0.792$，SE = 0.171，$t = 4.640$，$p<0.001$），感知诊断性（$\beta = 0.446$，SE = 0.041，$t = 10.930$，$p<0.001$）和感知愉快（$\beta = 0.428$，SE = 0.041，$t = 10.481$，$p<0.001$）又显著影响消费者的推荐意愿，假设 H2 再次得到验证。此外，在高地区典型性下，感知诊断性的条件间接效应是显著的（$\beta = 0.399$；95% CI ［0.245，0.570］），但在低地区典型性下是不显著的（$\beta = 0.016$；95% CI ［-0.086，0.121］），H2a 再次得到验证；在低地区典型性下，感知愉快的条件间接效应是显著的（$\beta = -0.324$；95% CI ［-0.469，-0.208］），但在高地区典型性下是不显著的（$\beta = 0.015$；95% CI ［-0.090，0.131］），H2b 再次得到验证。

（4）调节效应检验。首先，将地区典型性、广告诉求方式和产品属性作为固定因子，以推荐意愿作为因变量，并将性别、年龄、受教育程度、个人月消费以及是否购买过作为控制变量，进行方差分析。结果显示，地区典型性和广告诉求方式对推荐意愿有显著的交互作用（$F_{(1, 432)} = $

21.946，$p<0.001$）。产品属性和广告诉求方式对推荐意愿有显著的交互作用（F（1，432）= 10.785，$p=0.001$）。地区典型性、广告诉求方式和产品属性三者对推荐意愿有显著的交互作用（F（1，432）= 4.136，$p=0.043$），假设 H3 得到验证。

为便于解释，进行分组分析。在强调实用性属性条件下，地区典型性和广告诉求方式对推荐意愿有显著的交互作用（F（1，214）= 3.910，$p=0.049$）。进一步进行简单效应分析显示，对于高地区典型性，能力诉求较热情诉求更能引发消费者的推荐意愿（$M_{能力}$ = 6.004，SD = 0.958；$M_{热情}$ = 5.479，SD = 1.087；F（1，214）= 9.615，$p=0.002$）；对于低地区典型性，热情诉求和能力诉求对消费者的推荐意愿没有显著差异（$M_{能力}$ = 5.759，SD = 0.853；$M_{热情}$ = 5.712，SD = 1.078；F（1，214）= 0.075，$p=0.785$），H3a 得到验证。结果如图 4 所示。在强调享乐性属性条件下，地区典型性和广告诉求方式对推荐意愿有显著的交互作用（F（1，213）= 21.408，$p<0.001$）。进一步进行简单效应分析显示，对于低地区典型性，热情诉求较能力诉求更能引发消费者的推荐意愿（$M_{能力}$ = 5.275，SD = 0.993；$M_{热情}$ = 6.149，SD = 0.762；F（1，213）= 24.796，$p<0.001$）；对于高地区典型性，能力诉求和热情诉求对消费者的推荐意愿没有显著差异（$M_{能力}$ = 5.662，SD = 1.061；$M_{热情}$ = 5.390，SD = 1.165；F（1，213）= 2.381，$p=0.124$），H3b 得到验证。结果如图 5 所示。

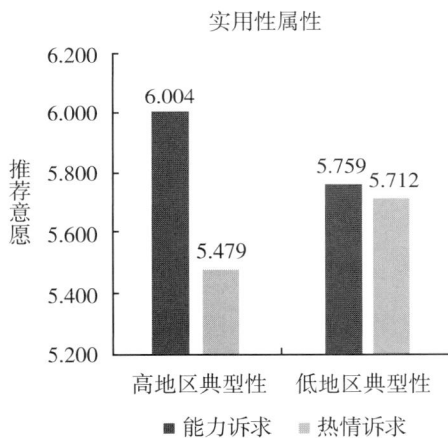

图 4　实用性属性对交互效应的影响　　　图 5　享乐性属性对交互效应的影响

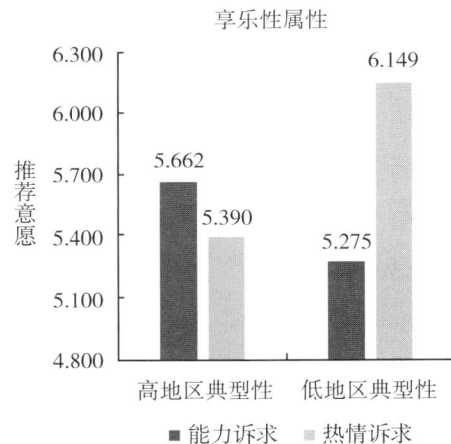

3.4.3　结果讨论

实验三通过选取阳澄湖大闸蟹与洪泽湖大闸蟹分别作为高/低地区典型性刺激产品，分别操纵其产品属性（实用性 vs. 享乐性）并采用不同的广告诉求方式（能力诉求 vs. 热情诉求）来引发消费者的推荐意愿。具体来说，高地区典型性与能力诉求对消费者推荐意愿的交互促进作用在实用性（vs. 享乐性）属性下更强，低地区典型性与热情诉求对消费者推荐意愿的交互促进作用在享乐性（vs. 实用性）属性下更强。因此，假设 H3、H3a、H3b 得到验证。

4. 结论与讨论

4.1 研究结论

本研究从地理标志农产品产地的"典型性"视角出发，通过 3 个实验检验了地区典型性与广告诉求方式对消费者产品态度（购买意愿、溢价支付意愿、推荐意愿）的交互效应、作用机制及边界条件。主要结论如下：

（1）实验一通过选取初级农产品为刺激产品，证明了地区典型性与广告诉求方式对消费者购买意愿有交互作用。即当地理标志农产品的地区典型性高时，采用能力（vs. 热情）诉求将提高消费者的购买意愿；当地理标志农产品的地区典型性低时，采用热情（vs. 能力）诉求将提高消费者的购买意愿；对于不同地区典型性的地理标志农产品，能力+热情诉求的叠加效应均不显著。此外，高地区典型性地理标志农产品的购买意愿显著高于低地区典型性地理标志农产品。

（2）实验二通过更换刺激产品（加工农产品）及因变量（溢价支付意愿）证明了感知诊断性在高地区典型性下采用能力诉求对消费者溢价支付意愿的提升中起中介作用；感知愉快在低地区典型性下采用热情诉求对消费者溢价支付意愿的提升中起中介作用。

（3）实验三通过再次更换刺激产品及因变量（推荐意愿）证明了当强调产品的实用性（vs. 享乐性）属性时，高地区典型性采用能力诉求将更能提高消费者的推荐意愿；当强调产品的享乐性（vs. 实用性）属性时，低地区典型性采用热情诉求更能提高消费者的推荐意愿。

4.2 理论贡献

本研究的理论贡献主要体现在以下几个方面：

第一，提出了地理标志农产品分类及其消费行为研究的新视角。以往关于地理标志农产品分类的研究大多从"产品"本身视角出发（青平等，2018；仝海芳等，2020），分析消费者对不同类别地理标志农产品的偏好及其形成机理与影响因素。本研究基于地理标志农产品与产地密切关联的本质特征，从"产品"与"产地"的关系出发，将消费者对地理标志"产品"与"产地"之间建立的联想感知界定为"地区典型性"，并由此视角探究地区典型性不同情境下的地理标志农产品，采用何种广告诉求策略更能引发消费者的积极态度，以及这一效应发生的内在机制与作用边界。这既是对典型性研究的有益补充，也是地理标志农产品消费行为研究视角的新尝试，为未来继续从"地区典型性"视角全面分析地理标志农产品消费行为进行了探索性工作。

第二，丰富和完善了营销领域尤其是消费者行为领域中对广告诉求匹配效应的研究。以往关于热情诉求与能力诉求对消费行为影响的研究，多从消费者特征（独立自我 vs. 相依自我）（朱振中，2020）和品牌特征（奢侈品牌 vs. 可持续品牌）（Septianto et al.，2021）等视角，探究其在不同情境下的分异规律。本研究引入"地区典型性"这一新的情境变量，探讨能力诉求与热情诉求在地理标志农产品不同地区典型性（高 vs. 低）情境下的相对有效性，并得到了具有价值的研究结论，也是对广告诉求方式在农产品消费行为研究中的重要补充。

第三，本研究构建了从地区典型性与广告诉求方式匹配到感知诊断性与感知愉快再到消费者的产品态度（购买意愿、溢价支付意愿、推荐意愿）的因果链模型，揭示了这一交互效应及其内在发生机理，同时，将产品属性引入研究模型，明确了此交互效应发挥作用的边界条件，在理论上建立了较为完整清晰的框架，也为农产品地理标志品牌价值提升提供了可行的实践路径。

4.3 管理启示

本研究结论对地理标志农产品营销及品牌价值提升等具有重要启示。

对经营者而言，首先，要对地理标志农产品进行地区典型性评估，充分了解消费者对其产品的刻板印象，即消费者是否建立了"产品"与"产地"的积极联想，这样才能更加精准地实施营销策略。其次，针对不同地区典型性的地理标志农产品应采用不同的广告诉求方式。现实中大多数广告宣传着重强调产品质量过硬、品质卓越等特征，而忽略了向消费者传递善意。本研究证实对于高地区典型性产品应采用能力诉求，在广告宣传或产品包装上要尽可能体现产品质量好、品质佳与实力出众等特征来提高消费者对产品的评估与理解；相反，对于低地区典型性产品应更多采用热情诉求，在广告宣传或产品包装上要尽可能体现真诚、温暖与热情友好等特征来提高消费者的愉快感知。最后，要明确产品定位或强调产品属性。当地区典型性高时，在采用能力诉求的同时应特别强调其实用性属性；相反，当地区典型性低时，在采用热情诉求的同时应特别强调其享乐性属性。只有这样才能提高消费者兴趣，促进购买和溢价支付行为，从而助力地理标志品牌价值的进一步提升。

对地方政府而言，应通过各种途径助力地理标志农产品尤其是低地区典型性地理标志农产品的市场拓展和品牌建设。实验一在证明了地区典型性与广告诉求方式匹配效应的同时，也发现从整体上看，消费者对高（vs. 低）地区典型性地理标志农产品显示了更高的购买意愿，这意味着低地区典型性地理标志农产品价值提升空间更大。同时，许多低地区典型性地理标志农产品来自欠发达地区，通过宣传和推广此类地理标志农产品，对巩固拓展脱贫攻坚成果、实现乡村全面振兴大有裨益，对统筹区域平衡协调发展、实现共同富裕也具有重要的社会意义。因此，政府应通过举办各类农产品博览会、推介会等对低地区典型性地理标志农产品进行广泛宣传和推广。此外，通过打造和建设农产品区域公用品牌以及公共宣传平台，将一个个单独的农产品地理标志品牌整合起来形成集聚力量，让更多的地理标志农产品尤其是低地区典型性地理标志农产品"借船出海"，在市场竞争的大潮中展现优势。同时，注重对产地特殊的自然资源和人文历史的全面宣传和介绍，让更多的消费者对产地留下深刻印象，以此构建地理标志农产品与产地的积极联想，从而促进地理标志品牌价值提升和区域社会经济全面发展。

4.4 研究不足与展望

本研究虽然取得一些有意义的结论，但仍存在一些不足有待继续完善。首先，本研究所调查的消费者平均年龄稍低，多数为青年群体，其他年龄段群体的样本有待增加，未来的研究要优化样本年龄结构，尽可能使各年龄群体相对平均，以此来提高其外部效度。其次，本研究将能力诉求与热情诉求作为不同地区典型性地理标志农产品的广告宣传策略，但广告诉求方式不仅限于此，未来的研究也可以探讨其他广告诉求方式（抽象诉求 vs. 具体诉求）与地区典型性的匹配效应，以此为农产品地理标志品牌价值提升寻找更多路径。最后，本研究对地区典型性的探讨只聚焦于来自不同产地的同一类别地理标志农产品这一情形，而对于来自同一产地的不同类别地理标志农产品（洛阳牡丹 vs. 洛阳丹参）的地区典型性差异并未考虑，未来的研究还可以从后者出发，探究其如何影响消费者的判断与决策，以此从多方面为推动地理标志产业兴旺以及乡村振兴提供指导。

◎ 参考文献

[1] 黄敏学，高蕾，李婷. 移动场景下的口碑评价：调节定向视角 [J]. 南开管理评论，2021（3）.

[2] 李巧，刘凤军，李玉玲. 广告形状——广告诉求匹配度对广告说服力的影响 [J]. 营销科学学报，2017（3）.

[3] 梁妮，李琪，乔志林，等. 朋友推荐产品来源对于消费者感知及其购买意愿影响的实证研究——以微信平台为例 [J]. 管理评论，2020（4）.

[4] 庞隽，毕圣. 广告诉求——品牌来源国刻板印象匹配度对品牌态度的影响机制 [J]. 心理学报，2015（3）.

[5] 青平，张胜男，邹俊，等. 地理标志品牌与广告诉求的交互作用对品牌忠诚的影响机制研究 [J]. 营销科学学报，2018（2）.

[6] 邵兵家，崔文昌. 网络零售商无缺陷退货政策对溢价支付意愿的影响研究 [J]. 软科学，2016（7）.

[7] 仝海芳，李艳军，黄庆节. 根脉诉求与产品类型的交互作用对消费者地理标志产品购买意愿的影响 [J]. 农业现代化研究，2020（2）.

[8] 王海忠，杨光玉，江红艳，等. 跨国品牌联盟中国家典型性对原产国效应的稀释作用 [J]. 营销科学学报，2013（1）.

[9] 王笑冰. 关联性要素与地理标志法的构造 [J]. 法学研究，2015（3）.

[10] 张德鹏，林萌菲，陈春峰，等. 品牌社区中情感和关系会激发推荐吗？——顾客心理依附对口碑推荐意愿的影响研究 [J]. 管理评论，2019（2）.

[11] 赵英男，王欣，王全胜，等. 默认好评对消费者购买行为的影响 [J]. 管理科学，2020（4）.

[12] 周飞，沙振权. 品牌拟人化对温暖和能力的影响：心理距离和成人玩兴的视角 [J]. 当代财经，2017（1）.

[13] 朱振中，刘福，Haipeng（Allan）Chen. 能力还是热情？广告诉求对消费者品牌认同和购买意向的影响 [J]. 心理学报，2020，52（3）.

[14] Abele, A. E., Cuddy, A. J. C., Judd, C. M., et al. Fundamental dimensions of social judgment [J]. European Journal of Social Psychology, 2008, 38（7）.

［15］Ahn, J., Kwon, J. Green hotel brands in Malaysia: Perceived value, cost, anticipated emotion, and revisit intention ［J］. Current Issues in Tourism, 2020, 23（12）.

［16］Babin, B. J., Babin, L. Seeking something different? A model of schema typicality, consumer affect, purchase intentions and perceived shopping value ［J］. Journal of Business Research, 2001, 54（2）.

［17］Babin, B. J., Darden, W. R., Griffin, M. Work and/or fun: Measuring hedonic and utilitarian shopping value ［J］. Journal of Consumer Research, 1994, 20（4）.

［18］Belanche, D., Casalo, L. V., Flavian, M., et al. Understanding influencer marketing: The role of congruence between influencers, products and consumers ［J］. Journal of Business Research, 2021, 132.

［19］Bennett, A. M., Hill, R. P. The universality of warmth and competence: A response to brands as intentional agents ［J］. Journal of Consumer Psychology, 2012, 22（2）.

［20］Bi, N., Yin, C. Y., Chen, Y. A bittersweet experience! The effect of mixed emotions on business tourists' revisit intentions ［J］. Journal of Travel & Tourism Marketing, 2020, 37（6）.

［21］Chang, Y. P., Li, Y., Yan, J., et al. Getting more likes: The impact of narrative person and brand image on customer-brand interactions ［J］. Journal of the Academy of Marketing Science, 2019, 47（6）.

［22］Chitturi, R., Raghunathan, R., Mahajan, V. Delight by design: The role of hedonic versus utilitarian benefits ［J］. Journal of Marketing, 2008, 72（3）.

［23］Chiu, Y. The persuasive effect of popularity claims in advertising: An informational social influence perspective ［J］. Journal of American Academy of Business, 2008, 14（1）.

［24］Cuddy, A. J. C., Fiske, S. T., Glick, P. Warmth and competence as universal dimensions of social perception: The stereotype content model and the BIAS map ［J］. Advances in Experimental Social Psychology, 2008, 40.

［25］Deval, H., Mantel, S. P., Kardes, F. R., et al. How naive theories drive opposing inferences from the same information ［J］. Journal of Consumer Research, 2012, 39（6）.

［26］Dhar, R., Wertenbroch, K. Consumer choice between hedonic and utilitarian goods ［J］. Journal of Marketing Research, 2000, 37（1）.

［27］Dwivedi, A., Nayeem, T., Murshed, F. Brand experience and consumers' willingness-to-pay（WTP） a price premium: Mediating role of brand credibility and perceived uniqueness ［J］. Journal of Retailing and Consumer Services, 2018, 44.

［28］Erdem, T., Swait, J., Valenzuela, A. Brands as signals: A cross-country validation study ［J］. Journal of Marketing, 2006, 70（1）.

［29］Fiske, S. T., Cuddy, A. J. C., Glick, P. Universal dimensions of social cognition: Warmth and competence ［J］. Trends in Cognitive Science, 2007, 11（2）.

［30］Fiske, S. T., Cuddy, A. J. C., Glick, P., et al. A model of（often mixed）stereotype content: Competence and warmth respectively follow from the perceived status and competition ［J］. Journal of

Personality and Social Psychology, 2002, 82 (6).

[31] Fournier, S. Consumers and their brands: Developing relationship theory in consumer research [J]. Journal of Consumer Research, 1998, 24 (4).

[32] Gunturkun, P., Haumann, T., Mikolon, S. Disentangling the differential roles of warmth and competence judgments in customer-service provider relationships [J]. Journal of Service Research, 2020, 23 (4).

[33] Hayes, A. F. Introduction to mediation, moderation, and conditional process analysis [J]. Journal of Educational Measurement, 2013, 51 (3).

[34] Holmqvist, J., Lunardo, R. The impact of an exciting store environment on consumer pleasure and shopping intentions [J]. International Journal of Research in Marketing, 2015, 32 (1).

[35] Hsieh, J. K., Hsieh, Y. C., Chiu, H. C., et al. Customer response to web site atmospherics: Task-relevant cues, situational involvement and PAD [J]. Journal of Interactive Marketing, 2014, 28 (3).

[36] Jiang, Z. H., Benbasat, I. Virtual product experience: Effects of visual and functional control of products on perceived diagnosticity and flow in electronic shopping [J]. Journal of Management Information Systems, 2004, 21 (3).

[37] Jiang, Z. H., Benbasat, I. The effects of presentation formats and task complexity on online consumers' product understanding [J]. MIS Quarterly, 2007, 31 (3).

[38] Judd, C. M., James-Hawkins, L., Yzerbyt, V., et al. Fundamental dimensions of social judgment: Understanding the relations between judgments of competence and warmth [J]. Journal of Personality and Social Psychology, 2005, 89 (6).

[39] Kervyn, N., Fiske, S. T., Malone, C. Brands as intentional agents framework: How perceived intentions and ability can map brand perception [J]. Journal of Consumer Psychology, 2012, 22 (2).

[40] Kolbl, I., Diamantopoulos, A., Arslanagic-Kalajdzic, M., et al. Do brand warmth and brand competence add value to consumers? A stereotyping perspective [J]. Journal of Business Research, 2020, 118.

[41] Kumar, S., Jain, A., Hsieh, J. K. Impact of apps aesthetics on revisit intentions of food delivery apps: The mediating role of pleasure and arousal [J]. Journal of Retailing and Consumer Services, 2021, 63.

[42] Lin, I. Y. Effects of visual service scape aesthetics comprehension and appreciation on consumer experience [J]. Journal of Services Marketing, 2016, 30 (7).

[43] Loken, B., Ward, J. Alternative approaches to understanding the determinants of typicality [J]. Journal of Consumer Research, 1990, 17 (2).

[44] Mehrabian, A. Pleasure-arousal-dominance: A general framework for describing and measuring individual differences in temperament [J]. Current Psychology, 1996, 14 (4).

[45] Mervis, C. B., Rosch, E. Categorization of natural objects [J]. Annual Review of Psychology, 1981, 32 (1).

［46］Moschini, G. C., Menapace, L., Pick, D. Geographical indications and the competitive provision of quality in agricultural markets ［J］. American Journal of Agricultural Economics, 2008, 90 (3).

［47］Peter, C., Ponzi, M. The risk of omitting warmth or competence information in ads: Advertising strategies for hedonic and utilitarian brand types ［J］. Journal of Advertising Research, 2018, 58 (4).

［48］Rosch, E., Mervis, C. B. Family resemblances: Studies in the internal structure of categories ［J］. Cognitive Psychology, 1975, 7 (4).

［49］Scarpi, D., Pizzi, G., Raggiotto, F. The extraordinary attraction of being ordinary: A moderated mediation model of purchase for prototypical products ［J］. Journal of Retailing and Consumer Services, 2019, 49.

［50］Septianto, F., Seo, Y., Zhao, F. The effects of competence and warmth appeals on luxury and sustainable brand advertising: The moderating role of construal level ［J］. Journal of Advertising, 2021 (2).

［51］Steinhart, Y., Kamins, M., Mazursky, D., et al. Effects of product type and contextual cues on eliciting naive theories of popularity and exclusivity ［J］. Journal of Consumer Psychology, 2014, 24 (4).

［52］Usunier, J. C., Cestre, G. Product ethnicity: Revisiting the match between products and countries ［J］. Journal of International Marketing, 2007, 15 (3).

［53］Vieira, V. A. Stimuli-organism-response framework: A meta-analytic review in the store environment ［J］. Journal of Business Research, 2013, 66 (9).

［54］Xu, J. J., Benbasat, I., Cenfetelli, R. T. The nature and consequences of trade-off transparency in the context of recommendation agents ［J］. MIS Quarterly, 2014, 38 (2).

［55］Yi, C., Jiang, Z. H., Benbasat, I. Designing for diagnosticity and serendipity: An investigation of social product-search mechanisms ［J］. Information Systems Research, 2017, 28 (2).

［56］Yu, J. We look for social, not promotion: Brand post strategy, consumer emotions, and engagement——A case study of the facebook brand pages ［J］. Journal on Media & Communications, 2014, 1 (2).

"Conveying Warmth" or "Demonstrating Competence"？
Matching of Regional Typicality of Geographical Indication Agricultural Products and Advertising Appeal Mode: Effect, Mechanism and Boundary Research

Wang Dan[1]　Zhang Gangren[2]　Li Yanjun[3, 4]

(1, 2, 3　College of Economics and Management, Huazhong Agricultural University, Wuhan, 430070;

4　Hubei Rural Development Research Center, Wuhan, 430070)

Abstract: The essential characteristic of geographical indication agricultural products lies in the correlation between products and the place of origin. But for different geographical indication agricultural products, consumers have different association on the relationship between products and the place of origin (that is, regional typicality). How to improve the effectiveness of brand communication by adopting match advertising appeals for geographical indication agricultural products of different regional typicality? Therefore, this research divides advertising appeals into competence appeal, warmth appeal and competence + warmth appeal, and explores the interaction effect of regional typicality and advertising appeals on consumer attitude, as well as the internal mechanism and boundary condition of this effect. The results of the three experiments show that when regional typicality of geographical indication agricultural products is high, the adoption of competence appeal is more likely to induce consumers' positive attitude towards the products, and perceived diagnosticity plays a mediating role. When regional typicality of geographical indication agricultural products is low, the adoption of warmth appeal is more likely to induce consumers' positive attitude towards products, and perceived pleasure plays a mediating role. The superposition effect of competence + warmth appeal on the improvement of consumers' attitude towards products is not significant. In addition, product attributes play a moderating role in the interaction between regional typicality and advertising appeals to consumers' attitudes. This not only provides a new perspective for the research of the consumption behavior of geographical indication agricultural products, but also has practical significance for promoting the brand value of geographical indication, promoting the prosperity of geographical indication industry and rural revitalization.

Key words：Geographical indication agricultural products；Regional typicality；Advertising appeal mode；Product attributes；Consumers' attitude

专业主编：寿志钢